징
비
록

징
비
록

懲毖錄

류성룡 저

오세진 · 신재훈 · 박희정 역해

홍익출판 미디어그룹

'새로운 징비록'을 위하여

임진왜란 시기 나라의 재상으로서 국난 극복에 기여한 류성룡은 당시의 일을 기록해《징비록》을 남겼다. 전쟁 시기의 조정과 군무, 백성과 전쟁터의 상황 등 몸소 체험한 것들을 기록해 후대에 반성의 거울로 삼고자 한 것이다.

《징비록》이 저술된 이후 많은 조선의 지식인과 위정자들이 이 책을 읽었다. 조선 시대 대표 실학자인 다산 정약용은 이 책을 여러 번 탐독하고 독후감을 남겼을 뿐만 아니라, 아들에게 보낸 편지에서 꼭 읽어야 할 책으로 꼽았다.

류성룡의《징비록》은 조선뿐만 아니라 일본과 중국에서도 널리 읽혔다. 일본에서는 1695년에 교토京都에서《조선징비록》이라는 제목의 책이 출판되었다. 그리고 1880년 무렵 일본에 머물렀던 청나라 학자 양수경楊守敬이《조선징비록》을 수집해 중국으로 가지고 들어가면서 중국에서도 널리 읽히게 되었다.

우리가 번역의 저본으로 삼은 책도 바로 이 책이다.《조선징비록》은 모두 4권 4책으로 구성되어 있다.

이 책을 번역하는 데에는 생각보다 많은 역사적 배경에 대한 이해가 필요했고, 우리는 '새로운 징비록'을 만들고 싶었다. 그래서 번역한 징비록 이야기 사이사이에 당시 상황을 쉽게 이해할 수 있고, 알고 읽으면 더욱 흥미로운 역사 이야기를 곁들였다.

《징비록》은 역사의 통절한 실패를 경험한 옛사람이 그 실패를 후손들이 다시는 반복하지 않기를 바라는 마음에서 지은 책이다. 그래서 어떤 형태로든 실패에 노출되어 있는 이 시대 사람은 이 책을 읽으며 공감하고 교훈을 얻을 수 있다.

400여 년 전 《징비록》에 새겨놓은 뼈저린 반성은 지금 이 순간에도 여전히 유효하다. 국가가 직면하게 되는 위기는 시대를 뛰어넘어 다양하게 나타나기 때문이다.

《징비록》에는 전쟁뿐만 아니라 천재지변이나 인재를 수습하고 극복하는 지혜, 위정자들의 올바른 위기 극복의 태도, 사회 구성원의 책임지는 자세 등에 대한 질문과 답이 담겨 있어 그 가치는 더욱 빛난다.

《징비록》은 다양한 사안을 수록하고 있는 만큼 한문학, 동양철학, 국사학의 전공자가 번역과 집필에 참여했다.

《징비록》의 정확한 전달을 위해 번역어를 고르고 다듬었으며 역사적 사건이 놓인 배경과 맥락을 쉽고 정확하게 전달하기 위해 오랜 시간 토론하고 합의하는 과정을 거쳤다. 그 과정에서 우리는 충만한 배움의 기회를 얻을 수 있었다. 우리가 얻은 교훈과 배움의 감동이 이 책을 통해 독자들에게도 그대로 전달된다면 필자들로서는 더 바랄 게 없겠다.

■ 차례

【 징비록 깊이 읽기 】

지난 일을 경계하여 후환을 대비하다

임진왜란은 우리나라 역사에서 매우 중대한 사건이었다. 임금은 도성을 버리고 피난을 갔고, 7년 동안이나 이어진 전쟁으로 백성들의 삶은 피폐해졌으며, 옥토였던 강산은 황무지로 변했다.

임진왜란 시기 나라의 재상으로 조정과 백성, 군무를 가까이에서 담당했던 류성룡은 당시의 일을 《징비록》이라는 기록으로 남겼다. 그는 전란 중에 국가의 대신으로 임금을 따라 피난길에 나서고 방어책을 세우고 군무를 담당했다. 명나라에 원군을 요청하는 의사 결정에도 참여했고 임진왜란의 영웅 이순신을 발탁하여 왜군의 침략을 저지하는 데 결정적인 기여를 했다. 몸소 전란을 겪으며 누구보다 더 적극적으로 전란을 막을 방도를 토론하고 때로는 직접 의사 결정을 내리기도 했다. 그는 《징비록》의 서문에서 이렇게 말했다.

"《시경詩經》에 이르기를, '나는 지난 일을 경계하여 앞으로 후환이 생기지 않도록 대비한다予其懲而毖後患'고 하였으니, 이것이 내가 《징비록》을 지은 까닭이다."

《징비록》 필사본

　그런데 이 "징懲"이라는 글자는 "아픈 적이 있어서 경계할 줄 안다有所傷
而知戒也"는 뜻으로 풀이되기도 한다. 임진왜란으로 인한 상처를 되새기며
류성룡은 다시는 조선 팔도에 이런 일이 일어나지 않도록 경계하고 대비하
고자 이 글을 쓴 것이다.

정치적 격변 후에 닥쳐온 국난

　흔히 임진왜란이 발생한 원인 중 하나로 정치적 분당의 발생과 붕당 정
치의 심화를 꼽는다. 통신사로서 도요토미 히데요시를 만나고 돌아온 동인
김성일과 서인 황윤길의 의견이 대립했던 탓에 전쟁을 방지할 수 있는 기
회를 놓쳤다는 것이다. 실제 선조 대 초기부터 발생한 동서 분당은 역사적
사실이고 동인과 서인의 갈등이 심각해진 것도 사실이었다.

　1589년에 발생한 기축옥사는 동인과 서인의 갈등이 폭발한 커다란 정쟁
이었다. 정여립이 역모를 일으키려 한다는 보고로 시발된 이 사건의 결과는
참담했다. 동인 중 조식의 문하가 대거 몰락했고 약 1,000여 명의 선비들

이 희생되어 사림이 100여 년에 걸친 투쟁으로 이루어낸 인재 양성이 허사가 되고 말았다. 더욱이 2년 동안 전개된 옥사는 건전한 붕당 정치의 속성을 잃어버리게 하는 계기가 되었다. 이 사건으로 서인과 동인의 갈등의 골은 더욱 깊어졌고, 건전한 비판과 견제 의식은 점차 사라졌으며, 인재의 고른 등용은 요원한 일로, 국방과 민생의 현안은 뒷전이 되고 말았다.

기축옥사가 정리된 때가 1591년 무렵이었다는 것을 감안하면, 강력한 정변 직후에 연이어 외적의 침입을 예측하기는 어려웠을 것이다. 따라서 임진왜란이 예견할 수 있는 전쟁이었고 그 조짐이 매우 강했을지라도 조정의 대신들이 민첩하게 대비하지 못한 까닭은 기축옥사의 여파 때문이었다고 볼 수 있다.

당파 싸움을 하느라 임진왜란에 대처하지 못했다는 평가보다는 기축옥사라는 커다란 정치적 격변을 겪고 난 후 당색이 뚜렷해진 상황에서 국난이 닥쳐오자 하나된 목소리를 낼 수 없었다는 점에 더 주목할 필요가 있을 것이다. 오히려 임진왜란 와중에 벌어진 논쟁과 정책적 판단은 당파를 초월한 모습이 상당히 많았다. 남인 이덕형은 서인 이항복과 함께 선조의 몽진에 동의했고 명군의 원조를 위해 협력했다. 반면 같은 서인인 윤두수는 이항복과 달리 평양성 수성을 주장하면서 선조의 몽진을 반대했다.

일본의 정세에 어두웠던 조선

사실 류성룡은 전쟁이 일어나기 5년 전에 이미 전란의 단초를 보았다. 일본국 사신으로 조선에 온 다치바나 야스히로의 태도와 그가 가지고 온 도요토미 히데요시의 국서 내용이 매우 거만했던 것이다. 조선은 그들의 태도가 왜 그렇게 거만한지 몰랐는데, 그 까닭을 알아보지도 기민하게 대처하지도 않았다.

세종 대 이후 급격히 줄어든 조선통신사 파견으로 조선은 일본의 정세에 어두웠다. 이것이 조선의 가장 큰 실수였다. 일본에는 조총鳥銃이라는 신무기가 있었고, 전국 시대의 일본은 히데요시라는 인물에 의해 평정되었다.

그런데 1590년 일본에 파견되었다 돌아온 통신사들의 보고도 엇갈렸다. 정사 황윤길은 "일본이 쳐들어올 것"이라고 보고했고, 부사 김성일은 "그런 정세를 보지 못했다"라고 보고한 것이다.

당시 조선은 오랫동안 평화가 지속되는 중이어서 방비 태세를 갖추는 데 소홀했으며, 그것을 불필요하게 여기는 벼슬아치와 백성들이 만연했다. 류성룡은 이러한 습속을 우려하며 전란에 대비할 태세를 갖추기 위한 적절한 방책과 전략들을 제안했지만, 그의 의견은 번번이 결과를 보지 못하고 묻혀버렸다.

게다가 조선은 능력 있는 사람을 적재적소에 등용하지 못했다. 이순신 같은 사람이 마흔두 살이 되어서야 류성룡의 추천으로 변방의 조산보 만호가 된 것을 한 예로 들 수 있다.

참혹했던 백성들의 삶

전쟁이 발발하자 문제는 더욱 적나라하게 드러났다. 《징비록》에서 가장 많이 묘사되는 장면은 도망가는 사람들에 관한 장면이다. 임금이 한양을 버리고 도망가고, 대신들이 임금을 버리고 도망가고, 고을의 장수들이 성을 버리고 도망가고, 백성들이 나라를 버리고 적의 무리가 되는 등, 책임 있는 행동을 하는 사람이 적었다. 맡은 바 소임을 다하는 사람은 드물었고 제 한 몸이나 식솔들을 챙겨 도망치기 바쁜 사람들은 흔했다. 더욱이 오랫동안 이러한 대규모 전란을 겪어본 적이 없던 조선의 병사들은 전국 시대를 거치며 전쟁으로 단련된 일본의 병사들에게 상대가 되지 않았다.

류성룡이 가까이에서 목격하고 직접 지휘했던 군사 행정 분야는 문제가 더 심각했다. 지휘 계통과 상호 연락 체계가 혼선을 빚었고, 몇 번의 승전 이후에는 공적을 가로채거나 승전의 공으로 승급한 동료 장수를 시기하거나 모함했다. 그래서 유능한 장수들이 능력을 발휘할 기회를 잃고 하옥되거나 사형을 당하는 일도 비일비재했다.

전란 중의 백성들의 삶은 참혹했다. 왜군에게 무참히 살육당했을 뿐만 아니라 명나라 원군에게도 죽임을 당했다. 명군이 자기들의 공을 부풀리고 실패를 가리기 위함이었다. 그러다 보니 백성들은 국가에 등을 돌리고 왜의 첩자 노릇을 하거나, 투항하여 왜의 군사가 되기도 했다. 어떤 이들은 반민이 되어 창고를 털기도 했다. 명나라 원군이 안주에 도착해 평양성을 공격하고자 했을 당시 군량 문제는 시급한 상황이었고, 반민들의 창고 약탈은 큰 골칫거리였다. 전국은 호남 지방을 제외하고는 거의 모두 난이 일어났고, 농사를 짓지 못하는 땅은 황무지가 되어 갔다. 기근이 심해 백성들은 인육을 먹을 정도였다고 한다. 그런데도 전공을 세워 수령이 된 자들은 백성들을 수탈했다고 하니 통탄할 일이다.

난국의 재상 류성룡의 회한

임진왜란이 일어났을 때 류성룡은 군무를 총괄하던 임시 벼슬인 도체찰사로서 전란을 극복하는 데 큰 기여를 한다. 그가 임진왜란 시기에 있었던 일을 자세하게 기록할 수 있었던 것은 도체찰사로서 전쟁과 관련된 중요한 임무들을 맡았고, 여러 중책을 맡은 신하들과 직간접적인 관계를 맺고 있었기 때문이다.

류성룡은 유능한 정치가였을 뿐만 아니라 군사 행정가였다. 그가 군무에서 이룬 성취와 제안은 전란을 극복하는 데 든든한 디딤돌이 되었다. 무엇보다 그는 훌륭한 장수를 알아보고 추천했는데 그들은 모두 왜군을 크게 격퇴했다. 한산도 대첩의 이순신과 행주 대첩의 권율은 모두 말단직에서 류성룡의 천거로 중책을 맡고 전공을 세운 인물들이다.

서애 류성룡 선생 초상

류성룡은 임진왜란 중에 겪은 일들이 이후에도 충분히 다시 일어날 수 있다고 생각했다. 그래서 자신이 겪은 경험을 토대로 후손들이 경계해야 할 일들을 기록한 것이다. 국제 정세에 대한 기민한 이해, 군무에 기강을 잡는 일, 나라에 필요한 인재를 등용하는 일, 공적에 따라 공평하게 상을 주고, 죄에 대해서는 엄하게 처벌하는 등의 사안은 어느 시대에나 신중하고 엄중하게 이루어져야 할 일들이다. 이러한 일들이 원활하게 이루어지고 있었다면 임진왜란이 그토록 길고 참혹하지는 않았으리라는 자기반성과 질책이 바로 이 책《징비록》에 담겨 있다.

일러두기

1 지명은 과거의 지명이 현재의 지명과 다를 경우에만 첨자로 표시하였다. 그러므로 첨자로 표시 된 지명은 모두 현재의 지명이다.

2 지명은 최대한 짧게 표기해 서울특별시는 '서울'로, 부산광역시는 '부산'으로, 경상북도는 '경북' 으로 표기하였으나, 북한 지역에 해당할 경우에는 모두 표기하였다.

3 저자 류성룡의 주석은 [ ]로 표기하였다.

4 역해자의 주석은 각주로 표기하였다.

5 낱말의 뜻이나 역해자의 짧은 주석은 낱말 옆에 첨자로 표기하였다.

6 중국 인명과 지명은 우리말 한자어 발음으로 표기하였다.

7 일본 인명과 지명은 일본어 발음으로 표기하였다.

8 이 책의 본문에 쓰인 날짜는 모두 음력이다.

징비록 · 서

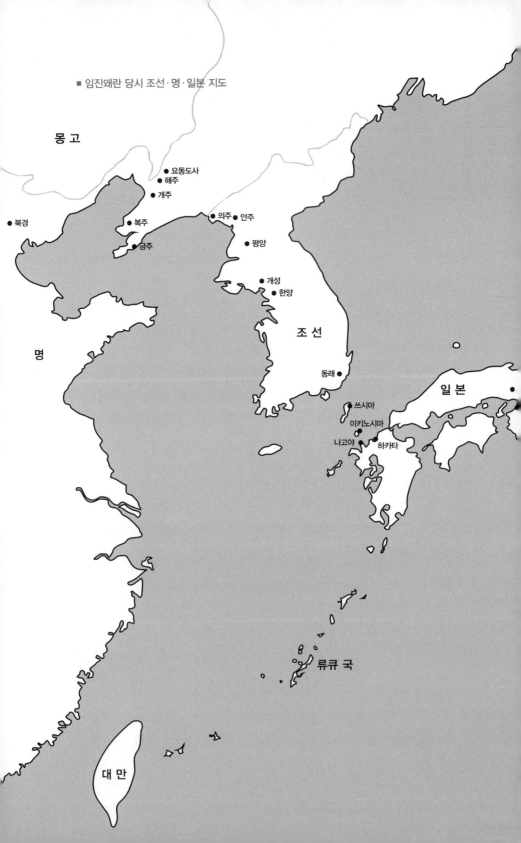

■ 임진왜란 당시 조선·명·일본 지도

몽고

요동도사
해주
개주
북경
복주
의주 안주
금주
평양
명
개성
한양

조 선

동래
일 본
쓰시마
이키노시마
나고야 하카타

류큐 국

대 만

《징비록懲毖錄》은 무엇인가? 임진왜란壬辰倭亂이 일어난 뒤의 일을 기록한 글이다. 그중에는 임진왜란이 발생하기 전에 있었던 일도 더러 기록하였으니, 그것은 왜란이 발발한 까닭을 밝히기 위함이다.

　아아, 임진년1592, 선조25의 재앙은 참으로 가혹하였다. 수십 일 사이에 한양, 개성, 평양 세 곳의 도성을 지키지 못하였고 팔도가 우르르 무너져 임금께서 난을 피해 한양을 떠나게 되셨다.

　이러한 일을 겪고도 지금 우리가 살아 있는 것은 하늘이 도와주신 것이다. 또한 선대 임금의 어질고 후덕한 은택이 백성의 마음에 굳게 맺혀 있어 백성들이 나라를 사모하는 마음이 그치지 않고, 성상께서 명나라를 섬기는 정성이 황제를 감동시켜, 천자국이 제후국을 돕기 위해 여러 차례 군대를 보내주었기 때문이다. 만약 이러한 일들이 없었다면 우리나라는 위태로웠을 것이다.

　《시경詩經》에 이르기를, "나는 지난 일을 경계하여 앞으로 후환이 생기지 않도록 대비한다"라고 하였으니, 이것이 내가 《징비록》을 지은 까닭이다.

　나처럼 보잘것없는 사람이 어려운 시기에 중대한 임무를 맡아, 나라가 위태롭고 쓰러지는 형편인데도 제대로 일으켜 세우지 못하였으니,

그 죄는 죽어도 용서받지 못할 것이다. 그런데도 여전히 시골에서 눈을 뜨고 구차하게 목숨을 이어가고 있으니 어찌 임금님의 너그러운 은혜가 아니겠는가!

근심하고 두려워하던 마음이 조금 진정된 뒤에 지난 일을 생각하면 황송하고 부끄러워 차마 고개를 들 수 없다. 이에 한가한 때에 내가 임진년부터 무술년1598, 선조31까지 보고 들은 일을 대략 적어보니 약간 분량이 되었다. 뒷부분에는 장계지방에 파견된 관리가 임금에게 보고하는 글, 소차임금에게 올리는 상소문, 문이공문서와 잡록을 더하였다.

비록 볼 만한 내용은 없지만, 모두 전란 당시에 일어난 일의 기록이니 버릴 수가 없다. 이로써 시골에서나마 간절하게 충성을 바치려는 나의 뜻을 보이고, 또 못난 신하가 나라의 은혜에 아무것도 보답하지 못한 죄를 드러내고자 한다.

징비록 · 권 1

만력명나라 신종의 연호 병술년1586, 선조19[1]에 일본의 사신 다치바나 야스히로가 일본 국왕 도요토미 히데요시의 서신을 가지고 왔다.

처음에 일본 국왕 미나모토 씨가 명나라 홍무1368~1398 연간 초기에 나라를 세우고 조선과 상호 우호를 다진 지 200여 년이 되었다. 초기에는 조선에서도 경사나 조사가 있을 때 일본에 사신을 보내어 예의를 갖추었으니, 신숙주가 서장관으로서 일본을 왕래한 것이 바로 그 예이다.[2]

나중에 신숙주가 임종을 맞이하였을 때, 성종成宗께서 하고 싶은 말이 있느냐고 물으시자 이렇게 대답하였다.

"부디 일본과의 우호를 잃지 마시옵소서."

성종이 그 말에 느낀 바가 있어 홍문관 부제학 이형원을 통신사에 임명하고 서장관 김흔과 함께 일본으로 가서 우호를 다지도록 하였다. 이들이 쓰시마對馬島 섬에 이르렀을 때, 사신들은 바다의 풍랑에 놀라

---

1 《국조보감(國朝寶鑑)》과 《선조수정실록(宣祖修正實錄)》에서는 다치바나 야스히로가 조선에 온 해를 정해년(1587, 선조20)이라고 기록하고 있다.

2 신숙주는 세종 25년(1443) 2월에 정사 변효문, 부사 윤인보 등과 함께 서장관으로 통신사에 임명되어 일본에 파견되었다. 당시 통신사는 아시카가 요시카쓰의 즉위를 축하하고 오우치 모치요에 대한 제사, 규슈(九州) 지역 여러 호족들과의 상호 교류가 목적이었다.

병에 걸리고 말았다. 이러한 상황을 임금께 보고하니, 임금께서는 가지고 간 국서국가의 원수가 다른 나라에 보내는 외교 문서와 폐물幣物을 쓰시마 섬의 도주島主에게 주고 돌아오라고 명하셨다. 그 뒤로는 다시 사신을 파견하지 않았고 일본에서 사신이 오면 예를 갖추어 접대할 뿐이었다.

이 무렵 도요토미 히데요시가 미나모토 씨를 대신해 왕위에 올랐다.

히데요시라는 인물에 대해 어떤 사람은 이렇게 말하였다.

"원래는 중국 사람인데 일본으로 흘러들어와 땔나무를 팔아 생계를 이어갔다. 하루는 국왕이 외출하였다가 우연히 길에서 마주쳤는데, 그를 비범하게 여겨 군사로 삼았다. 용맹하고 싸움에 능한 히데요시는 전투에서 공을 세워 대관大官이 되었고, 마침내 권력을 얻어 미나모토 씨의 자리를 빼앗고 왕이 되었다."

또 다른 사람은 이렇게 말하였다.

"미나모토 씨는 다른 사람에게 시해되었는데, 히데요시가 그 사람을 죽이고 나라를 빼앗았다."

히데요시는 병력을 이용하여 일본의 여러 섬을 평정하고 66주州를 하나로 병합한 다음, 마침내 다른 나라를 침략하려는 마음을 품었다.

"우리 사신은 매번 조선에 가는데 조선의 사신은 오지 않으니, 이는 우리를 업신여기는 것이다."

히데요시는 다치바나 야스히로를 보내 조선에서 사신을 파견할 것을 요구하였다. 야스히로가 가지고 온 국서의 언사는 심히 거만하여, "이제 천하는 짐의 손아귀에 들어왔다"[3]라는 말까지 있었다. 이때는 미나

---

3 진시황 이후 '짐'은 오직 황제만 사용하는 말이었다. 당시 중국을 종주국으로, 조선을 제후국으로 여겼던 조선의 관점에서는 도요토미 히데요시의 이 표현을 매우 거만하다고 생각할 수밖에 없었다.

모토 씨가 망한 지 이미 10여 년이나 지난 뒤였다. 해마다 조선을 왕래하면서도 여러 섬의 왜인들은 일본의 법령이 워낙 엄중해 그 사실을 발설하지 않았다. 그런 까닭에 조선의 조정에서는 왜의 정황을 전혀 알지 못하였다.

당시 나이가 쉰 살이었던 야스히로는 용모가 특이하고 기골이 장대하였으며 머리카락은 반백이었다. 관館과 역驛을 지날 때에는 가장 좋은 방에 머물렀고 행동거지가 오만해서 평소 왜에서 오던 사신과 확연히 달랐으니, 사람들은 그를 기이하게 여겼다.

우리나라에는 예부터 왜의 사신이 지나는 길에 인근 고을의 사내들을 불러, 길 양편에서 창을 잡고 서 있게 해 군대의 위엄을 보이는 전례가 있었다. 야스히로가 인동경북 구미을 지날 때 창을 들고 서 있는 사내들을 보더니 이렇게 말하며 비웃었다.

"너희들은 창 자루가 매우 짧구나."

그가 상주에 도착하자 목사지방을 다스리는 벼슬 송응형이 그를 위해 기생과 악공을 불러 잔치를 열었다. 야스히로가 송응형의 하얗게 샌 머리를 보고 역관을 통해 이렇게 말하였다.

"이 늙은이는 수년 동안 전쟁을 치르느라 수염과 머리카락이 하얗게 샜습니다. 하지만 목사께서는 음악 소리와 기생이 있는 곳에서 지내니, 근심할 것이 전혀 없을 텐데도 백발이 되었으니 어찌된 일입니까?"

이는 송응형을 비꼬아 말한 것이다.

한양에 도착하자 예조판서가 잔치를 열고 술과 음식을 대접하였다. 그런데 그 자리에서 야스히로가 후추를 뿌리니 기생과 악공들이 그것을 줍느라 서로 다투어 아수라장이 되었다. 숙소로 돌아온 후 야스히로는 탄식을 하며 역관에게 이렇게 말하였다고 한다.

"너희 나라는 망할 것이다. 이미 기강이 무너졌으니 어찌 망하지 않겠는가?"

야스히로가 일본으로 돌아갈 때, 조정에서는 그들의 국서에 회답만 하고 사신을 파견하는 일은 바닷길을 잘 알지 못한다는 이유를 들어 허락하지 않았다.

야스히로가 본국에 돌아가 이러한 정황을 보고하자, 히데요시는 크게 노하여 야스히로를 죽이고 그의 일가족을 멸하였다. 야스히로와 그의 형 야스토시는 미나모토 씨 때부터 우리나라에 조공을 드리러 오고 벼슬을 받았기 때문에 그가 조선을 두둔하였다고 여긴 것이다. 그래서 히데요시에게 살해당하였다고 한다.

일본의
호전적인 속성을 꿰뚫어 본
신숙주의《해동제국기》

1443년세종25 신숙주는 세종의 명을 받들어 일본으로 가는 배에 몸을 실었다. 스물일곱의 나이로 병상에서 회복한 지 얼마 안 된 몸이었다. 당시 조선통신사의 정사는 변효문, 부사는 윤인보였으며 신숙주는 서장관을 맡았다. 서장관은 정사와 부사를 보좌하며 사행使行을 기록하고 외교 문서의 작성을 담당하는 직책으로 당시 가장 뛰어난 젊은 문관이 맡는 것이 관례였다.

신숙주를 비롯한 통신사 일행은 일곱 달 동안의 일본행을 무사히 마치고 귀환했다. 그리고 이때 쓰시마 섬의 도주와 세견선일본이 해마다 보내는 배과 세사미두해마다 바치는 쌀의 문제를 각각 50척, 200석으로 책정하는 내용의 계해약조를 맺었다.

신숙주는 일본 사행 28년 후인 1471년성종2 겨울에 임금의 명을 받고《해동제국기海東諸國記》를 완성했다.《해동제국기》에는 당시 일본의 정치, 사회, 풍속, 지리를 비롯해 외교 관례를 정리하고, 사후에 보충해 놓아 대일 외교의 중요한 지침서로서 일본과 외교 협상에 자주 활용되었다.

'해동제국'이란 일본 본국, 규슈, 쓰시마 섬, 이키노시마 섬과 류큐 국 오키나와을 총칭하는 말로, 《해동제국기》에는 「해동제국총도」, 「일본 본국 지도」, 「서해 규슈 지도」, 「이키노시마 섬 지도」, 「쓰시마 섬 지도」, 「류큐 국 지도」 등 여섯 개의 지도와 「일본국기日本國紀」, 「류큐 국기琉球國紀」, 「조빙응접기朝聘應接紀」 등의 기록이 있다.

일본과 조선은 바다를 사이에 두고 서로 바라보고 있으니, 그들을 도리대로 잘 어루만져주면 예를 차려 조빙하고, 그렇지 않으면 함부로 노략질을 한다.

신숙주는 일본의 호전적인 속성을 꿰뚫어 보았다. 《해동제국기》 서문에 적혀 있는 이 말은 고려 말부터 우리나라 연안으로 쳐들어와 약탈과 노략질을 일삼던 일본에 대한 경계심을 드러냄과 동시에, 교린을 통한 우호적 외교의 방편으로 이 책을 활용하기를 바라는 신숙주의 의도를 짐작하게 한다.

류성룡의 《징비록》에도 언급되었듯이, 신숙주는 임종 직전에도 성종에게 "부디 일본과의 우호를 잃지 마시"라는 말을 남기기까지 했다.

1443년 신숙주의 사행 이후, 일본의 바쿠후幕府 장군을 만나 국서를 전달하는 데에 성공한 사행은 1590년선조23 황윤길 일행의 사행까지, 거의 150년 동안 한 번도 없었다는 점에서도 《해동제국기》의 외교 문서로서 의의는 매우 크다.

《해동제국기》에서는 특히 류큐 왕국과 쓰시마 섬에 관한 기록이 눈길을 끈다. 「류큐 국기」에서 신숙주는 류큐 국이 해상 무역이 발달해 중개 무역으로 융성한 국가라는 것을 밝혔다. 당시 류큐 국은 독립 국가로서 중국, 조선, 일본 사이에서 중개 무역과 조공 무역을 통해 번성하고 있는 나라였다.

또한 "류큐 국은 우리나라와 거리가 멀어 그 상세한 것을 규명할 수 없다. 그래서 여기에 조빙 및 명호名號의 차례만을 적어놓으니 후일의 고증을 기다린다"라고 기록해놓아 류큐 국에 대한 관심을 유도했다.

한편 쓰시마 섬에 대해서는, "쓰시마 섬 사람이 처음에 삼포웅천 내이포, 동래 부산포, 울산 염포에 와서 임시로 머물면서 교역도 하고 어업도 하기를 요청하였다. 그들의 거주처와 통행은 모두 정해진 장소가 있어서 위반할 수 없었으며, 일이 끝나면 돌아가기로 되어 있었다"라고 기록했다. 조선이 초기부터 삼포에 왜관조선에 온 일본인들이 머물면서 외교 업무나 무역을 하도록 설치한 관사을 설치해 일본과 무역을 통한 교류를 이어왔음을 보여주는 기록이다.

《해동제국기》는 일본과 관련된 정확하고 풍부한 내용을 담고 있어 당시 조선의 통신사들에게는 필독서였다. 또한 일본에도 없는 귀중한 자료와 기록이 실려 있어 지금도 일본과 류큐 국의 중세 역사를 연구하는 중요한 자료로 활용되고 있다.

일본의 사신 소 요시토시가 왔다.

도요토미 히데요시는 다치바나 야스히로를 죽인 뒤, 다시 소 요시토시를 시켜 조선으로 가서 통신사 파견을 요청하도록 하였다. 소 요시토시는 일본국 군권을 지휘하는 대장 고니시 유키나가의 사위이며, 히데요시의 심복이었다.

쓰시마 섬의 태수 소 모리나가는 대대로 쓰시마 섬을 지키며 우리나라를 섬겼는데, 이때 히데요시는 소 모리나가도 죽이고 소 요시토시에게 쓰시마 섬의 정무를 주관하게 하였다. 우리나라가 바닷길을 잘 모른다며 통신사 파견을 거절하자 히데요시는 우리에게 이렇게 거짓말을 하였다.

"소 요시토시는 쓰시마 섬 도주의 아들로 바닷길에 익숙하니, 그와 함께 오면 됩니다."

이는 우리가 거절할 구실을 찾지 못하게 하려는 것이었다. 또한 우리나라의 사정을 살피려는 목적으로 소 요시토시의 가신家臣 야나가와 시게노부와 승려 겐소도 함께 우리나라로 보냈다.

소 요시토시는 나이는 어렸지만 민첩하고 용감하였으니, 다른 왜인들도 모두 그를 두려워하여 앞에서는 고개를 숙이고 무릎으로 기며 감히 얼굴을 올려다보지 못하였다. 그는 오랫동안 동평관일본 사신이 머물던 숙소에 머물면서 반드시 우리나라 사신과 함께 일본으로 돌아가겠다고 주장하였지만 조정에서는 통신사 파견을 결정하지 못하고 있었다.

한편 몇 년 전에 왜인들이 전라도 손죽도를 침범하여 그곳의 장수 이태원을 죽인 일이 있었다. 그때 잡힌 왜의 포로가 말하기를, 조선 변방의 백성 사을배동이라는 자가 나라를 배반하고 일본에 들어와 왜인들을 데리고 앞장서서 조선으로 쳐들어왔다는 것이다. 이에 조정은 몹시 분하게 여기고 있었는데 어떤 사람이 이렇게 말했다.

"일본이 반란을 일으킨 우리 백성들을 신속히 돌려보내도록 한 후에 통신사 파견에 대해서 논의해야 합니다. 이로써 그들에게 성의가 있는지 없는지를 살펴볼 수 있습니다."

그래서 일본 사신들을 접대하는 관원에게 이런 내용을 알리게 하였다. 요시토시는 별로 어렵지 않은 일이라며 바로 야나가와 시게노부를 일본으로 보내 보고하였다. 그리고 몇 달 지나지 않아 일본에 있던 우리 백성 10여 명을 모두 잡아와 바쳤다. 임금께서는 창덕궁 인정전에 행차하여 군대의 위엄을 크게 펼쳐 보이시고, 사을배동 등 반란자들에게 형틀을 씌워 뜰에 들어오게 하셨다. 그리고 그들을 심문한 뒤에 성 밖에서 참수하셨다. 요시토시에게는 내구마궁정에서 기르는 말 한 필을 상으로 하사하시고 왜국의 사신 일행을 접견한 뒤 연회를 베푸셨다. 요시토시와 겐소 일행은 모두 대궐로 들어가 차례로 임금께 술잔을 올렸다.

이때 나도 예조판서로서 예조에서 왜국의 사신들에게 연회를 베풀었다. 그러나 통신사 파견 문제는 오랫동안 결정되지 못한 채로 남아 있었다. 그 후 내가 홍문관 대제학이 되어 외교 문서를 쓰려고 할 때, 임금께 이렇게 청하여 아뢰었다.

"통신사 파견 문제를 신속히 결정하여 왜국과 불화가 생기지 않도록 하옵소서."

다음 날 아침 경연왕과 신하들이 유학의 경서나 역사서를 다루며 토론하거나 국가의 중요한 문제를 논의하는 자리 때에 지사 변협 등도 이렇게 아뢰었다.

"응당 통신사를 보내 저들에게 보답하고 또 일본의 동정을 살피고 돌아오게 해야 하니, 이는 결코 잘못된 계책이 아닙니다."

그리하여 비로소 조정의 의논이 정해졌다.

임금께서 명하여 통신사로 갈 만한 자들을 선발하도록 하니, 대신들은 첨지중추부사 황윤길과 성균관 사성 김성일을 각각 정사正使와 부사副使에 임명하고, 성균관 전적 허성을 서장관으로 삼았다.

경인년1590, 선조23 3월에 마침내 요시토시와 통신사 일행이 함께 일본으로 출발하였다. 이때 요시토시가 공작 두 마리와 조총, 창, 칼 등을 바쳤다. 임금께서 공작은 남양군충남 서천군 바닷가의 한 섬에 풀어주고, 조총은 군기시무기의 제조와 관리를 맡았던 관아에 보관하게 하셨으니, 우리나라는 이때 처음으로 조총을 가지게 되었다.

<u>신묘년1591, 선조24 봄에 통신사 황윤길과 김성일 등이 일본에서 돌아</u>
<u>왔다.</u> 야나가와 시게노부와 겐소 등도 함께 왔다.

　처음에 황윤길 등은 작년 4월 29일에 부산포에서 뱃길에 올라 쓰시마 섬에 도착하여 한 달 동안 머물렀다. 다시 쓰시마 섬에서 바닷길을 따라 40여 리를 가서 이키노시마 섬에 다다랐고, 하카타 주, 나가토 주, 나고야名護屋를 거쳐 7월 22일에 비로소 일본의 국도교토에 도착하였다. 이는 왜인들이 일부러 길을 빙 둘러서 가고, 또 곳곳에서 머물렀기 때문에 여러 달이 지나서야 도착하게 된 것이다.

　그들이 쓰시마 섬에 있을 때, 소 요시토시가 우리 사신들을 산사로 초청하여 잔치를 베푼 일이 있었다. 우리 사신들은 이미 도착해서 자리에 앉아 있었는데, 요시토시는 가마를 타고 문 안으로 들어와서 섬돌에 이르러서야 가마에서 내렸다. 이에 김성일이 화가 나서 이렇게 말하고는 자리를 박차고 나왔다.

　"쓰시마 섬은 우리 조선의 번신이다. 사신이 임금의 명을 받들고 왔는데 어찌 이토록 오만하고 무례하단 말인가? 나는 이 잔치를 받을 수 없다!"

　그러자 허성 등도 뒤따라 나왔다. 요시토시는 가마꾼을 탓하며 그를

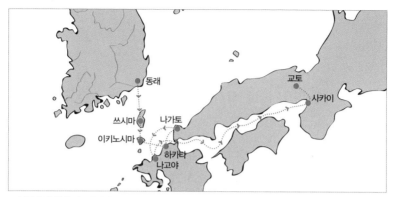

조선통신사 황윤길, 김성일 일행의 이동 경로. 1590년 4월 동래를 떠난 통신사 일행은 쓰시마−이키노시마−하카타−나가토−나고야−사카이를 거쳐 7월에 교토에 도착하였다.

죽이고 그의 목을 가져와 사죄하였다. 이 일이 있은 뒤로 왜인들은 김성일을 공경하고 두려워하여 더욱 예의를 갖추어 대하였고 그가 멀리서 보이면 말에서 내려 예를 표하였다.

국도에 도착하여 사신 일행은 큰 사찰에서 머물렀다. 이때 도요토미히데요시는 마침 도산도로 출정을 나간 상태라 사찰에서 몇 달 동안지내게 되었다. 히데요시가 돌아왔을 때는 궁실을 수리해야 한다는 평계를 대며 바로 국서를 받지 않았다. 이런 연유로 사찰에 머문 지 다섯달이 지난 후에야 비로소 왕명을 전할 수 있었다.[4]

일본 사람들은 그들의 천황天皇을 존중하여 히데요시 이하 모든 관원들이 신하의 예로써 천황을 대하였다. 히데요시는 일본에서는 왕이

---

4 1590년 3월에 한양을 출발한 황윤길, 김성일, 허성 등 통신사 일행은 7월에 교토에 도착하였고, 다이토쿠지(大德寺)에서 도산도(東山道) 정벌에 나가 부재중인 히데요시를 기다렸다. 9월에 전쟁에서 돌아온 히데요시는 자신의 저택 주라쿠다이를 수리한다는 평계를 대며 만나주지 않았다. 11월 7일에야 히데요시는 조선통신사를 알현하고 조선의 국서를 받았다.

라고 칭하지 않고 '관백關白'이나 '박륙후博陸侯'라고만 칭하였는데, '관백'이라는 명칭은 중국의 곽광이 왕을 대신하여 모든 사안에 대해 관문關文으로 먼저 보고받았다는 고사에서 취한 것이다.[5]

히데요시는 우리 사신을 접견할 때 사신단이 가마를 타고 궁 안까지 들어올 수 있도록 허락하였다. 이에 일본이 날라리와 뿔피리를 불며 앞에서 인도하였고, 우리 사신은 접견 장소에 도착하여 당에 올라 예를 행하였다. 히데요시는 용모가 왜소하고 볼품없으며 얼굴빛이 검어서 특출난 점은 없었지만 눈빛이 번뜩여서 사람을 쏘아보는 것 같았다고 한다.

그들은 자리를 삼중으로 만들고 남쪽을 향하여 바닥에 앉았는데, 머리에는 사모를 쓰고 검은 도포를 입고 있었다. 여러 명의 신하들이 나란히 앉아 있다가 우리 사신들을 자리에 앉도록 인도하였다. 자리에 연회를 위한 도구는 차려놓지 않았고, 앞쪽에 탁자 하나를 놓았는데 그 위에는 구운 떡 한 접시만 있었다. 또 질그릇에 탁주를 돌려 마셨는데 그 예법이 매우 간략하였다. 여러 차례 술잔을 돌리는 것이 전부여서 절하고 읍揖하며 술을 주고받는 절차도 없었다.

얼마 뒤, 히데요시가 갑자기 일어나 안으로 들어갔는데 자리에 있던 사람들이 아무도 움직이지 않았다. 이윽고 어떤 사람이 편한 복장으로 어린아이를 안고 나와 당 안을 이리저리 돌아다녔는데 자세히 보니 바로 히데요시였다. 그곳에 있는 사람들은 그저 고개를 숙이고 엎드려 있

---

5 전한(前漢)의 소제(昭帝)가 여덟 살의 어린 나이에 왕위에 오르자 곽광이 그를 대신하여 정무를 맡았다. 이에 모든 일은 먼저 곽광에게 관문(關文)으로 보고한 뒤에 천자에게 아뢰었다. 여기에서 유래하여 천황을 대신하여 정권을 잡고 있던 히데요시를 '관백'이라고 부른 것이다. 박륙후는 곽광의 봉호이다.

을 뿐이었다. 잠시 후 히데요시는 난간 쪽으로 가서 우리나라의 악공들을 불러 온갖 음악을 성대하게 연주하게 하고는 그것을 듣고 있었다. 그때 어린아이가 옷 위에 오줌을 싸자 히데요시가 웃으며 시종을 부르니 한 여자 왜인이 소리를 듣고 나왔다. 히데요시는 아이를 건네주고 옷을 갈아입었는데, 그의 이러한 행동은 모두 주변 사람을 전혀 의식하지 않고 자기 마음대로 하는 것이었다.

사신들이 인사를 하고 나온 뒤에는 다시 그를 볼 수 없었다. 그는 정사 황윤길과 부사 김성일에게 은 400냥을 주고, 서장관과 통역관 이하의 사신단에게도 차등을 두어 은을 주었다.

우리 사신들이 조선으로 돌아오려 할 때 일본이 곧바로 답서를 써주지 않고 먼저 떠나게 하자 김성일이 말하였다.

"우리가 사신의 임무를 띠고 국서를 받들어 왔는데 만약 답서를 받아가지 않는다면 이는 왕명을 풀숲에 버리는 것과 같다."

황윤길은 일본이 그들을 더 머무르게 할까봐 서둘러 출발하여 사카

도요토미 히데요시의 저택 주라쿠다이(聚樂第). 황윤길과 김성일 등 조선통신사 일행은 주라쿠다이에서 히데요시를 만나 국서를 전달했다.

이 항구에서 답서를 기다렸다. 그제야 답서가 도착하였는데 내용이 도리에 맞지 않고 오만하여 우리가 기대하던 것이 아니었다. 김성일은 이 답서를 받지 않고 여러 차례 내용을 고쳐오게 한 뒤에 귀국 길에 올랐다. 지나는 곳마다 왜인들이 선물을 주었지만 김성일은 그것을 모두 거절하고 받지 않았다.

배가 부산에 정박하자 황윤길은 반드시 전란戰亂이 일어날 것이라는 내용의 일본 정황을 급하게 보고하였다. 얼마 뒤 임금을 만난 자리에서도 황윤길의 대답은 이전과 같았다. 그러나 김성일의 대답은 달랐다.

"신은 그러한 정황을 보지 못하였습니다."

그리고 또 이런 말을 하였다.

"황윤길이 인심을 동요시키니 옳은 일이 아닙니다."

이에 조정의 사람들은 황윤길을 지지하거나 김성일을 지지하며 의견이 나뉘었다. 내가 김성일에게, "그대의 말이 황윤길의 말과 다르니 만약 전쟁이 일어나면 어찌할 것이오?"라고 묻자 그는 이렇게 대답하였다.

"왜인들이 끝내 움직이지 않는다고 제가 어떻게 장담할 수 있겠습니까? 다만 황윤길의 말은 너무 지나쳐서 안팎의 사람들을 놀라게 하고 미혹시킵니다. 그래서 사람들의 의혹을 풀어주려고 하였을 뿐입니다."

임진왜란의 전초 기지
나고야 성

일본에는 '나고야'라는 곳이 두 군데 있다. 한 군데는 일본 중부 아이치 현愛知縣에 있는 '나고야名古屋'이고, 다른 한 군데는 규슈 지방 사가 현佐賀縣에 있는 '나고야名護屋'이다. 《징비록》에 언급되는 나고야는 모두 사가 현에 있는 나고야로 이곳은 임진왜란을 일으킨 도요토미 히데요시가 조선 침략의 병참기지로 삼은 곳이다.

히데요시는 사가 현 나고야에 성을 쌓고 종군할 다이묘들과 장군들에게 진을 치게 했다. 고니시 유키나가와 가토 기요마사도 이곳에 진을 치고 있었으며, 히데요시는 이곳에서 전쟁을 지휘했다. 나고야는 지리적으로 부산, 쓰시마 섬, 이키노시마 섬과 일직선에 있는 곳으로 전진기지로서 아주 좋은 입지였다.

현재 규슈 지방 사가 현에 위치한 나고야名護屋는 당시 히젠 국나가사키 현 일부에 속하는 땅이었는데, 히데요시에 의해 조선 침략의 병참기지로 단시간에 탈바꿈했다. 1590년선조23에 황윤길정사, 김성일부사, 허성서장관 등의 통신사 일행은 히데요시를 만나러 교토에 가는 길에 히젠 국 나고야를 거쳤는데, 당시만 해도 나고야는 병참기지로서 모습을 전혀 갖추고 있지 않았다.

나고야 성名護屋城이 세워지고 병참기지로서 기능하기 위한 도시로 발전은 아주 짧은 시간 안에 이루어졌다. 1591년 8월에 히데요시는 이 듬해에 명나라를 침략하겠다는 계획을 일본 전국에 알리고, 10월에는 규슈의 다이묘들에게 나고야 성 축조를 지시했다. 그리고 1592년 3월에 나고야 성이 완공되었다. 불과 다섯 달 만에 성의 축조가 완료된 것으로 보아 당시 일본의 발달된 성곽 축조 기술과 히데요시의 명령이 얼마나 엄격하게 지켜졌는지를 짐작할 수 있다.

나고야 성 축조로 황무지나 다름없었던 나고야는 대도시로 변신했다. 당시 나고야에는 전국에서 모여든 무사와 상인의 인구가 20만 명을 넘었다고 전해진다. 당시 나고야 성은 오사카 성 다음으로 일본에서 두 번째로 큰 규모를 자랑했다.

당시 왜가 보내온 국서에는 이런 말이 있었다.

"군사를 이끌고 조선을 지나 명나라로 들어갈 것이다."

나는 당장 지금 일어나고 있는 일의 정황을 정리하여 명나라에 알려야 한다고 했다. 그런데 영의정 이산해의 생각은 달랐다. 명나라에서 우리가 사사로이 왜국과 내통했다고 생각해 나무랄 수도 있으니 숨기는 것이 좋겠다는 것이었다.

그래서 내가 이렇게 말했다.

"일이 있어서 이웃 나라와 왕래하는 것은 나라의 입장에서 피할 수 없는 일입니다. 성화1465~1487 연간에도 일본이 우리나라를 통해 명나라에 조공하는 것을 요청한 적이 있습니다. 그때도 우리는 곧바로 이러한 사실을 명나라에 알렸고, 명나라에서 조칙황제가 내리는 칙서을 내려 명나라의 뜻을 전하게 하였습니다. 예전에도 이런 일이 있었으니 비단 어제오늘의 일이 아닙니다. 그런데 지금 왜국의 정황을 숨기고 알리지 않는 것은 대의로 볼 때 옳은 일이 아닙니다. 게다가 실제로 왜국이 명나라 침범을 계획하고 있는데 이러한 정보를 다른 곳에서 먼저 보고한다면, 명나라에서는 오히려 우리나라가 왜국에 동조하여 숨겼다고 의심할 것입니다. 그렇게 되면 사사로이 일본에 사신을 보낸 것에 대해 죄를 묻는 데에서 그치지 않을 것입니다."

　조정에는 내 의견이 옳다고 생각하는 사람이 많았다. 그리하여 김응남 등을 명나라에 보내 보고하도록 하였다.

　당시 일본에 사로잡혀 있던 복건성 사람 허의후와 진신 등이 이미 왜국의 정세를 은밀하게 보고하였고, 또 류큐 국의 세자 쇼네이도 잇달아 사신을 보내 소식을 전하였다. 그런데 유독 조선의 사신만 오지 않자 명나라에서는 우리나라가 왜국과 내통한다고 의심하는 견해가 자자하였다고 한다. 그러나 조선에 사신으로 온 적이 있는 명나라의 재상 허국許國만은, "조선은 성심으로 우리나라를 섬기고 있으니, 분명 왜국과 손을 잡고 우리를 배반하지는 않을 것입니다. 좀 더 기다려 봅시다"라고 했다고 한다.

　얼마 뒤에 김응남 등이 주문황제에게 아뢰는 글을 가지고 명나라에 당도하자 허국이 크게 기뻐하였고, 우리나라에 대한 명나라 조정의 의심도 풀렸다.

류큐 국과 동아시아

일본 규슈 지방의 남서쪽에 위치한 류큐 국은 현재 일본의 오키나와 제도諸島를 말한다. 도요토미 히데요시가 일본을 통일하기 전까지 류큐 국은 독립 왕국이었고 15세기에서 19세기까지는 일본보다 조선이나 중국과 더 가까이 지내는 나라였다.

류큐 국은《고려사高麗史》,《조선왕조실록朝鮮王朝實錄》,《해동제국기》 같은 기록과 조선 시대의 여러 지도에 등장하며, 당시 조선과는 문화 및 경제 교류도 활발했다. 조선은 류큐 국에 대장경 같은 불교 서적과 각종 사서를 전해주었고, 류큐 국으로부터는 중국 서적, 유자, 목향, 등나무 같은 식물의 묘목과 앵무새, 공작, 원숭이 같은 희귀 동물을 받았다. 양국 간에는 기술 교류도 있었다. 조선은 사원 건축술을 류큐 국에 가르쳐주었고, 류큐 국으로부터는 병선 제조 기술과 성벽 축조 기술을 배웠다.

류큐 국은 명의 조공국이기도 했다. 1372년 명나라가 류큐 국에 사절단을 보내 조공할 것을 요구한 이후로 류큐 국은 조선과 함께 명의 조공 질서 안에 있었다. 당시에 류큐 국에서 가장 큰 섬인 오키나와 섬은 세 세력으로 나뉘어 있었는데, 이 세 세력이 모두 명나라에 조공을 바쳤다.

1429년, 쇼하시가 세 세력을 규합해 류큐 왕국을 성립하고 명나라에 통일 사실을 알려, 명나라로부터 류큐 왕국의 유일한 통치자로 인정을 받았다. 쇼하시에 의해 통일된 류큐 왕국은 명나라 해금 정책의 반사 이익으로 동남아시아 중계 무역을 통해 번영을 누렸다.

류큐 왕국과 일본과의 관계는 왕국 성립 이전인 13세기부터 이루어졌는데 대부분 무역 관계였다. 임진왜란 직전인 1591년에 도요토미 히데요시는 류큐 왕국의 세자 쇼네이에게 조선 침략용 군역 갹출을 강요했고, 쇼네이는 명나라에 이 사실을 알렸다. 그러나 임진왜란 기간 동안 류큐 왕국은 일본에 굴복해 왜군 군량의 절반을 조달했다.

1609년에 규슈 사쓰마 번^{가고시마 현}의 침공을 받은 후부터 류큐 왕국은 중국과 일본 양쪽에 조공을 바치는 양속 관계를 맺게 된다. 양국에 조공을 바치면서도 류큐 왕국은 독립국으로서의 지위를 유지하였다.

류큐 왕국이 완전히 일본에 병합된 것은 메이지 정부 때이다. 1879년 메이지 정부가 류큐 왕국에 오키나와 현을 설치하면서 류큐 왕조는 멸망하고 류큐 왕국이라는 이름도 공식적으로 사라지게 되었다.

우리 조정은 왜의 침략을 우려하여 변방의 사정을 잘 아는 신하를 뽑아 충청, 경상, 전라 삼도를 순찰하고 방비하게 하였다.

김수를 경상도 관찰사로, 이광을 전라도 관찰사로, 윤선각을 충청도 관찰사로 임명하여 병기를 갖추고 성과 해자를 손보게 하였다. 특히 경상도에 많은 성을 쌓았다. 영천, 청도, 삼가, 대구, 성주, 부산, 동래, 진주, 안동, 상주 등 좌우 병영에 속한 지역의 성을 새로 쌓거나 더 높이 쌓았다.

그런데 당시에는 오랫동안 평화로운 시절이 지속되어 온 나라의 백성이 편안함에 익숙해져 있었다. 그런 까닭에 노역하는 것을 꺼려하며 원망하는 소리가 길을 가득 메웠다. 합천 사람으로 나와 동년배인 전 성균관 전적 이로李魯는 나에게 서신을 보내, "성을 쌓는 것은 좋은 계책이 아니다"라고 하였다. 또한 "합천의 삼가현은 앞에 정암진이 가로막고 있는데 왜군이 어떻게 날아서 그곳을 건널 수 있겠는가? 어째서 쓸데없이 성을 쌓는다고 해 백성들을 수고롭게 하는가?"라고 하였다.

1만 리나 되는 넓은 바다로도 왜군을 막아내지 못하였는데 한 줄기 좁은 강물로 왜군이 강을 건널 수 없기를 바랐으니, 이 또한 엉성한 생각이었다. 그러나 당시 많은 사람들의 의견이 이와 같았고 홍문관에서도 상소하여 이에 대해 논의하였다.

전라도와 경상도 지역에 쌓은 성은 모두 지형을 제대로 활용하지 못한 채, 넓고 크게 만들어 백성을 많이 수용하는 데에만 힘을 들였다. 예컨대 진주성은 본래 험준한 곳에 자리 잡고 있어 수비에 유리하였는데, 이때에는 성이 작다는 이유로 동쪽의 평지로 성벽을 옮겨 쌓았다. 이후에 적들이 새로 쌓은 성벽을 통해 성으로 들어와 결국 성을 지키지 못하였다.

대체로 성을 쌓을 때는 작고 견고하게 만드는 것을 중요하게 여긴다. 그런데 오히려 성이 넓지 않은 것을 염려하였으니, 이 또한 당시의 논의가 그러하였던 것이다. 근본적인 군사 행정과 장수를 선발하는 기준, 군사를 조직하고 훈련하는 방법에 이르기까지, 백 가지 가운데 한 가지도 제대로 시행되지 못하였기 때문에 결국 적에게 패하고 만 것이다.

정읍 현감 이순신을 발탁하여 전라 좌도 수군절도사에 임명하였다.

이순신은 담력과 지략을 지니고 있었고 말타기와 활쏘기에 뛰어났다. 일찍이 조산보 만호[6]로 있을 때 북방 지역에 변란이 잦았다. 이에 이순신이 계책을 내서 반란을 일으킨 여진인 우을기내를 유인하여 사로잡은 후 병영으로 보내 참수하니, 그 후로 여진족에 대한 근심이 사라지게 되었다.

당시 순찰사 정언신이 이순신에게 두만강 하류 녹둔도의 둔전을 지키는 일을 맡겼다. 안개가 자욱하게 낀 어느 날, 군사들은 모두 나가서 벼를 수확하느라 군영의 목책 안에는 겨우 10여 명의 군사만 남아 있었다. 그때 갑자기 여진의 기마병들이 사방에서 모여

두만강 하류의 조산보 만호로 재직하던 이순신은 계책을 내서 여진족의 침입을 막았다.

---

6 이순신은 그의 나이 42세(1586)에 류성룡의 추천으로 조산보 만호로 임명되었다.

들었다. 이순신이 책문을 닫고 책문 안에서 직접 유엽전촉이 버들잎처럼 생긴 화살을 잇달아 쏘아 수십 명의 적을 맞추어 말에서 떨어뜨리니, 여진인들이 놀라서 도망쳤다. 이순신이 책문을 열고 나가 혼자서 말을 타고크게 소리치며 그들을 뒤쫓자 여진인들이 황급하게 달아났다. 이순신은 그들이 약탈하였던 것을 모두 되찾아 돌아왔다.

그러나 조정에서는 그를 알아주는 사람이 없었다. 무과에 급제한 지 10년이 되도록 걸맞은 지위에 오르지 못하다가 비로소 정읍 현감이 된 것이다.

그때 왜군이 쳐들어올 것이라는 소문이 하루가 다르게 퍼지자 임금께서 비변사국방 관련 업무를 맡아보던 관아에 명하여 장수의 역할을 해낼 만한 인재를 추천하도록 하였다. 그래서 내가 이순신을 천거하여 마침내 정읍 현감에서 품계를 뛰어넘어 전라 좌도 수군절도사좌수사에 임명되니, 어떤 사람들은 그의 갑작스러운 승진을 의심하기도 하였다.

당시 조정의 무장 중에는 신립과 이일의 명성이 가장 뛰어났고, 경상 우도 병마절도사 조대곤은 늙고 용맹하지 못하여 사람들은 그가 장수의 임무를 감당하지 못할 것이라고 염려하였다. 그래서 내가 경연에서 이일에게 조대곤의

수책거적도(守柵拒敵圖). 이순신의 부대가 책문을 사이에 두고 여진족과 싸움을 벌이는 모습을 그린 그림이다.

임무를 대신하게 할 것을 아뢰어 청하였는데, 병조판서 홍여순은 이렇게 말했다.

"뛰어난 장수는 마땅히 도성에 있어야 하니, 이일을 파견해서는 안 됩니다."

그래서 내가 다시 아뢰었다.

"모든 일은 미리 준비하는 것이 중요합니다. 더구나 군사를 다스리고 적을 막는 일은 결코 섣불리 결정해서는 안 됩니다. 만약 하루아침에 변고가 생기면 결국 어쩔 수 없이 이일을 보낼 수밖에 없습니다. 어차피 그를 보내야 한다면 하루라도 일찍 가서 미리 준비하여 변고를 대비하게 하는 것이 여러모로 유익할 것입니다. 그러지 않고 변고가 생겼을 때 다른 지역의 장수를 갑작스럽게 내려보내면, 그 장수는 지역의 형세에도 어둡고 군사들이 용맹한지 비겁한지도 알지 못할 것입니다. 이는 병가兵家에서 꺼리는 것이니 반드시 후회하는 일이 생길 것입니다."

그러나 임금께서는 아무런 답이 없으셨다.

내가 또 비변사에 나가서 여러 사람과 논의하여 옛 임금들께서 제정한 진관 제도를 손볼 것을 청하였다. 그 대략은 다음과 같다.

"건국 초기의 진관 제도는 각 도의 군사들을 모두 각각의 진관에 나누어 소속시켰습니다. 그래서 변란이 발생하면 해당 진관이 소속된 고을의 군대를 통솔하여 물고기 비늘처럼 차례차례 늘어서서 주장主將의 명령을 기다렸습니다. 경상도를 예로 들면, 김해, 대구, 상주, 경주, 안동, 진주가 여섯 진관을 이루고 있어서 만약 적이 침입하였을 때 첫 번째 진관의 군대가 비록 패하더라도 다른 진관에서 차례대로 군대를 엄중히 하여 굳게 지키니 한꺼번에 무너지지는 않습니다.

그러다가 을묘년1555, 명종10에 왜변이 일어난 이후에 김수문이 전라도에 있으면서 처음으로 분군법^{군사를 배치하는 법}을 바꾸어 도내의 여러 고을을 순변사, 조방, 도원수 및 전라도의 병마절도사와 수군절도사에 나누어 소속시켜 방어하게 하였으니, 이를 제승방략이라고 합니다.

여러 도에서 모두 이 방식을 본뜨니 결국 진관은 이름만 존재할 뿐 그 실상은 서로 긴밀하게 연결되어 있지 않았습니다. 그래서 한번 위급한 일이 생기면 반드시 먼 곳과 가까운 곳이 함께 움직이게 되고, 장수가 없는 군사들은 들판 가운데 먼저 모여서 1,000리 밖에서 오는 장수를 기다리고만 있게 됩니다. 그러다가 장수가 도착하기도 전에 왜군의 선봉이 먼저 오면 군사들이 놀라고 두려워하게 되니, 이는 우리 군이 반드시 궤멸하는 길입니다. 많은 군사들이 일단 무너지면 다시 병력을 모으기 어렵습니다. 이때 장수가 도착한다고 한들 어느 누구와 함께 적에 대항하여 싸우겠습니까?

그러니 옛 임금들이 제정한 진관 제도를 다시 손보는 것이 좋겠습니다. 그렇게 하면 평소에는 군사를 훈련하기 쉽고 유사시에는 군대를 소집할 수 있으며, 또 앞과 뒤가 서로 호응하고 안과 밖이 서로 의지하여, 관할 지역이 한꺼번에 맥없이 무너지는 지경에는 이르지 않을 것입니다. 그러면 일을 해결하는 데 더욱 편리할 것입니다."

이 사안을 경상도에 내려보냈지만 경상도 관찰사 김수는 "제승방략을 시행한 지 이미 오래되어 갑자기 바꿀 수 없다"라고 하여 결국 논의는 중단되었다.

진관 제도와 제승방략의 차이 :
지역 방어와 대인 방어

《징비록》에는 조선의 방어 전략이었던 제승방략 체제 때문에 왜군이 단 두 달 만에 부산에서 평양까지 쉽게 진격할 수 있었다는 류성룡의 생각이 담겨 있다. 그는 진관 제도가 제승방략 체제보다 더 적절한 방어 전략이므로 다시 진관 제도로 돌아갈 것을 제안했지만 결국 받아들여지지 않았고, 그래서 비극이 더 커졌다며 아쉬움을 토로한다. 그렇다면 이 두 전략은 어떤 차이가 있을까?

진관 제도는 조선 전기에 채택된 방어 전략이고 제승방략은 조선 중기 이후 채택된 방어 전략이다. 조선 전기에는 주로 북방 여진족의 약탈과 국지전에 대비하기 위한 전략으로 진관 제도를 언급하고, 제승방략은 대규모 침략에 대비하기 위해 등장한 전략이라고 보는 것이 일반적이다.

한편, 진관 제도는 지역 거점을 이용해 적의 침입 경로를 봉쇄하고 거점이 뚫리면 그 옆의 방어 거점이 협력하는 시스템을 가졌기 때문에 지역 방어라고 할 수 있다. 반면 제승방략은 한 거점에 주변 병력을 모아서 한꺼번에 이동해 적을 추격, 섬멸하는 시스템이기 때문에 대인 방

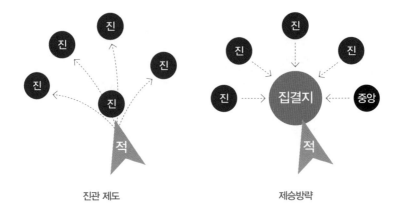

진관 제도   제승방략

어로 비유할 수 있다.

진관 제도는 북방의 여진족처럼 소수의 부족이 침투하는 국지전을 대비하기 위한 것이었기 때문에 1555년^{명종10} 일어난 을묘왜변 같은 대규모 침략에 대비하기에는 어려움이 있었다.

1555년 5월에 왜구는 선박 70여 척을 동원해 일시에 전라남도 남해안 쪽에 침입하여 어란도, 장흥, 영암, 강진 일대를 돌아다니며 약탈과 노략질을 했다. 이때 장흥 부사가 전사하고 영암 군사는 포로가 되는 등 지역 거점이 붕괴되면서 전라도 일대는 큰 위기를 맞았다. 이에 조정에서는 이준경을 도순찰사, 김경석, 남치훈을 방어사로 임명해 토벌군을 파견해 왜구를 섬멸할 수 있었다. 이때부터 조정에서는 임시 군무 합의기구인 비변사를 마련해 변란에 대비하는 시스템을 마련했고, 군사 방어 조직도 각 지역의 군소 관군에 의지하지 않고 병력을 집결시키고 중앙에서 파견하는 장수에게 지휘권을 주는 제승방략 시스템으로 전환한 것이다.

그러나 제승방략 시스템은 임진왜란이 발발한 직후부터 문제점을 드러냈다. 특히 순변사 이일은 충청도를 거쳐 한양으로 북상하는 왜군을 막기 위해 한양의 관군을 상주에 집결시켜 왜군과 싸우려고 했다. 그러나 이일이 상주에 도착했을 때, 각 지역의 관군은 왜군의 전력이 매우 강하다는 소문을 듣고 겁에 질려 도망갔거나 남은 군사들도 우왕좌왕하느라 제대로 싸워보지도 못하고 패배하고 말았다.

이에 대해 류성룡은 1592년선조25 4월 17일 왜군을 방어하기 위해 파견된 이일이 문경에 이르자 문경이 비어 있었고, 상주에 이르자 상주도 비어 있어서 결국 수백 명의 군사만 데리고 결전을 치르지도 못한 채 적에게 낙동강을 빼앗기고 말았다고 진술했다. 이 견해는 결과론적인 평가라고 할 수도 있겠지만 제승방략의 단점을 예리하게 지적한 것이다.

류성룡은 기존의 진관 제도가 개선된 제승방략보다 우월한 방어 체계임을 역설하였다. 특히 《선조실록宣祖實錄》 1594년 3월 29일 기사에는 두 방어 체계의 차이점에 대해 자세히 설명하고 있어, 당시의 방어 체계에 대해 류성룡이 얼마나 해박한 지식을 갖고 있었는지를 알수 있다. 류성룡의 설명을 토대로 두 방어 체계의 차이점을 살펴보면 다음과 같다.

먼저 진관 제도는 팔도의 큰 고을마다 모두 진관鎭管을 두어 병마절제사라는 주진主鎭을 중심으로 작은 고을을 소속시켜 병장기 관리와 훈련을 담당하게 했다. 유사시에는 진관이 저마다 소속된 군병을 지휘하되 주장主將의 통제권 아래에서 움직이게 하니 군사 훈련과 지휘 통제의 일원성이 장점으로 부각된다고 역설했다. 또한 한 진관의 군병이 비록 패배하여 무너진다 해도 다른 진관이 각자 굳게 지키면 일부가 무너져 적이 승세를 타더라도 방어 체계가 급격히 무너지지 않는다는 이점이 있다고 역설했다.

반면 을묘왜변 이후 널리 퍼진 제승방략은 한 도의 군병을 순변사, 방어사, 조방장과 병사, 수사에게 분속시킨 후, 적이 침입하면 일제히 소속 군사를 징발해 국경 부근이나 소요가 일어난 지역으로 병력을 결집시키는 계책이라고 설명했다. 따라서 제승방략은 대규모 소요에 대응하기 좋아 보이지만 실제로는 소속이 다른 부대와 상호 연대가 뒷받침되지 않고, 큰 변란이 일어났을 때 지휘통제권이 통일되기 어려워 오히려 낭패를 보게 된다고 설명했다.

　실제 적이 침입하면 도 전체가 한꺼번에 움직여 일부분이 뚫리면 협공당할 위험이 큰데다가 통제권을 갖고 있는 중앙의 주장이 올 때까지 제대로 된 지휘를 받을 수 없고, 이럴 때 적의 선봉을 만나면 궤멸되기 쉽다고 본 것이다.

　진관 제도와 제승방략에 대한 이러한 견해는 류성룡이 임진왜란 당시 관군이 한번에 무너지는 상황을 경험했고, 관군의 수장 김수와 의병장 곽재우의 지휘통제권으로 인한 다툼을 겪어본 데에서 기인한 견해라는 점에서 참고할 필요가 있다.

　완벽한 방어 전략이란 없다. 그럼에도 전쟁을 직접 보고, 듣고, 느끼며 몸소 겪은 류성룡으로서는 방어 전략만 잘 선택했어도 그렇게 허무하게 우리 군이 무너지지는 않았으리라는 진한 아쉬움을 토로하는 대목이다.

임진년1592 봄에 신립과 이일을 각각 변방에 보내 변방의 대비 상황을 살펴보게 하였다.

이일은 충청도와 전라도로, 신립은 경기도와 황해도로 갔다. 두 사람은 모두 한 달간 살펴보고 돌아왔는데, 그들이 점검한 것은 활, 화살, 창, 칼 따위였다. 각 고을에서는 대부분 문서상으로만 갖추고 법망을 피하고자 하였을 뿐 변란에 대비하는 별다른 방어책은 없었다.

신립은 평소 잔인하고 포악하기로 소문이 자자하였는데, 가는 곳마다 사람을 죽여 위엄을 세웠다. 그래서 고을의 수령들이 그를 두려워하여 백성들을 동원해 도로를 보수하고 사치스러운 연회를 베풀어 접대하였으니 대신의 행차도 이와 같지는 않았을 것이다.

임금께 보고 후 4월 1일에 신립이 나를 만나러 왔길래 내가 물었다.

"조만간 변고가 생기면 공께서 맡아서 해결해주셔야 하는데, 공이 보시기에 지금 적들의 형세는 어떻습니까?"

신립은 적을 매우 가소로이 여기며 이렇게 대답하였다.

"걱정할 것 없습니다."

"그렇지 않습니다. 전에는 왜인들이 창과 칼 같은 짧은 무기만 믿고 싸웠지만, 지금은 조총처럼 좋은 무기를 가지고 있으니 가볍게 보아서는 안 됩니다."

신립은 내 말이 끝나기가 무섭게 말하였다.

"비록 조총이 있다 한들 어떻게 모두 적중시키겠습니까?"

"나라가 태평한 지가 오래되어 군사들이 나약해져 있으니, 만일 위급한 일이 생기면 적에 대항하기가 매우 어려울 것입니다. 몇 년이 지나 군사 일에 익숙해지면 사태를 수습할 수 있겠지만 전쟁 초기에는 알 수 없으니, 그 점이 매우 우려됩니다."

그러나 신립은 도무지 깨닫지 못한 채 가버렸다.

신립이 계미년1583, 선조16에 온성 부사로 있을 때, 배반한 여진인이 함경도 종성을 포위한 일이 있었는데 신립이 달려가서 구원하였다.[7] 이때 신립이 10여 명의 기병만을 이끌고 돌격하니 여진인이 포위를 풀고 도망갔다. 조정에서는 신립이 충분히 대장 구실을 할 수 있다고 여겨 함경도 북병영의 병마절도사, 평안도 병마절도사로 승진시키고, 얼마 지나지 않아 다시 자헌대부로 승진시켰으며, 심지어 병조판서로 삼으려고 하였다. 신립은 기세가 등등해져서 마치 조괄이 진나라를 얕잡아 보듯[8] 일을 맡음에 조금도 두려워하는 마음이 없었으니, 아는 사람들은 모두 이를 걱정스러워하였다.

---

7 1583년에 일어난 '이탕개의 난'을 말한다. 이탕개는 선조 초에 우리나라에 귀화한 여진인으로, 조정의 후대를 받았으나 조선과 만주의 국경 지대에 사는 여진인들이 반란을 일으키자 이들과 합세하여 난을 일으켰다.

8 조괄은 중국 전국 시대의 조(趙)나라 장수이다. 어려서부터 아버지가 지은 병서를 많이 읽어 천하에 자기를 당할 자가 없다고 늘 자부하였으나, 융통성이 없고 전략을 제대로 응용할 줄 몰랐다. 훗날 조괄은 장평 전투에서 진(秦)나라 군사와 싸웠는데 적을 얕잡아 보다가 결국 진나라 장수 백기에게 패하여 죽었으며 조나라의 40만 대군도 몰살에 이르게 하였다.

임금께서 경상 우도 병마절도사 조대곤을 해임시키고 특지임금의 특별
한 명령를 내려 승지 김성일이 대신하도록 하였다. 비변사에서 김성일은
유학자이므로 이러한 시기에 변방 지역의 장수 임무를 맡기는 것이 합
당하지 않다고 아뢰었으나, 임금께서는 비변사의 계청을 듣지 않으셨
다. 김성일은 임금께 인사를 올리고 임지로 떠났다.

4월 13일에 왜군이 국경을 침범하여[9] 부산포가 함락되고 첨사 정발이 죽었다.

이보다 앞서 일본 사신 야나가와 시게노부와 승려 겐소 등이 통신사와 함께 돌아와서 동평관에 머물고 있었다. 이때 비변사가, 황윤길과 김성일 등에게 사적으로 술과 음식을 가지고 일본 사신들을 찾아가 그들을 위로하면서 조용히 그 나라의 사정을 물어보고 정세를 살피게 하여 대응책을 마련하자고 청하니, 임금께서 이를 허락하셨다.

김성일이 동평관에 이르자 과연 겐소가 은밀하게 말해주었다.

"중국이 오랫동안 일본과 관계를 끊고 조공도 받지 않으니 히데요시가 이것을 분하고 수치스럽게 여겨 전쟁을 일으키려고 합니다. 조선이 이러한 사실을 먼저 중국에 알려서 우리가 조공할 수 있는 길을 열어준다면 분명 아무 일도 생기지 않을 것입니다. 또한 일본 66주의 백성들도 군사로 동원되는 노고를 겪지 않아도 될 것입니다."

김성일 등이 이를 듣고 대의명분을 내세우며 꾸짖고 타이르자, 겐소는 더욱 도가 지나친 말을 하였다.

---

9 고니시 유키나가의 부대였다.

"예전에 고려가 원나라 군대의 길잡이가 되어 일본을 공격하였으니, 일본이 조선에게 원수를 갚으려고 하는 것은 형세상 당연한 일입니다."

이 일이 있은 뒤로 다시는 그들을 방문하지 않았고, 얼마 후 시게노부와 겐소는 일본으로 돌아갔다.

신묘년1591, 선조24 여름에 소 요시토시가 다시 부산포에 와서 그곳의 장수에게 말하였다.

"일본은 명나라와 외교적으로 왕래하고자 하는데 만약 조선이 일본을 위해 이 사실을 중국에 알려준다면 다행일 것입니다. 그러나 그렇게 하지 않는다면 일본과 조선 양국은 장차 우호를 잃게 될 것이니, 이는 큰일이 아닐 수 없습니다. 그래서 제가 와서 알려드리는 것입니다."

장수가 이를 조정에 보고하였으나 당시 조정은 일본에 통신사를 보낸 것을 후회하는 중이었다. 또한 일본 측의 오만한 태도에 화가 나 소 요시토시의 요구에 회답하지 않았다. 소 요시토시는 배를 정박한 채 10여 일을 기다리다가 앙심을 품고 돌아갔다. 그 뒤로 왜인들은 다시 오지 않았고, 부산포 왜관에 항상 머무르고 있던 수십 명의 왜인조차 조금씩 본국으로 돌아가 왜관이 거의 텅 비게 되니 사람들이 이를 이상하게 여겼다.

4월 13일에 왜군의 배가 쓰시마 섬에서 바다를 가득 덮으며 몰려와 그 끝이 보이지 않을 정도였다. 부산포 첨사 정발이 절영도부산 영도구에 사냥을 나갔다가 다급하게 성에 돌아왔는데 왜군이 뒤따라 상륙하여 사면에서 구름처럼 포위해왔다. 이에 얼마 지나지 않아 성이 함락되었다. 경상 좌수사 박홍은 적의 형세가 큰 것을 보고서 감히 출병하지 못하고 성을 버리고 달아났다.

왜군은 군사를 나누어 서평포부산시 동래구와 다대포를 함락시켰다. 다

대포 첨사 윤흥신이 힘을 다해 싸웠지만 전사하였다. 경상 좌도 병마절도사 이각은 적의 침입 소식을 듣고는 병영에서 나와 동래로 들어갔는데, 부산이 함락되자 겁을 먹고 우왕좌왕하며 어찌할 바를 몰랐다. 이각은 성 밖에서 앞뒤로 적을 협공하자는 핑계를 대고 성을 나가 소산역부산시 두구동 일대으로 물러나 진을 치려고 하였다. 동래 부사 송상현은 남아서 같이 성을 지키자고 하였지만 이각은 듣지 않았다.

4월 15일에 왜군들이 동래로 들이닥쳤다. 송상현은 성 남문에 올라 군사를 지휘하여 싸웠지만 성은 끝내 함락되었고, 송상현은 도망가지 않고 꿋꿋이 자리를 지키다가 왜군의 칼에 맞아 전사하였다. 왜군은 송상현을 훌륭하게 여겨 시신을 관에 넣어 성 밖에 매장하고, 묘표를 세워 사람들이 알아볼 수 있게 하였다.

동래성이 함락되자 여러 고을의 군사들은 적이 온다는 소문만 듣고도 달아나 군대가 무너지기 시작하였다. 밀양 부사 박진은 동래에서 밀양으로 급히 돌아가 작원경주시 건천읍 일대의 좁은 길을 막고 방어하려고 하였다. 왜군은 양산을 함락시키고 작원에 이르렀는데, 수비대가 있는 것을 보고는 산 뒤를 따라 개미떼처럼 붙어서 높은 곳으로 올라가니 좁은 길목을 지키던 수비대가 그것을 보고는 모두 흩어졌다.

박진은 말을 몰아 밀양으로 돌아가서 무기고와 창고를 불태우고는 성을 버리고 산으로 들어갔다. 이각은 분주히 병영울산으로 돌아가 자신의 첩을 먼저 탈출시키니 성안의 인심이 흉흉해졌고 군사들도 하룻밤에 네다섯 번이나 놀랐다. 이각 자신도 새벽을 틈타 몸을 빼 달아나니 많은 군사들이 크게 무너졌다. 왜군은 길을 나누어 멈추지 않고 우리 군대를 추격하며 여러 고을을 연달아 함락시켰는데, 한 사람도 감히 대적하는 사람이 없었다.

김해 부사 서예원은 성문을 닫고 성을 지켰는데, 왜군들이 성 밖의 보리와 벼를 베어 해자를 메우고 순식간에 성곽의 높이만큼 쌓아서 성을 넘어 들어왔다. 초계경남 합천 군수 이아무개이유검가 먼저 달아났고 서예원이 그 다음으로 달아나니 김해성은 결국 적에게 함락되었다.

순찰사 김수는 처음에 진주에 있었는데 적이 쳐들어왔다는 말을 듣고 말을 몰아 동래로 가다가 도중에 왜군이 이미 상당히 접근하였다는 소식을 듣고는 더 이상 전진하지 못하고 경상 우도로 돌아왔다. 그는 어찌해야 할지를 모르고 다만 여러 고을에 격문을 보내 백성들에게 적을 피하라고 권유할 뿐이었는데, 이 때문에 경상도가 텅 비어 더욱 손쓸 수 없게 되었다.

용궁 현감 우복룡은 고을의 군대를 이끌고 병영으로 가던 중에 영천 길가에서 밥을 먹고 있다가 하양경북 경산의 군사 수백 명을 만났다. 이들은 방어사에 속한 군사들로 상도경북 안동 인근로 향하고 있었는데 마침 우복룡의 군대 앞을 지나게 된 것이다. 우복룡은 군사들이 말에서 내리지 않은 것에 화가 나서 그들을 붙잡아 반역을 일으키려 한다며 트집을 잡았다. 하양의 군사들은 병마절도사가 발행한 공문서를 보여주며 해명하였지만 우복룡은 자신의 군사들에게 눈짓으로 신호를 보내 하양 군사들을 에워싸고 모두 죽이니 그들의 시체가 들을 가득 메웠다. 순찰사가 이에 대해 우복룡이 공을 세웠다고 보고하니 조정에서는 우복룡을 통정대부로 승진시키고 정희적을 대신하여 안동 부사에 임명하였다.

훗날 아비와 남편을 잃은 하양 사람들은 조정에서 사신들이 올 때마다 말머리를 막고 억울함을 호소하였지만, 우복룡은 당시에 명망이 자자하였기 때문에 그들의 억울함을 풀어주는 사람이 없었다고 한다.

4월 17일 이른 아침에 변방의 장계가 처음으로 도착하였는데 바로 경상 좌수사 박홍의 장계였다.

대신들과 비변사가 빈청^{대신이나 비변사의 당상관들이 모여 회의하던 곳}에 모여 임금에게 뵙기를 청하였지만 임금께서 허락하지 않으셨다. 이에 글을 올려 다음과 같이 청하였다.

"이일을 순변사에, 성응길을 좌방어사에, 조경을 우방어사에 임명하여 각각 가운데 길中路, 왼쪽 길左路, 서쪽 길西路로 내려가게 하십시오. 유극량을 조방장에 임명하여 죽령을 지키게 하며, 변기를 조방장에 임명하여 조령을 지키게 하십시오. 경주 부윤 윤인함은 유신儒臣으로서 나약하고 겁이 많으니, 상중에 있는 전 강계 부사 변응성을 다시 불러들여 경주 부윤에 임명하십시오. 그리고 이들 모두 각각 군관을 선발하여 데리고 가게 하십시오."

얼마 안 되어 다시 부산이 함락되었다는 소식이 도착하였다. 이때 부산은 적에게 포위되어서 사람들이 드나들 수 없었다. 박홍의 장계에는 "높은 곳에 올라가 바라보니 붉은 깃발이 성에 가득하였습니다"라고만 쓰여 있었는데, 이로써 성이 함락되었다는 것을 알았던 것이다.

이일은 한양의 정예 군사 300명을 데리고 가고자 하였으나 병조의 군사 선발 목록을 받아보니 모두 훈련받은 적이 없는 시정잡배, 서리, 유생이 태반이었다. 임시로 이들을 점검하는데, 유생들은 관복을 갖추고 시권과거 시험 때 답을 쓰는 종이을 들고, 서리들은 평정건서리들이 쓰던 두건을 쓰고 와서는, 모두 징병을 면제해달라고 하소연하며 뜰을 가득 메워 전쟁터에 보낼 만한 사람이 없었다. 이일이 명을 받은 지 사흘이 지나도록 출발하지 못하자 조정에서는 어쩔 수 없이 이일을 먼저 내려보내고 별장 유옥에게 군사들을 이끌고 뒤따라가게 하였다.

나는, 병조판서 홍여순은 맡은 임무를 제대로 해낼 수 없고 군사들의 원망도 많이 받고 있으니 교체하는 것이 좋겠다고 아뢰었다. 이에 홍여순을 대신하여 김응남을 병조판서에 임명하고, 심충겸을 병조참판에 임명하였다. 대간에서는 나를 체찰사지방에 군란이 있을 때 왕 대신 그 지방에 가서 군무를 총괄하던 임시 벼슬로 삼아 여러 장수들을 감독하고 격려하게 해야 한다고 아뢰었다. 그러자 영의정 이산해가 나에게 이 일을 맡게 하였고, 나는 김응남을 부체찰사로 임명해줄 것을 청하였다.

전 의주 목사 김여물은 군사상 책략에 능통한 인물이었는데 당시 어떤 사건에 연루되어 옥에 갇혀 있었다. 나는 임금께 아뢰어 나를 따르는 것으로 죗값을 치를 수 있도록 청하였고, 비장관찰사나 절도사를 보좌하며 비서 역할을 수행하는 사람으로 삼을 만한 무사를 모집하여 80여 명을 얻었다.

얼마 후 급보가 잇따라 들어왔는데, 적의 선봉이 이미 밀양과 대구를 지나 곧 조령 아래까지 닥칠 것이라는 내용이었다. 나는 김응남과 신립에게 말하였다.

"적이 깊숙이 쳐들어왔으니 사안이 매우 급박하오. 장차 어찌하면 좋겠소?"

그러자 신립이 대답하였다.

"체찰사께서 내려간다고 하여도 체찰사는 전투에 능한 장수가 아닙니다. 이일의 군대는 전방에서 고군분투하고 있는데 그를 도울 후원 부대가 없으니 용맹한 장수를 재빨리 내려보내 이일을 돕게 하는 것이 어떻겠습니까?"

내가 보니 신립은 본인이 직접 가서 이일을 돕고 싶어 하는 것 같았다. 그래서 내가 김응남과 함께 급히 임금께 뵙기를 청하여 신립이 말한 대로 아뢰었다. 임금께서는 즉시 신립을 불러 그의 의중을 물어보고 마침내 그를 도순변사군사 업무를 시찰하기 위해 파견하는 왕의 특사에 임명하였다.

신립이 대궐문을 나가 직접 군사를 불러 모았으나 신립을 따르려는 사람이 없었다. 그때 나는 중추부에서 길을 떠날 준비를 하고 있었다. 신립이 내가 있는 곳에 와서, 나의 소집에 응하여 뜰에 빽빽하게 서 있는 군사들을 보자 매우 화난 기색이 되었다. 그러고는 병조판서 김응남을 가리키며 나에게 말하였다.

"김 공 같은 분을 데리고 간들 어디에 쓰겠습니까? 바라건대 소인이 부사가 되어 대감을 따라가고 싶습니다."

나는 신립이 자신을 따르는 군사들이 없어 화가 난 것을 알고 웃으며 말하였다.

"똑같은 나랏일인데 어찌 이것저것 따질 필요가 있겠소? 공께서는 갈 길이 급하니 내가 모은 군관들을 데리고 먼저 떠나시오. 나는 따로 군사를 모아 뒤따르겠소."

그러고는 내가 모은 군관들의 명단이 적힌 단자를 신립에게 넘겨주었다. 이윽고 신립이 뜰 안의 군사들을 돌아보며 "와라!"라고 말하고는 그들을 이끌고 출발하였다. 여러 군사들이 모두 크게 낙심하며 따라갔다. 김여물도 함께 따라갔는데 그다지 내키지 않는 기색이었다.

신립이 출발할 즈음에 임금께서 그를 불러 만나시고는 보검을 내리며 말씀하셨다.

"이일 이하의 장수들 가운데 그대의 명을 따르지 않는 자가 있으면 이 검으로 처벌하라."

신립은 임금께 하직인사를 드리고 나와 빈청에 들러 대신들과 인사를 나누었다. 그런 다음 계단을 내려가려고 하는데 머리에 쓰고 있던 사모가 갑자기 땅에 떨어지니, 이를 본 사람들은 놀라서 얼굴빛이 바뀌었다.

신립이 용인에 도착하여 상황을 보고하는 장계를 올렸는데 거기에 자신의 이름을 적지 않았다. 사람들은 그의 마음이 어수선한 것은 아닌지 염려하였다.

경상 우도 병마절도사 김성일을 체포하여 하옥시키려고 하였으나 그가 한양에 이르기 전 도리어 그를 초유사에 임명하고, 함안 군수 유숭인을 병마절도사에 임명하였다.

처음에 김성일은 임지로 가는 길에 상주에 도착하여 적이 이미 국경을 침범하였다는 소식을 듣고는 본영창원을 향해 밤낮으로 달려갔다. 본영으로 가는 도중에 전 병마절도사 조대곤을 만나 병마절도사의 인장과 병부를 주고받았다. 그때 적은 이미 김해를 함락시키고 부대를 나누어 경상 우도의 여러 고을을 약탈하고 있었다. 김성일 일행이 가다가 왜군과 마주쳤는데 그의 장졸들이 도망가려고 하였다. 이에 김성일이 말에서 내려 호상접이식 나무 의자에 걸터앉아 움직이지 않고 있다가 군관 이종인을 불러 말했다.

"너는 용맹한 군사이니, 적을 보고 먼저 물러나서는 안 된다."

그때 왜군 한 명이 금가면을 쓰고 칼을 휘두르며 돌진해왔다. 이에 이종인이 말을 타고 달리며 화살 하나를 꺼내 그를 쏘아 죽이니 적들이 감히 앞으로 나오지 못하고 물러났다. 김성일은 흩어진 군사들을 불러 모으고 각 군현에 격문을 보내 왜군을 견제할 계책을 세웠다.

그런데 임금께서는 예전에 김성일이 일본으로 사신을 다녀온 후 왜

임진왜란 당시 왜군이 썼던 금가면

군이 쉽게 침략하지 못할 것이라고 보고해 인심을 해이하게 만들고 나
랏일을 그르치게 하였다며 의금부 도사에게 명하여 그를 잡아 오게 하
였다. 앞으로의 일을 예측할 수 없는 상황이었다.

관찰사 김수는 김성일이 체포된다는 소식을 듣고 길에 나가 작별하
였다. 김성일은 의분을 느끼며 자신의 일에 대해서는 한마디도 하지 않
고 그저 김수에게 성심을 다해 적을 토벌할 것을 당부할 뿐이었다. 이
를 본 하자용이라는 늙은 관리가 탄식하며 말하였다.

"자신이 죽는 것은 마음에 두지 않고 오직 나랏일만 걱정하니, 이 사
람은 참으로 충신이다."

그런데 김성일이 직산에 이르렀을 즈음, 임금의 노여움이 누그러지
면서 김성일이 경상도의 양반과 백성에게 신임을 얻고 있다는 사실을
알게 되셨다. 이에 그의 죄를 용서하고 그를 경상 우도 초유사에 임명
하여, 도내의 백성들을 격려해 군사를 일으키고 적을 토벌하도록 하
였다.

한편 유숭인은 전공을 인정받아 품계를 뛰어넘어 병마절도사에 임
명되었다.

<u>첨지 김늑을 경상 좌도 안집사에 임명하였다.</u>

당시 관찰사 김수는 경상 우도에 있었는데, 왜군이 가운뎃길을 가로질러 다니고 있었기 때문에 좌도와 소식을 주고받을 수 없었다. 그래서 고을의 수령들이 모두 관직을 버리고 달아나니 이에 민심도 흩어졌다.

조정에서 이런 상황을 듣고, 김늑이 영천 출신으로서 경상도의 민심을 상세히 알고 있으니 흩어진 민심을 안정시키고 규합할 수 있을 것이라고 여겨, 임금께 아뢰어 그를 파견하였다.

김늑이 좌도에 도착하자 비로소 그곳의 백성들이 조정의 명령에 따라 조금씩 모여들어 영천^{영주}과 풍기 두 고을에는 다행히 왜군이 아직 이르지 않았음에도 의병들이 제법 일어났다고 한다.

<u>적이 상주를 함락시켰다. 순변사 이일의 부대는 패하고 충주로 돌아</u>
<u>왔다.</u>

처음에 경상도 순찰사 김수가 왜군의 침략 소식을 듣고 곧바로 제승
방략의 분군법에 따라 여러 고을에 공문을 보내 각기 소속 군사를 거
느리고 미리 약속된 지역에 모여 주둔하며 한양에서 장수가 오기를 기
다리고 있었다.

김수의 지시에 따라 문경 이남의 고을 수령들은 모두 군대를 이끌고
대구로 가서 강가에서 노숙하며 며칠 동안이나 순변사를 기다렸다. 그
런데 순변사는 아직 도착하지 않고 왜군은 점점 가까워지니 많은 군사
들이 놀라고 동요하기 시작하였다. 때마침 큰비가 내려 옷과 장비가 젖
고 식량도 떨어지자 밤중에 모두 뿔뿔이 달아났고, 수령들도 말을 타고
자신들의 고을로 돌아가버렸다.

순변사 이일이 문경에 들어섰을 때, 고을은 이미 텅 비어서 한 사람
도 보이지 않았다. 이에 직접 창고를 열어 자신이 데리고 온 군사들에
게 곡식을 나누어주었다. 함창을 지나 상주에 도착하니, 상주 목사 김
해는 먼저 나가 순변사를 맞이하겠다는 핑계를 대고 산속으로 도망가
고 없고, 판관 권길만 남아 고을을 지키고 있었다. 이일은 군사가 모여

있지 않은 책임을 권길에게 물어 그를 마당으로 끌어내 목을 베려고 하였다. 그러자 권길이 자신이 직접 군사를 불러 모으겠다고 애원하였다. 그는 밤이 새도록 마을을 수색하여 이튿날 아침 수백 명을 데리고 왔으나 모두 농민이었다. 이일이 하루 동안 상주에 머무르며 창고를 열고 곡식을 꺼내어 흩어져 있던 백성들을 유인하자 산골짜기에서 하나둘씩 나오니, 이들이 또한 수백여 명이었다. 급한 대로 이들을 데리고 대오를 맞추어 군대를 편성하였으나 전쟁을 치를 수 있는 사람은 한 명도 없었다.

이때 적은 이미 선산^{경북 구미}까지 다다랐다. 저녁 무렵에 개령현^{경북 김천} 사람이 와서 적이 가까이 와 있음을 알려주었다. 그런데 이일은 이 소식이 사람들을 미혹시킨다고 하여 그의 목을 베려고 하였다. 그러자 그 사람이 호소하며 말하였다.

"우선 저를 가두어두었다가 내일 아침에도 적이 오지 않는다면 그때 저를 죽여도 늦지 않을 것입니다."

이날 밤에 왜군은 장천^{경북 상주시 낙동면 일대}에 주둔하고 있었다. 장천은 상주에서 20리 떨어진 곳이었는데, 이일의 군대는 척후병^{적의 형편이나 지형을 정찰하는 임무를 맡은 병사}이 없었기 때문에 적이 온 사실을 몰랐다. 다음 날 아침, 이일은 여전히 적이 오지 않았다며 개령 사람을 옥에서 꺼내 목을 베고 여러 사람들에게 돌아가며 보여주었다.

그러고 나서 상주에서 모은 민군과 한양에서 데리고 온 800~900명의 장졸들을 합쳐 북천 가에서 진법을 연습시켰다. 산세를 따라 진을 치고 중간에 대장기를 세웠으며, 이일은 갑옷을 입고 말을 탄 채 대장기 아래에 서 있었다. 종사관 윤섬, 박지와 판관 권길, 사근도 김종무 등은 모두 말에서 내려 이일이 탄 말 뒤에 서 있었다. 얼마 뒤에 여러 명의 사람이 수풀에서 나와 배회하며 이쪽을 바라보다가 돌아갔다. 사람들은 왜군의 척후병인가 의심하였지만 개령 사람이 당한 일이 있었기 때문에 함부로 보고하지 못하였다.

얼마 뒤 또 성을 바라보니 곳곳에서 연기가 피어나고 있었다. 이일은 그제야 군관 한 사람을 보내 살펴보고 오도록 하였다. 군관은 말을 타고 역졸 두 명은 고삐를 잡고서 천천히 가고 있었는데, 미리 다리 아래에 잠복해 있던 왜인이 조총으로 군관을 쏴 말에서 떨어뜨리고는 목을 베어 돌아갔다. 이 광경을 본 우리 군사들은 기가 꺾이고 말았다.

잠시 후에 왜군이 대군을 이끌고 와서 10여 자루의 조총으로 쏘아대니 총알에 맞은 사람들은 즉사하였다. 이일은 다급하게 군사들에게 화살을 쏘라고 호령하였지만 화살은 수십 보도 못 가서 떨어지니 적을 다치게 하지 못하였다. 왜군은 이미 좌우 양쪽으로 나뉘어 깃발을 들고 우리 군대를 후방에서부터 포위하여왔다. 이일은 사태의 급박함을 깨닫고 말을 돌려 북쪽으로 달아났다. 그러자 군사들도 크게 혼란스러워하며 각자 자기 목숨이라도 건질 요량으로 도망쳤으나 무사히 탈출한 자는 거의 없었다. 종사관 이하 미처 말에 오르지 못한 사람들도 모두 왜군에게 살해되었다.

왜군이 이일을 바싹 추격하자 이일은 말을 버리고 옷도 벗어 던진 채 머리카락을 풀어 헤치고 알몸으로 도망갔다. 문경에 이르러서야 종이와 붓을 찾아 적에게 패한 상황을 보고하는 장계를 올렸다. 그러고는 후퇴하여 조령을 지키려 하다가 신립이 충주에 있다는 소식을 듣고 마침내 충주로 달려갔다.

우의정 이양원을 수성대장에, 이전과 변언수를 각각 경성 좌위장과 경성 우위장에, 상산군 박충간을 경성 순검사에 임명하여 도성을 수리하게 하였다. 상중이던 김명원을 불러 팔도 도원수에 임명하고 한강을 지키게 하였다. 그러던 때에 이일의 패전 소식이 도착하니 민심이 흉흉해지고, 궁에서는 한양을 버리고 피난하자는 논의가 나왔다. 하지만 궁궐 밖에서는 이러한 사실을 알지 못하였다.

이마사복시에서 말을 관리하는 벼슬 김응수가 빈청에서 영의정 이산해와 귓속말을 하고 나갔다가 다시 돌아왔는데 그것을 본 사람들이 수상하게 여겼다. 이는 영의정이 당시 사복시궁중의 수레와 말 등을 맡아보는 관아 제조책임자를 맡고 있었기 때문이었다.

도승지 이항복이 손바닥에 "영강문 안에 말을 대기시키라"라는 글자를 써서 보여주어, 그제야 나는 임금께서 피난길에 오른다는 것을 알게 되었다. 대간에서는 영의정이 국사를 그르쳤다고 탄핵하고 파면할 것을 청하였지만 임금께서는 윤허하지 않으셨다. 종친들이 합문閤門 밖에 모여 도성을 버리지 말라며 통곡하였고, 영중추부사 김귀영은 더욱 분개하여 여러 대신들과 함께 임금을 뵙고 한양을 굳게 지킬 것을 청하였다. 그는 도성을 버리자고 주장하는 자는 소인배라고 하였다.

임금께서는 이렇게 말씀하셨다.

"종묘와 사직이 이곳에 있는데 내가 어디로 가겠는가."

그리하여 비로소 신하들이 물러갔다.

그러나 상황은 어찌할 수 없었다. 성안의 백성들과 공노비, 사노비, 서리, 삼의사내의원, 전의감, 혜민서의 관리를 뽑아 성가퀴몸을 숨기고 적을 쏘려고 구멍을 낸, 성벽의 윗부분를 지키게 하였다. 그러나 지켜야 할 성가퀴는 3만여 개인데 그것을 지킬 사람은 겨우 7,000여 명이었다. 게다가 그들은 모두 오합지졸이어서 성벽을 넘어 달아날 생각만 하고 있었다. 지방에서 올라온 군사들은 병조에 소속되어 있었지만 많은 군사들이 서리들과 결탁하여 농간을 부리고 뇌물을 주어 사사로이 풀려났다. 관원들도 그들이 있는지 없는지 따지지 않았기 때문에 위급한 상황이 닥쳤을 때 쓸 수 있는 사람이 전혀 없는 셈이었다. 군정이 이러한 지경까지 해이해져 있었다.

대신들이 세자를 책봉해 흩어진 민심을 수습하자고 청하니 임금께
서 이를 따르셨다.

동지중추부사 이덕형을 왜군에 사신으로 보냈다.

상주에서 왜군에게 패하였을 때 이일의 부대에 있던 왜학통사일본어 통역관 경응순이 적에게 사로잡혔다. 적장 고니시 유키나가가 도요토미 히데요시의 서계書契와 예조에 보내는 공문서 한 통을 경응순에게 주어 내보내면서 말하였다.

"동래에 있을 때 생포한 울산 군수에게 서계를 전달토록 하였는데 아직까지 답이 없다[울산 군수 이언함은 왜군에게 잡혔다가 돌아왔는데, 문책이 두려워 스스로 도망쳐 왔다고만 말하고 서계는 숨기고 전하지 않았다]. 이 때문에 조정에서는 일본이 보낸 서계에 대해 알지 못했다.조선이 만약 우리와 강화할 뜻이 있다면 이덕형을 보내 28일에 충주에서 우리와 만나게 하라."

이덕형이 예전에 선위사사신 접대를 위해 파견하는 관리로서 왜국의 사신을 접대한 적이 있었기 때문에 고니시 유키나가가 그를 만나자고 한 것이다.

경응순이 한양에 도착하였을 때, 상황은 위급하지만 아무런 방책이 없었기 때문에 이 일을 계기로 적의 진격을 늦출 수 있을 것이라고 생각하였다. 이덕형 또한 스스로 충주로 가겠다고 청하였기에 예조에 답서를 작성하게 하여 경응순을 데리고 떠나게 하였다[이덕형은 충주로 가는 길에 충주가 이미 함락되었다는 소식을 듣고 경응순에게 먼저 가서 상황을 살펴보게 했다. 그런데 경응순이 왜장 가토 기요마사에게 살해당하고 말았다. 결국 이덕형은 도중에 돌아와 평양에서 임금께 보고 했다].

형혹이 남두를 침범하였다.[10]

경기도, 강원도, 황해도, 평안도, 함경도 등에서 군사를 징발하여 한양의 방위를 지원하도록 하였다. 이조판서 이원익을 평안도 도순찰사에, 지중추부사 최흥원을 황해도 도순찰사에 임명하고 모두 당일에 출발하게 하였다.

그 무렵 장차 임금께서 서쪽으로 피난해야 한다는 논의가 있었다. 이원익과 최흥원은 일찍이 각각 안주 목사와 황해도 관찰사를 지냈다. 그들은 지역에서 은혜로운 정사를 펼쳐 민심을 얻었기 때문에 먼저 보내 군민을 위로하고 설득하여 임금의 순행을 준비하게 한 것이다.

---

10 형혹(熒惑)은 화성(火星)의 별칭으로, 이 별이 나타나면 병란이 일어나거나 좋지 않은 일이 생긴다고 여겼다. 출몰이 일정하지 않아 사람들을 미혹시킨다고 붙여진 이름이다. 남두(南斗)는 남쪽에 있는 여섯 개의 별로 이루어진 별자리로 제왕의 목숨을 상징한다.

왜군이 충주에 들어왔다. 신립이 맞서 싸웠으나 패하여 전사하였으며 우리 군도 크게 무너졌다.

신립이 충주에 도착하니 충청도의 각 고을에서 8,000여 명의 군사들이 모여들었다. 신립은 처음에 조령을 지키고자 하였으나 이일이 패전하였다는 소식을 듣고는 낙담하여 충주로 돌아왔다. 또 이일과 변기 등의 장수를 모두 충주로 불러들였다. 조령 같은 험한 요새를 버리고 지키지 않았으며 명령은 번잡할 뿐이었으니, 사람들은 그가 반드시 패전할 것이라고 생각하였다.

신립과 친분이 있는 군관은 왜군이 이미 조령을 넘었다고 은밀하게 알려주었는데, 그때가 4월 27일 초저녁이었다. 이 말을 들은 신립이 갑자기 성을 뛰쳐나가자 군사들이 술렁거렸다. 사람들은 그가 어디로 갔는지 알 수가 없었는데, 한밤중이 되어서야 신립은 몰래 객사로 돌아왔다.

다음 날 아침 신립은 군관이 망언을 하였다며 끌어내 목을 베고 적은 아직 상주를 떠나지 않았다고 장계를 올렸다. 이미 왜군이 10리 가까이에 와 있음을 알지 못했던 것이다.

신립은 군사를 이끌고 나가 탄금대 앞 강물 두 줄기 사이에 진을 쳤

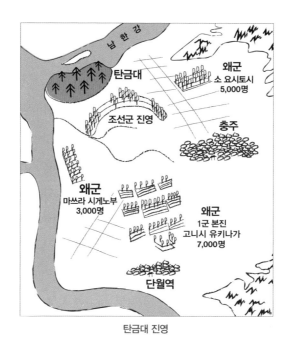

탄금대 진영

다. 그곳은 좌우로 논이 많고 물풀이 뒤섞여 나 있어 말을 달리기에 불편하였다.

　잠시 뒤에 왜군이 단월역충북 충주의 역참에서 길을 나누어 쳐들어왔는데 그 기세가 비바람이 몰아치는 듯하였다. 적의 한쪽 부대는 산을 돌아 동쪽으로 쳐들어오고 다른 한쪽 부대는 강을 따라 아래에서 쳐들어왔다. 총소리는 땅을 뒤흔들고 먼지는 하늘에 닿을 지경이었다.

　신립은 어찌할 바를 모르고 말에 채찍질하여 두 차례나 직접 적진을 향해 돌진하려고 하였지만 적진을 뚫지 못하고 돌아와서 강물에 뛰어들어 죽었다. 여러 군사들도 모두 강물에 뛰어들어 시체가 강물을 뒤덮은 채 떠내려갔다. 김여물도 적과 뒤섞여 싸우는 군사들 사이에서 죽었다. 이일은 동쪽 산골짜기를 지나 달아났다.

처음에 조정에서는 왜군의 기세가 왕성하다는 소식을 듣고, 이일이 혼자 힘으로는 버티기 어려울 것이라고 걱정하였다. 신립은 당대의 명장으로서 사졸들이 그를 두려워하고 복종하였기 때문에 막강한 군대를 이끌고 이일의 뒤를 따르게 해서 두 장수가 협력한다면 적을 막아낼 수 있을 것이라고 기대하였다. 이 계책은 잘못된 것이 없었지만 불행하게도 경상도의 수군과 육군의 장수들은 모두 겁쟁이였다.

바다에 있던 경상 좌수사 박홍은 한 명의 군사도 내보내지 않았다. 수로가 조금 떨어져 있기는 하였지만 경상 우수사 원균은 거느리고 있는 배가 많았다. 게다가 왜군이 하루 만에 모두 쳐들어온 것도 아니었다. 따라서 군사를 모두 동원하여 우리의 위세를 보이며 전진시켜 서로 대치하다가 다행히 한 번이라도 이겼다면 왜군은 분명 후방에 대한 우려 때문에 그토록 빨리 우리나라 깊숙이 들어오지는 못하였을 것이다. 그런데 박홍과 원균은 적을 멀리서 보고도 달아나버리니 제대로 한번 싸우지도 못하였다.

왜군이 육지에 올랐을 때 경상 좌병사 이각은 도망가고 경상 우병사 조대곤은 교체되었기 때문에 왜군은 북소리를 울리며 아무도 없는 길을 수백 리나 마음대로 짓밟고 다녔다. 적은 밤낮으로 북상하였는데 어느 곳에서도 감히 그들을 가로막고 그 기세를 늦추는 자가 없었다. 그리하여 채 열흘도 되기 전에 왜군은 상주에 도착하였다. 이일은 객장의 신분이라 지휘하는 군사가 없었는데, 갑자기 적과 싸우게 되니 진실로 적의 형세를 감당할 수 없었다. 신립이 충주에 이르기 전에 이일이 먼저 패하니 우리 군대는 갈 곳을 잃게 되었고, 이 때문에 일이 크게 어긋나고 말았다.

아, 애통하다! 나중에 들으니 왜군은 상주를 나갈 때 여전히 험한 곳을 지나는 것을 꺼렸다고 한다. 문경현 남쪽 10여 리쯤 되는 곳에 고모라는 오래된 성이 있는데, 이곳은 경상 좌도와 우도가 서로 만나는 장소로 양쪽 골짜기가 묶어놓은 듯이 좁으며, 그 사이로 큰 강이 흐르고 길이 그 아래로 나 있다. 왜군은 우리 군사들이 이곳을 지키고 있으리라 생각해 여러 차례 사람을 보내 살펴보게 하였는데, 아무도 없다는 사실을 알고는 마침내 노래를 부르고 춤을 추며 지나갔다고 한다.

그 후 명나라 제독 이여송이 적을 추격할 때 조령을 지나다 탄식하며 말했다고 한다.

"이렇게 험난한 곳이 있는데도 지킬 줄을 몰랐으니 총병 신립은 지략이 없는 사람이다."

신립은 날래고 예리하기로 당대에 이름이 나 있었지만 계책과 전략에는 서툴렀다. 옛 사람이 말한 '장수가 군사를 쓸 줄 모르면 적에게 나라를 내주게 된다'는 경우라고 할 수 있다. 지금 후회하여도 이미 늦었지만 그래도 훗날의 경계로 삼을 만하기에 상세히 적는다.

조선의
포로 송환 정책과
범릉적 사건

신립의 탄금대 전투의 패배는 왜군의 북상을 촉진하는 결과를 낳았
고, 왜군은 북상하면서 우리 백성들을 학살하고 약탈했다. 또 수많은
포로들을 사로잡고 왕릉을 훼손했는데, 이는 전후의 외교 쟁점으로 떠
올랐다.

탄금대 전투에 승리한 일본군은 조령을 넘어 한양까지 수일 만에 이
르게 되었고 도리 없이 피난길에 오른 선조는 개성을 지나 평양, 의주
까지 몽진을 계속해야 했다.

이때 먼저 한양성에 도착해 한양성을 손쉽게 함락시킨 일본군 1군
대장 고니시 유키나가는 기대했던 것과 달리 선조를 체포하지도 못하
고 항복을 받아내지도 못하자 조바심을 내게 되는 상황이었다. 자신과
라이벌인 2군 대장 가토 기요마사가 뒤를 쫓고 있기 때문이었다.

더불어 도성만 점령하면 조선의 항복을 받아내고 많은 전리품을 얻
으리라고 생각했던 일본군의 기대는 무너져버렸다. 따라서 이들의 노
략질과 살인, 방화가 한양성 안팎에서 자행되었고, 그 과정의 끔찍한
기억은 조선의 일본에 대한 지울 수 없는 상처로 남게 되었다. 더 나아

가 일본군은 조선인 포로를 매우 많이 잡아들여 본국으로 보낸 다음 집안의 노비로 삼았다.

도요토미 히데요시의 전국 통일 이후 더 이상 싸울 일이 없었던 일본군은 칼을 버리고 낫과 호미를 잡아야 하는 것에 불만이 팽배해 있었다. 그들의 불만은 조선을 침략해 도자기 같은 전리품을 거두고 포로를 포획해 노비로 삼는 데에서 비로소 보상받을 수 있었다. 그래서 임진왜란을 '도자기 전쟁', '사람 사냥 전쟁' 등으로 부르는 것이리라.

임진왜란 당시 일본으로 끌려간 조선인 포로는 수만 명에 이를 것으로 추정한다. 조선의 포로 송환 노력과 각자의 탈출 노력 등이 합쳐져 전후에 다시 조선으로 돌아온 사람은 6,000여 명 정도였다.

조선과 일본은 종전 이후 외교 재개를 위해서는 포로 송환이 관건이라는 점에 합의했다. 조선통신사를 다시 보내게 된 계기도 포로 송환이 가장 큰 목적이었다.

종전 이후 새롭게 일본을 평정한 에도 막부도쿠가와 이에야스의 도쿠가와 막부는 조선과의 수교 재개를 요청해왔다. 1605년선조38에 조선은 의병장 출신 승려 유정을 일본의 동향을 살피는 탐적사로 보냈고, 유정은 3,400여 명의 조선인 포로를 이끌고 본국에 귀환했다.

이를 기점으로 조선은 1607년선조40에 1차 쇄환사를 보내 본격적인 포로 송환에 나섰다. 그 결과 1,400여 명의 포로가 귀환했고, 이후 1637년인조15까지 세 차례에 걸친 쇄환사와 통신사 파견을 통해 조선의 포로 6,000여 명이 본국에 돌아올 수 있었다.

한편, 임진왜란 동안 조선의 문화와 사상이 일본으로 전파되어 이후 조일 간의 무역과 수교에 자못 큰 영향을 미치게 되었다. 실제 포로로 잡혀간 강항은 조선의 성리학을 일본에 전파했고, 이후 일본에서 주자

학을 이끈 후지와라 세이카는 강항의 제자로서 수많은 제자를 일궈내 일본의 국학을 꽃피우는 데 크게 기여했다.

또한 임진왜란 중에 전해진 조선의 약재 인삼이 크게 유행해 은과 인삼을 맞바꾸는 무역이 성행하게 되었다. 전란 이후 편찬되어 일본에 전해진《동의보감 東醫寶鑑》은 인삼의 유행을 더욱 촉발했으며 조일 간의 은 무역의 성행에 불을 붙였다. 그밖에도 조선인 포로의 일본에서의 활약은 여러 분야에서 나타났다.

포로 송환을 위해 재개된 조선과 일본의 수교는 통신사 파견으로 이어졌고, 조선과 일본은 점차 우호적인 외교 관계를 다질 수 있었다. 아이러니하게도 조선과 일본의 외교 관계에서 걸림돌이었던 포로 송환이 양국의 무역과 외교 협상의 가교 역할을 한 셈이었다.

그러나 전란 중의 왕릉 훼손은 외교를 재개하는 데 심각한 걸림돌이었다. 임진왜란 중 벌어진 성종의 선릉과 중종의 정릉이 파헤쳐진 사건은 선조와 조선 왕실에 씻을 수 없는 수치심과 적개심을 불러일으켰다. 그런 까닭에 선조로서는 포로들의 송환을 단념하고 일본과 외교적 마찰을 초래하더라도 왕릉의 참변을 되갚는 것은 포기할 수 없는 일이었다. 선릉과 정릉을 파헤치고 도굴한 '범릉적犯陵賊'을 해결하지 않고서는 조선과 일본의 외교 재개는 이뤄지기 어려운 것이었다.

그래서 쓰시마 주에서는 선릉과 정릉을 파헤친 범릉적을 앞장서서 찾아내 조선으로 압송했다. 조선에게 범릉적의 체포와 처형은 선왕의 능묘를 훼손당한 일에 대한 속죄와 승전을 기념한다는 두 가지 명분을 충족시키는 일이었다.

승려 유정의 포로 송환 사절에서 범릉적의 체포에 대한 논의가 등장했고, 당시 정권의 실세였던 유영경도 범릉적의 소환을 촉구했다. 도쿠가와 이에야스는 국서를 통해 조선과 일본 두 나라의 통교를 재개하려는 의지를 드러냈다. 즉, 범릉적의 소환은 일본의 사죄보다는 강화 명분을 받아내고자 한 당시 정권의 계획하에서 협의된 일종의 타협안인 셈이었다.

결국 쓰시마 주는 유영경이 요구한 형식에 맞는 국서와 가짜 범릉적을 압송함으로써 조선과의 통교를 위한 임무를 완수하려 하였다. 그러나 선조와 대신들은 압송되어 온 범릉적이 졸개에 불과하거나 가짜일 가능성이 높다고 의심하였고, 한양으로 압송해 추궁하는 과정에서 그 진위 여부는 드러났다.

조선에 범릉적 혐의로 압송된 마고사쿠와 마타하치는 임진왜란에 참전조차 하지 않은 인물이란 사실이 밝혀졌고, 여러 대신들 사이에서는 쓰시마 사람 다치바나 도모마사에게 문의해봐야 한다는 의견과 처형을 보류해야 한다는 목소리가 높아졌다.

그러나 이 일을 주도한 유영경은 가짜일지라도 범릉적을 처치하면 능침 훼손의 치욕도 갚을 수 있고 승전도 기념할 수 있으니, 범릉적의 진위 여부와 관계없이 그들을 처형하고자 했다. 선조도 이 의견에 동의했다. 이덕형은 이들이 가짜라는 것을 명분 삼아 외교적 효과를 노려야 한다고 했지만 결국 범릉적은 처형되었다. 이후 조선과 일본은 외교적으로 화해하게 되었고 조선의 사절은 '회답 겸 쇄환사'라는 이름으로 파견되어 훗날 조선통신사의 지속적인 파견의 단초를 마련했다.

4월 30일 새벽, 임금의 가마가 서쪽으로 떠났다.

신립이 한양을 떠난 뒤에 도성 사람들은 날마다 승전 소식을 기다렸다. 전날29일 저녁에 전립을 쓴 무관 세 사람이 말을 달려 숭인문으로 들어오니, 성안의 사람들이 다투어 전방 부대의 소식을 물었고, 그들이 대답하였다.

"우리는 순변사를 모시는 군관의 노복입니다. 어제 순변사가 충주에서 패하여 전사하였고, 여러 군사들도 크게 무너져 흩어졌는데 우리들은 간신히 몸만 빠져나왔습니다. 가족들에게 왜군을 피하라고 알리기 위해 왔습니다."

이를 들은 사람들이 크게 놀라 가는 곳마다 서로 알리니, 얼마 지나지 않아 온 성안의 사람들이 모두 알게 되었다.

초저녁에 임금께서 재상을 불러 피난 가는 사안에 대해서 의논하였다. 임금께서는 동쪽 바깥채로 나와 촛불을 밝히고 앉았고, 종친이자 임금의 친형제인 하원군과 하릉군 등이 그 옆에 모시고 앉았다. 대신이 임금께 아뢰었다.

"사태가 이 지경에 이르렀으니 임금께서는 잠시 평양으로 가 계시고, 명나라에 구원병을 요청하여 수복을 도모하십시오."

사헌부 장령 권협이 뵙기를 청하여 임금 앞에 가까이 다가가 큰 소리로 울부짖으며 "한양을 반드시 지키셔야 합니다"라고 하였다. 그가 너무 시끄럽게 떠들어 내가 말하였다.

"아무리 위급한 상황이라 할지라도 군신 간의 예의가 이래서는 안 되니, 조금 물러나 아뢰는 것이 좋겠소."

그러나 권협은 계속해서 소리치며 말했다.

"좌의정께서도 그렇게 말씀하신단 말입니까? 그렇다면 한양을 버려도 된다는 말씀입니까?"

나는 임금께 아뢰었다.

"권협의 말은 매우 충성스럽지만 지금은 형편상 어쩔 수가 없습니다."

그래서 왕자들을 여러 도에 나누어 보내 군사들을 모으게 하고, 세자^{광해군}는 어가를 따르게 할 것을 청하니, 의견이 이렇게 정해졌다. 대신들은 합문 밖에서 어명을 받았다. 선조의 제1왕자 임해군은 영부사 김귀영과 칠계군 윤탁연이 수행하여 함경도로, 제6왕자 순화군은 장계군 황정욱, 호군 황혁, 동지 이기가 수행하여 강원도로 향하였다. 황혁의 딸은 순화군의 부인이었고, 이기는 원주 사람이었기 때문에 함께 보낸 것이었다. 이때 우의정 이양원은 유도대장에 임명되었고, 영의정과 재상 수십 명은 임금을 모시는 호종관에 지명되었으나, 나는 명을 받은 것이 없었다. 승정원에서 "호종하는 무리에 류성룡이 빠져서는 안 됩니다"라고 임금께 아뢰어 나도 호종하라는 명을 받게 되었다. 내의 조영선과 승정원 서리 신덕린 등 10여 명이 크게 소리치며 말했다.

"한양을 버려서는 안 됩니다."

얼마 후에 이일이 보낸 장계가 도착하였는데 궁중의 호위 군사들이 모두 달아났고 경루밤 동안의 시간을 알리는 물시계도 울리지 않았다. 선전관청에서 횃불을 얻어서 장계를 읽어보니 "왜군이 오늘내일 사이에 도성에 이를 것"이라는 내용이었다. 장계가 도착하고 시간이 좀 지난 후에 어가가 출발하였다. 임금의 호위 부대인 내금위, 우림위, 겸사복의 군사들은 어둠 속에 달아나다가 서로 부딪쳤다. 마침 우림위의 지귀수가 내 앞을 지나가길래 질책하고는 호종하라고 명하였더니, "어찌 힘을 다해 호종하지 않을 수 있겠습니까?"라고 말하고는 동료 두 명을 더 데리고 왔다.

경복궁 앞을 지나는데 양쪽 길가에서 곡하는 소리가 들려왔다. 그때 승문원 서원 이수겸이 내 말고삐를 잡고 물었다.

"승문원 내부에 있는 문서는 어떻게 할까요?"

내가 중요한 문서만 챙겨서 뒤따라오라고 하니 이수겸이 울면서 갔다.

돈의문을 나와 사현홍제동 무악재에 이르자 여명이 밝아오기 시작하였다. 성안을 돌아보니 남대문 안에 있는 큰 창고에 불이 나서 연기와 불길이 하늘로 치솟고 있었다.

사현을 넘어 석교홍제원 근처에 있던 돌다리에 이르자 비가 내리기 시작하였다. 경기도 관찰사 권징이 따라와 호종하였다.

벽제역고양시 덕양구 일대에 이르자 비가 더욱 심해져서 일행들이 모두 비에 젖었다. 임금께서 역에 들어가서 쉬다가 잠시 후에 나오셨다. 여러 신하들 중에는 이곳에서 한양으로 돌아간 자가 많았고, 시종과 대간들 중에도 뒤쳐져서 따라오지 못한 자가 많았다.

혜음령고양시 고양동과 파주시 광탄면 사이의 고개을 지날 때는 비가 퍼붓듯이 쏟아졌다. 궁인임금이나 세자의 후궁과 궁녀들은 쇠약한 말을 타고 물건으로 얼굴을 가리면서 지나갔다.

마산역개성으로 넘어가는 역참을 지날 때에 밭에 있던 사람들이 어가 행렬을 보고 통곡하며 말하였다.

"나라가 우리를 버리고 떠나면 우리는 누구를 믿고 살라는 말입니까?"

임진강에 도착하였을 때에도 비는 그치지 않았다. 배에 오르자 임금께서 영의정 이산해와 나를 부르셔서 임금을 뵙고 자문에 응하였다. 강을 건너니 황혼이 져서 주변을 분간할 수가 없었다. 임진강 남쪽 기슭에는 옛날부터 승청나루터를 관리하는 관청이 있었다. 임금은 왜군이 이 건물에서 목재를 취해 뗏목을 만들어 강을 건너올지 모른다며 그것을 태우도록 명하셨다. 그 불길이 강의 북쪽을 비추어 길을 찾아갈 수 있었다.

일경밤 7시~9시에 동파역경기도 장단군 일대의 역참에 도착하였다. 파주 목사 허진과 장단 부사 구효연은 지대차사원임금을 맞이하고 접대하기 위해 파견된 관리으로 그곳에 있으면서 간이로 수라간을 만들어 음식을 장만하고 있었다. 그때 호종하며 종일 굶주린 사람들이 수라간에 난입하여 음식을 훔쳐갔다. 임금께 바칠 음식이 모자라게 되자 허진과 구효연은 문책을 받을까 두려운 나머지 달아나버렸다.

5월 1일 아침에 임금께서 대신을 불러서 보시고 남쪽 지역에 나라를 위해 힘쓸 순찰사가 있는지 물으셨다. 날이 저물어 어가가 개성을 향해 출발하려고 하는데 경기의 하급 관리들이 모두 달아나 호종하는 사람이 없었다. 마침 황해도 관찰사 조인득이 황해도의 군사들을 이끌고 와서 도우려 하였고, 서흥 부사 남억은 군사 수백 명과 말 5, 60필을 거느리고 먼저 도착하니, 이들과 함께 비로소 출발하였다. 출발하려고 할 때 사약궁내 전각의 자물쇠를 관리하는 벼슬 최언준이 나와서 말하였다.

"궁중 사람들이 어제도 아무것도 먹지 못하였고, 오늘도 아직 아무것도 먹지 못하였습니다. 좁쌀이라도 얻어서 허기를 달래고 가는 것이 좋을 듯합니다."

이에 남역의 군사들이 가지고 있던 양식에서 쌀과 좁쌀 두세 말을 섞어서 거두어들여 궁중 사람들에게 나누어주었다. 오후 즈음 초현참_{경기도 장단군 서쪽의 역참}에 도착하였다. 조인득이 미리 와서 길에 장막을 치고 임금을 맞이하였다. 호종하던 관원들도 그제야 밥을 먹을 수 있었다. 저녁이 되자 임금께서는 개성부에서 묵었다. 임금께서 남문 밖 관청에 행차하셨는데, 대간들이 교대로 글을 올려 영의정 이산해가 사람들과 결탁하여 나라를 그르쳤다며 탄핵을 주장했다. 그러나 임금은 이를 윤허하지 않으셨다. 그런데 다음 날에도 대간들이 계속 파직을 요청해 결국 영의정이 파면되었다. 내가 영의정으로 승진하고 최흥원은 좌의정에, 윤두수는 우의정에 임명되었다. 함경북도 병마절도사 신할을 해임하고 개성부로 오게 하였다.

이날 정오에 임금께서 친히 개성의 남성 문루에 가서 백성들을 위로하고 각자 생각하는 것을 말하게 하셨다. 그러자 한 사람이 앞으로 나와서 엎드리니 임금께서 물으셨다.

"무슨 말이 하고 싶은가?"

그 사람이 대답했다.

"바라옵건대 정 정승_{정철}을 불러들이시옵소서."

이때 정철은 평안북도 강계에 귀양 가 있었기 때문에 이렇게 말한 것이다. 임금께서 "잘 알았다"라고 대답하시고는 즉시 정철을 불러 행재소_{임금이 머무르는 곳}에 오도록 명하시고 저녁에 행궁으로 돌아오셨다.

나는 죄로 인하여 파직당하였다.[11] 유홍을 우의정으로 삼고 최흥원과 윤두수가 차례로 승진해 영의정과 좌의정이 되었다.

왜군이 아직 한양에 이르지 않았다는 소식이 들리자 사람들은 모두 임금이 한양을 버리고 떠난 것은 실수였다고 비난하였다. 이에 승지 신잡을 한양으로 보내 형세를 살피고 오도록 하였다.

5월 3일에 왜군이 한양에 들어오니 유도대장 이양원과 도원수 김명원은 모두 도성을 버리고 달아났다.

처음에 왜군은 동래에서 세 갈래 방향으로 나누어 진격하였다. 첫 번째 길고니시 유키나가의 1군 진격로은 양산, 밀양, 청도, 대구, 인동구미시 강동, 선산을 경유하여 상주에 이르는 길로 이일의 군대가 이 길에서 패배하였다. 두 번째 길가토 기요마사의 2군 진격로은 경상 좌도의 장기와 기장을 경유하여 좌병영인 울산, 경주, 영천, 신녕, 의흥, 군위, 비안과 용궁의 하풍진을 건너 문경으로 진출하는 길이었다. 좌도와 우도의 중간 길로 진격한 부대와 합류하여 조령을 넘어 충주로 들어오는 경로이기도 하였다. 또 충주에서 두 갈래로 나뉘었다. 한 부대는 여주를 지나 강을 건너서 양근을 경유하여 용진을 건너 한양의 동쪽으로 진출하였다. 또 한 부대는 죽산과 용인을 지나 한강의 남쪽에 이르렀다. 동래에서 갈라진 세 번째 길구로다 나가마사의 3군 진격로은 김해를 경유하여 성주 무계현을 지나 강을 건너 지례와 금산을 거쳐 충청도 영동으로 진출한 후에 청주를 함락시키고 한양성을 향하여 진격하는 길이었다.

---

11 파천으로 인한 성난 민심을 안정시키기 위해 승정원의 6방 승지와 대간의 간원들은 당시 영의정이던 이산해에게 책임을 물어 파직을 요청했다. 그러나 선조는 당시 좌의정이던 류성룡에게도 파천의 책임이 있다며 심하게 질책했다. 이산해를 파직한 선조는 류성룡의 영의정 취임을 반대하고 함께 파직시켰다.

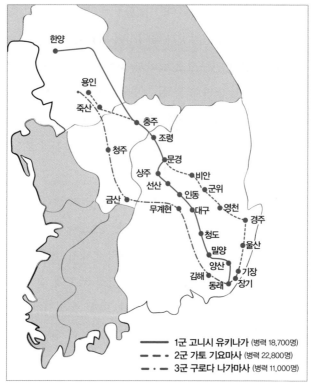

동래—서울 간 왜군의 진군 경로

왜군의 깃발과 창검이 1,000리에 이어지고 총포 소리가 잇따라 들렸다. 왜군은 지나가는 길에 10리나 5, 60리 간격으로 험한 곳에 요새를 세우고 군사를 머물게 하여 지키고 밤에는 불을 피워 서로 신호하였다.

도원수 김명원은 한강 남쪽 제천정에 진을 치고 있었다. 그는 다가오는 적을 보고는 감히 싸울 생각을 하지 못하고 군기와 화포를 한강물에 던져 가라앉혔다. 그러고는 옷을 바꿔 입고 달아났는데 그의 종사관 심우정은 김명원을 따라 도망치지 않았다.

성안에 있던 이양원은 한강의 방어군이 이미 흩어져 달아났다는 소식을 듣자 한양을 지킬 수 없다고 판단하여 역시 성 밖으로 나가 양주로 달아났다.

강원도 조방장 원호는 처음에 군사 수백 명을 이끌고 여주 북쪽 기슭을 지키며 왜군과 대치하고 있어서 왜군이 며칠 동안 강을 건너지 못하고 있었다. 그런데 강원도 순찰사 유영길이 원호에게 격문을 보내 강원도로 돌아오게 하였다. 그동안 왜군은 마을의 민가와 관사를 무너뜨려 목재를 확보한 다음 긴 뗏목을 만들어 강을 건넜다. 강 한가운데에서 물결로 인해 표류하다가 떠내려가서 죽는 왜군들이 많았다. 그러나 원호의 부대는 이미 떠난 뒤라 강 건너에는 조선군이 한 사람도 없었다. 며칠에 걸쳐서 왜군은 끝내 강을 건넜다.

그리하여 동래에서 세 갈래로 갈라져 진격한 왜의 군대는 모두 한양성에 들어오게 되었다. 성안의 백성은 모두 흩어져 달아났기 때문에 성안에는 한 사람도 없었다.

김명원은 한강 방어에 실패한 후 행재소로 가기 위해 임진강에 이르렀을 때 장계를 올려 보고하였다. 이에 임금은 명을 내려 경기도와 황해도의 군사를 징발해 임진강을 지키게 하였으며, 신할에게는 김명원과 함께 임진강을 지키라고 하였다. 왜군이 서쪽 아래로 진출하는 길을 막기 위함이었다.

이날 임금의 어가가 개성을 떠나 금교역에 머물렀다. 나는 비록 파직된 처지였지만 감히 어가를 따르지 않을 수 없어 행차를 따라갔다.

5월 4일에 어가가 흥의^{황해도 연안부}, 금암^{황해도 평산부}, 평산부^{황해도 예성강 오른쪽 연안 지역}를 지나 보산역^{황해도 평산부에 속한 역참}에 머물렀다. 개성을 빠져나올 때 급히 서두르는 바람에 종묘의 신주神主를 목청전에 두고 왔다. 종실 중 한 사람이 울부짖으며 아뢰었다.

"적이 있는 곳에 신주를 둘 수는 없습니다."

그래서 밤새 말을 달려 개성에 가서 신주를 되찾아 돌아왔다.

5일에 어가가 안성황해도 평산부, 용천황해도 서흥부, 검수역황해도 황주 봉산
군의 역참을 거쳐 봉산군에 머물렀다. 6일에 황주에 도착하였고 7일에는
중화평안도 평양 중화군를 지나 평양으로 들어갔다.

선조의 의주 몽진과
정권의 교체

임금이 도성을 버리고 한양을 떠난 4월 30일부터 평양을 거쳐 6월 23일 의주에 이르기까지, 두 달 남짓의 피난길은 궁핍하였고 절망적이었으며, 대신들은 전쟁 발발과 전쟁 중 대처에 대한 책임을 서로에게 돌리기에 여념이 없었다.

임진왜란이 발발하고 신립의 정예군이 탄금대에서 패하자 선조는 서쪽으로 피난길에 올랐다. 기록에 의하면 선조의 몽진길은 매우 비참했다. 비가 억수로 쏟아져 길은 진창이 되었고 말과 수레가 제대로 나아갈 수 없는 지경이었다. 따르는 신하들도 많지 않아 끼니를 걱정할 정도였다고 한다. 이때 도승지로서 임금을 호종하던 이항복이 직접 선조의 끼니를 구해온 적이 있는데, 구해온 밥이 하도 초라하여 민망함을 면치 못하였다고 자신의 문집에 기록하기도 했다. 이로 보아 선조의 몽진 길은 패배감과 불안감, 참담함이 섞인 절망스러운 상황이었다고 하겠다.

그런데 후대의 기록이지만 《당의통략黨議通略》에 의하면 당시 대신들과 신하들은 피난길에도 서로에게 책임을 물으며 민심의 동요를 틈타 자기 당파의 정권 장악에 몰입하였다고 한다.

류성룡 역시 이 와중에 파직되고 말았는데 이는 서인인 정철과 윤두수의 복귀와 선조의 동인 책임론에 의한 성격이 짙다. 개성에 이르렀을 때 백성들이 정철을 부르라고 요청하고 여러 신하들은 이산해가 나라를 그르쳤다고 허물하였다. 이에 선조는 어쩔 수 없이 이산해를 귀양 보낼 것을 명하고 류성룡도 함께 파면시켰다. 실제로 선조는 이산해에게 책임을 물으라는 상소가 빗발치자 이산해에게 죄가 있으면 류성룡에게도 죄가 있다며 류성룡에 대한 불편한 심기를 드러냈다.

유배지에 있던 정철을 불러들인 선조는 윤두수를 좌의정으로 임명하는 등 동인 세력을 물리치고 서인 세력으로 교체해 전란 중의 어려운 정국을 타개하고자 하였다. 그러나 서인 세력은 다시 홍여순과 이원익 등 동인 세력을 탄핵하려 하고 동인 세력은 윤두수를 질책하는 등, 다시 어지러운 당쟁이 되풀이되었다. 선조는 당시의 심정을 시로 지었는데, 시구 중에 "오늘 이후에도 동인이니 서인이니 싸우겠는가!"라는 구절이 있어 당시 선조의 착잡한 심경을 알 수 있다.

《당의통략》에 따르면, 1594년선조27에 복직한 류성룡은 명나라 장수 호택이 왜군의 책봉과 조공을 들어줄 것을 요구한 사실을 선조에게 아뢰려고 나아갔다가 선조의 분노를 살까 두려워 아뢰지 않았다고 한다. 반면 성혼은 이를 아뢰었다고 기록되어 있다. 비록 《당의통략》이 서인 편향적인 기록이지만, 이때 류성룡은 병을 이유로 사직한 것으로 보아 왜군과의 화의에 동조했던 것으로 추측된다. 다만 류성룡은 왜군이 두려워서 화의에 동조했다기보다는 외교를 통해 전란을 극복하고자 했던 것 같다. 어쨌든 이 일을 계기로 서인은 류성룡을 겁쟁이로 폄하했고, 선조는 성혼에 대한 적개심을 노골적으로 드러냈다.

《당의통략》은 본래부터 선조가 성혼을 미워하는 마음이 컸다고 기록하고 있다. 몽진 초기 파주로 향할 때 선조는 파주에 거주하던 성혼이 자신을 영접하고 피난길의 피로와 굶주림을 면할 수 있게 해주기를 은근히 기대했다. 그러나 파주를 다 지나도록 성혼이 보이지 않자 그때부터 미움이 시작되었다는 것이다. 그러나 전란 중 피난길에 있던 처지인지라 성혼에게 제대로 화도 내지 못하다가 후일 한양으로 돌아온 후 성혼을 크게 꾸짖었다고 한다. 사실의 진위를 떠나 피난 가는 상황에 놓였던 선조의 절박한 심정을 충분히 짐작하게 하는 일화이다.

안타깝게도 전쟁이 일어난 후 왜군에게 쫓기는 상황에서도 조정은 단결하지 못하였으며 임금의 피난을 돕는 지방의 벼슬아치들은 많지 않았다.

징비록 · 권 2

삼도 순찰사의 군대가 용인에서 패배하였다.

처음에 전라도 순찰사 이광은 전라도 군사들을 이끌고 한양의 방위를 지원하려고 하였는데 어가는 서쪽으로 피난을 떠났고 한양은 이미 함락되었다는 소식을 듣고는 군사를 수습하여 전주로 돌아갔다.

전라도 백성들은 이광이 싸워보지도 않고 돌아온 것에 분개하고 원망하며 불평하는 자들이 많았다. 이광도 스스로 마음이 편치 않아 다시 군사를 모아 충청도 순찰사 윤국형의 군대와 병력을 합하여 진격하였다. 경상도 순찰사 김수 역시 경상도에서 군관 수십여 명을 이끌고 와서 병력을 합치니 모두 5만여 명이 되었다.

용인에 이르러 북두문산의 위를 바라보니 왜군의 작은 보루가 있었다. 이광은 이를 얕잡아보고 군관 중에서도 용감한 백광언, 이지시, 이지례[12] 등을 먼저 보내 왜군을 시험해보게 하였다. 백광언 등이 선봉 부

---

12 원문에는 이시례(李時禮)라고 적혀 있는데, 이는 이지시(李之詩)와 그의 아우 이지례(李之禮)를 통칭하여 가리킨다. 두 형제는 모두 무관으로 문장에도 능하였다. 아우인 이지례는 임진왜란 당시 길주 목사로 이원익의 군대에 있다가 형이 용인에 있다는 것을 알고 밤낮으로 달려 형과 함께 참전하였다. 두 형제는 용인에서 백광언과 함께 싸우다가 적의 형세를 잘못 판단하여 전사하였다. 두 형제 모두 훗날 병조판서에 추증되었다.

대를 이끌고 산에 올라 왜군의 보루 10여 보 앞에서 말에서 내려 활을 쏘았지만 왜병들은 보루에서 나오지 않았다.

해가 저물자 왜군은 백광언의 부대가 조금 해이해졌다고 판단하고는 날카로운 칼을 뽑아 들고 크게 소리를 지르며 쳐들어왔다. 백광언 등이 깜짝 놀라 말을 찾아 달아나려고 하였지만 그 전에 모두 왜군에게 살해되고 말았다.

여러 군대가 이 소식을 듣고 벌벌 떨며 두려워하였다. 당시 삼도의 순찰사 세 명은 모두 문인 출신으로서 병무에 익숙하지 않았다. 군사들의 수는 비록 많았지만 명령이 통일되지 않았으며, 또 험준한 지형만 믿고 제대로 방비하지 않았으니, 진실로 옛사람이 '행군하는 것이 마치 봄나들이 가는 것과 같으니 어찌 패하지 않겠는가?'라고 말한 그대로였다.

그 다음 날 왜군은 우리 군대가 겁을 먹은 것을 알아채고 왜군 여러 명을 보내 병기를 휘두르며 우리 군 앞에서 용맹함을 드러내 보였다. 삼도의 군사들은 그것을 보고 뿔뿔이 달아났는데 그 소리가 마치 산이 무너지는 소리와 같았다고 한다.

우리 군대가 버리고 온 수많은 군수품과 장비들이 길을 가득 메워 사람이 다닐 수 없을 정도였다. 왜군은 그것들을 모아 모두 불살랐다. 이광은 전라도로, 윤국형은 공주로, 김수는 경상 우도로 달아났다.

부원수 신각이 양주에서 왜군을 무찌르고 왜군 60여 명의 목을 베었지만 조정에서는 선전관을 보내 군영에서 그를 참수하였다.

신각은 처음에 김명원 휘하에서 부원수로 있었는데 한강에서 왜군에게 패한 후에는 김명원을 따르지 않고 이양원을 따라 양주로 갔다. 그때 마침 함경남도 병마절도사 이혼이 도착하자 신각은 그들과 병력을 합쳐 왜군을 무찔렀다. 당시 한양을 차지하고 있던 왜군이 성 밖으로 나와 민가를 약탈하고 노략질하다가 신각의 부대를 만난 것이었다. 이는 왜군이 우리나라에 쳐들어온 이후로 거둔 첫 번째 승리였으니, 사람들이 뛸 듯이 좋아하였다.

한편, 한강 싸움에서 지고 임진강에 물러나 있던 김명원은 장계를 올려 신각이 마음대로 자신을 떠났으며 자신의 명령을 따르지 않았다고 보고하였다. 그러자 우의정 유홍이 급히 그를 참수할 것을 청하였고, 선전관이 이미 떠난 후에 승전보가 도착하였다. 조정에서 사람을 보내 참수를 중지시키고자 하였지만 상황은 이미 돌이킬 수 없었다.

신각은 무인이었지만 평소 청렴하고 몸가짐이 조심스러웠다. 일찍이 연안 부사가 되어 성을 보수하고 해자를 준설하였으며, 무기들을 많이 갖추어놓았다. 훗날 이정암이 연안성을 온전히 지켜냈는데, 사람들은 그것을 신각의 공로로 여겼다. 신각은 아무런 죄도 없이 죽음을 맞이하였고 더욱이 아흔 살의 노모가 살아 계셨으니, 그의 이야기를 들은 사람들이 모두 애통해 하였다.

지사 한응인에게 평안도 강변의 정예 군사 3,000명을 거느리고 임진강으로 가서 왜군을 공격하도록 하였다. 그러나 김명원의 통제는 받지 말라고 명령하였다.

　당시 한응인은 북경에 갔다가 막 돌아왔는데, 좌의정 윤두수가 여러 사람에게 이렇게 말했다.

　"이 사람은 얼굴 생김새에 복이 있으니 반드시 일을 잘 처리할 것입니다."

　그래서 마침내 한응인이 임진강으로 가게 된 것이다.

한응인과 김명원의 군대가 임진강에서 패전하니 왜군이 강을 건너
왔다.

처음에 김명원은 임진강 북쪽에 있었는데, 각 부대에 명하여 열을 지
어 강여울을 지키게 하였고, 강에 있던 선박들은 모두 북쪽 기슭에 모
아두었다. 왜군들은 임진강 남쪽에 진을 쳤는데 강을 건널 배가 없었기
때문에 다만 유격병을 보내서 강을 사이에 두고 교전할 뿐이었다.

서로 대치한 지 열흘이 지나도록 왜군은 끝내 강을 건너지 못하였다.
하루는 왜군이 강가의 막사를 태우고 병기를 수레에 싣고 물러나는 시
늉을 하며 우리 군대를 속이려 들었다.

신할은 평소 몸놀림이 가볍고 날랬지만 무모하였다. 그는 왜군이 정
말로 퇴각한다고 여기고 강을 건너서 추격하고자 하였다. 경기도 관찰
사 권징이 신할과 합세하니 김명원은 그들이 왜군을 추격하는 것을 막
을 수 없었다.

이때 한응인까지 도착하여 여러 군대를 한데 모아 왜군을 추격하려
고 하였다. 한응인이 거느리는 군사들은 모두 평안도 강변의 건장한 청
년들로서 국경에서 여진족과 대치하고 있었기 때문에 전투 중에 진을
치는 형세에 대해 잘 알고 있었다. 그들이 한응인에게 말하였다.

"군사들이 멀리서 오느라 지친 상태이고 아직 밥도 먹지 못하였습니다. 병기도 정비하지 않았고 후발대도 아직 도착하지 않았습니다. 또 지금 왜군들이 진짜 물러나는 것인지도 확실하지 않으니, 잠시 쉬었다가 내일 왜군의 형세를 살핀 뒤에 진군하였으면 합니다."

한응인은 이들이 주저하는 것이라고 생각하여 몇 사람을 참수하였다. 김명원은 한응인이 조정에서 새로 부임하여 왔고, 또 자신의 통제를 받지 말라는 명을 받은 상태이기 때문에 그의 행동이 옳지 못한 것을 알면서도 감히 뭐라고 말할 수 없었다.

별장 유극량은 나이가 많고 전쟁 경험이 풍부하였는데, 경솔하게 진격해서는 안 된다고 강하게 주장하였다. 신할이 그를 참수하려고 하자 그가 말하였다.

"저는 상투를 틀고 성인이 된 후로 지금껏 전쟁터에서 살아왔습니다. 어찌 죽음을 두려워하여 피할 생각을 하겠습니까? 제가 섣불리 진격해서는 안 된다고 말한 것은 나랏일을 그르치게 될까 염려되기 때문입니다."

그러고는 화를 내면서 자기 휘하의 군사들을 데리고 먼저 강을 건넜다. 우리 군이 험준한 곳으로 들어서자, 과연 왜군의 정예병들이 산 뒤에서 매복하고 있다가 한꺼번에 일어나 우리를 공격하니, 여러 부대가 무너져 달아났다. 유극량은 말에서 내려서 땅에 주저앉아 말하였다.

"이곳이 내가 죽을 곳이다."

그러고는 활을 당겨 왜군 여러 명을 쏘아 죽이고 자신도 결국 왜군에게 살해당하고 말았다. 신할 역시 전사하였다. 군사들은 강기슭까지 달아났지만 강을 건널 배가 없자 바위 위에서 스스로 강으로 뛰어드니, 그 모습이 마치 바람에 어지러이 떨어지는 나뭇잎과 같았다고 한다. 미처 강에 뛰어들지 못한 자들은 뒤에서 왜군이 휘두르는 칼에 베였는데 모두 바닥을 기면서 칼을 받을 뿐 감히 저항하는 자가 없었다. 김명원과 한응인은 임진강 북쪽에서 이 광경을 바라보고 전의를 상실하였다.

상산군 박충간이 마침 군사들 사이에 있다가 말을 몰아 먼저 달아나니, 군사들은 김명원이 달아나는 것이라고 여겨 모두 "도원수 김명원이 도망친다!"라고 소리쳤다. 이에 강여울을 지키던 군사들도 그 소리를 듣고 모두 달아났다.

김명원과 한응인이 행재소로 돌아왔는데 조정에서는 그들에게 패전의 책임을 묻지 않았다. 경기도 관찰사 권징은 가평군으로 들어가 피난하였다. 왜군은 마침내 기세가 등등하여 서쪽으로 내려왔지만 우리는 그들을 저지할 수 없었다.

왜군이 함경도에 들어와 두 왕자가 적중에 빠지게 되었다. 왕자를 수행하던 김귀영, 황정욱, 황혁과 함경도 관찰사 유영립, 함경북도 병마절도사 한극함 등이 모두 왜군에게 잡혔으며, 함경남도 병마절도사 이혼은 갑산으로 달아났다가 우리 백성들에게 살해당하였다. 함경남도와 함경북도의 모든 군현이 왜군에게 함락되었다.

왜학통사 함정호라는 자가 한양에 있다가 적장 가토 기요마사에게 잡혀서 그를 따라 북도^{함경도}로 들어갔다. 왜군이 후퇴한 뒤에 달아나 한양으로 나를 찾아와서, 북도에서 있었던 일을 제법 자세하게 말해주었다.

가토 기요마사는 적장 중에서도 아주 용맹하고 전투에 능한 자였다. 고니시 유키나가와 함께 임진강을 건넜고 황해도 안성역에 이르자 군사를 나누어 평안도와 함경도를 빼앗기로 계획하였지만, 각각 어느 방향으로 갈지는 결론이 나지 않았다. 그래서 두 사람은 제비를 뽑았다. 고니시 유키나가는 평안도로, 가토 기요마사는 함경도로 가게 되었다.

기요마사는 안성의 주민 두 사람을 붙잡아 길 안내를 하라고 시켰는데, 두 사람이 자신들은 이 지역에서 태어나고 자라 북쪽 길은 모른다는 이유로 길잡이 역할을 거절하였다. 그러자 기요마사가 그들 중 한 사람의 목을 베어 죽이니 다른 한 사람이 두려워하며 길을 안내하겠다고 하였다. 기요마사의 부대는 곡산황해도 곡산군 지역에서 노리현을 넘어 철령함경남도 안변군과 강원도 회양군의 경계에 있는 고개 북쪽으로 나왔다. 하루에 수백 리를 가니 그 기세가 비바람이 몰아치는 듯하였다.

함경북도 병마절도사 한극함은 육진의 군사를 이끌고 해정창함경북도 학성군 일대에서 기요마사의 군대와 만났다. 북도의 군사들은 말타기와 활쏘기에 능하였는데 이곳은 또 지형이 평평하고 넓어서 우리 군에게 유리하였다. 이에 북도의 군사들이 좌우에서 번갈아 나와 말을 타며 활을 쏘니 왜군들이 버티지 못하고 물러나 창고 안으로 들어갔다. 이때 이미 해가 졌기 때문에 군사들은 잠깐 쉬면서 왜군이 나오기를 기다렸다가 다음 날 다시 싸우고자 하였다.

그러나 한극함은 그 말을 듣지 않고 부대를 지휘하여 창고를 포위하였다. 왜군들은 창고의 곡식 가마니를 꺼내 성처럼 쌓아 화살과 돌을 피하였으며, 그 안에서 조총을 마구 쏘아댔다. 우리 군대는 빗살처럼 빽빽하게 늘어서서 한데 묶어놓은 듯 여러 겹으로 서 있었는데 왜군이 총을 쏘기만 하면 모두 우리 군사를 맞추었고, 총알 한 발에 서너 사람이 쓰러지기도 하였다. 결국 우리 군대는 무너지고 말았다.

한극함은 남은 군사를 거두어 고개 위로 물러나 진을 치고 날이 밝은 뒤에 다시 싸우고자 하였다. 그러나 왜군은 밤에 몰래 나와 우리 군대를 둘러싸고 풀숲에 흩어져 잠복하고 있었다. 다음 날 아침, 안개가 자욱하게 끼어 있었고, 우리 군대는 왜군이 아직 산 아래에 있다고 생각하였다. 그런데 갑자기 총소리가 나더니 사방에서 왜군들이 크게 소리를 지르며 갑자기 튀어나와 달려들었다. 이에 우리 군대는 깜짝 놀라 대오가 무너졌다. 장수와 군사들은 왜군이 없는 쪽으로 달아나다가 모두 진흙탕에 빠졌고, 왜군이 추격하여와서 이들을 칼로 베어 죽이니 그 수가 셀 수 없이 많았다. 한극함은 달아나 함경북도 경성으로 들어갔으나 결국 사로잡혔다.

두 왕자 임해군과 순화군은 모두 함경북도 회령부로 갔다. 처음에 순화군은 강원도에 있다가 왜군이 강원도로 들어오자 방향을 바꾸어 함경도로 향하였다. 이때 왜군이 왕자를 끝까지 추격하였는데, 회령부의 관리 국경인이 그의 무리를 데리고 배반하여 왕자와 종신들을 먼저 사로잡은 뒤에 왜군을 맞이하였다. 적장 가토 기요마사는 왕자들의 결박을 풀어주고 군중에 머무르게 한 뒤에 돌아와 함흥에 주둔하였다.

다만 칠계군 윤탁연은 도중에 병을 핑계로 다른 길을 따라 별해보로 깊이 들어갔고, 동지 이기는 순화군을 따라가지 않고 강원도에 남았기 때문에 두 사람은 왜군에게 잡히지 않았다. 유영립은 왜군에게 며칠 동안 잡혀 있었는데, 그가 문관이었기 때문에 감시가 다소 소홀했던 틈을 타 탈출하여 행재소로 돌아왔다.

이일이 평양에 도착하였다.

이일은 충주에서 왜군에게 패한 뒤에 강을 건너 강원도 경계로 들어가 이리저리 돌아다니다가 행재소에 이르렀다. 당시 여러 장수들이 한양에서 남쪽으로 내려갔다가 죽기도 하고 달아나기도 하였기 때문에 어가를 호위하며 따르는 사람이 한 명도 없었다. 사람들은 왜군이 가까워오고 있다는 소식을 듣고 모두 두려워하고 있었다. 그런데 비록 싸움에서 지고 도망쳐오기는 하였지만 이일은 무장 중에서도 평소 명망이 두터웠기 때문에 그가 왔다는 소식을 듣고 모두 기뻐하였다.

이일은 이미 여러 차례 패하였다. 패랭이를 쓰고 흰 베적삼을 입고 짚신을 신은 채 가시덤불 사이로 몸을 숨기면서 행재소에 이르렀는데, 행색이 초췌하여 보는 사람들이 탄식하였다.

나는 행낭에서 남색 비단 철릭 무관이 입었던 공복 을 찾아내 그에게 주면서 말하였다.

"이곳 사람들은 앞으로 그대에게 의지하려는 마음이 깊을 것인데 이처럼 여위었으니, 어떻게 사람들을 위로할 수 있겠소?"

그러자 여러 재상들도 말총갓이나 은정자, 채색 갓끈을 주어서 당장 갈아입게 하니, 이일의 옷차림이 한결 새로워졌다. 그런데 유독 신발은 벗어주는 사람이 없어서 여전히 짚신을 신고 있었다.

"비단옷에 짚신을 신고 있으니 어울리지 않습니다."

내가 웃으며 말하니 주변에 있던 사람들도 모두 웃었다.

잠시 후 평안북도 벽동의 토병 임욱경이 왜군이 이미 봉산황해도 봉산 군 사리원에 이르렀다는 소식을 보고하였다. 그래서 내가 좌의정 윤두수에게 말하였다.

"그렇다면 왜군의 척후병이 분명히 이미 강 건너편에 와 있을 것입니다. 이곳의 영귀루 아래에는 강물이 두 갈래로 나뉘는데 수심이 얕아서 걸어서 건널 수 있습니다. 만에 하나 왜군이 우리 백성을 사로잡아 길잡이로 내세우고 몰래 강을 건너 갑자기 들이닥친다면 평양성은 위태로워질 것입니다. 속히 이일을 보내 얕은 여울을 지키게 하여 예기치 못한 상황에 대비하는 것이 좋지 않겠습니까?"

윤두수가 알겠다고 하고는 곧바로 이일을 보냈다. 이때 이일이 거느리고 있던 강원 군사는 겨우 수십여 명뿐이었으므로 다른 부대의 군사들을 보태어주었다. 그런데 이일은 함구문평양 외성의 북문에 앉아 군사들을 점검하기만 할 뿐 바로 출발하지 않았다. 나는 사태가 위급함을 염려하여 사람을 보내 살펴보게 하였더니, 이일은 여전히 문 위에 앉아 있더라고 했다. 내가 윤두수에게 계속 말을 넣어 재촉하게 하니 그제서야 이일은 길을 떠났다.

이일이 성 밖으로 나온 뒤에는 길을 알려주는 사람이 없어서 강의 서쪽으로 길을 잘못 들었다. 도중에 밖에서 오는 평양 좌수 김윤을 만나 그에게 길을 묻고 앞장서 인도하게 하여 말을 달려 만경대 아래에 도착하였다. 그곳은 평양성에서 10여 리 떨어진 곳이었다. 멀리서 강의 남쪽 언덕을 바라보니 벌써 수백 명의 왜군이 와서 모여 있었고, 강의 작은 섬에 거주하던 백성들은 깜짝 놀라 소리치며 흩어져 달아나고 있었다. 이일은 급히 무사 10여 명에게 명령하여 섬에 들어가 왜군을 공격하게 하였지만 군사들은 두려워하며 바로 나아가지 못하였다. 이에 이일이 검을 뽑아 군사들의 목을 베려고 하니 그제야 나아갔다. 왜군은 이미 대부분 강으로 들어와 강 언덕에 가까이 와 있었다. 우리 군사가 급히 활을 쏘아 연달아 예닐곱 명을 쓰러뜨리니 왜군이 마침내 물러났다. 이일은 그대로 그곳에 머물며 강나루를 지켰다.

요동 도사명나라 초기에 요동을 통제하기 위해 설치한 군사, 행정 기구에서 진무 임
세록을 조선에 보내 왜의 침략 상황을 살펴보게 하였다. 임금께서는 대
동관평양의 중국 사신 접견소에서 그를 접견하였다. 나는 5월 1일에 파직되
었다가 6월 1일에 복직되었는데, 이날 왕명을 받아 명나라 장수를 접
대하게 되었다.

당시 요동에서는 왜가 우리나라를 침범하였다는 소식을 들은 지 얼
마 되지 않아 한양이 함락되고 어가가 서쪽으로 파천하였다는 소식을
들었고, 그리고 얼마 뒤 왜군이 이미 평양에 이르렀다는 소식을 듣게
되었다. 그들은 왜군의 침입 속도가 아무리 빠르다고 하여도 이렇게 빠
를 수는 없다고 생각하여 우리나라의 상황을 매우 의심하였다.[13] 어떤
사람은 우리가 왜군의 길잡이가 되어 왜군이 명나라를 침략하는 길을
안내하고 있다고도 하였다.

임세록이 왔을 때 그와 함께 연광정에 올라 왜군의 형세를 살펴보았
는데 왜군 한 명이 강의 동쪽 수풀 사이에서 얼핏 보였다 사라졌다 하
였다. 그러다가 얼마 뒤 두세 명의 왜군이 연달아 나오더니 앉기도 하

---

13 임진왜란이 일어난 4월 13일 이후 석 달 만에 왜군은 평양에 도착했다.

고 서기도 하였는데, 그 모습이 마치 길을 가다가 쉬는 것처럼 편안해 보였다. 내가 임세록에게 그 모습을 가리키며 말하였다.

"저들은 왜군의 척후병이오."

그러자 임세록은 기둥에 기대어 바라보고는 도무지 믿을 수 없다는 기색으로 말하였다.

"왜군이 저렇게 적단 말입니까?"

그래서 내가 말하였다.

"왜군은 교묘하게 속이기를 잘합니다. 비록 큰 군대가 뒤에 있더라도 먼저 와서 정탐하는 사람은 몇 명에 불과합니다. 만약 왜군의 수가 적다고 판단해 그들을 얕보았다가는 반드시 그들의 술수에 빠지게 될 것입니다."

임세록이 내 말을 알아듣고 조선 측에 명나라에 회답하는 문서를 요청하여 급히 돌아갔다.

조정에서 좌의정 윤두수에게 명하여 도원수 김명원, 순찰사 이원익 등을 데리고 평양을 지키게 하였다.

며칠 전 평양성 사람들은 어가가 평양을 떠나 피난을 간다는 소식을 듣고는 제각기 흩어져 도망가서 마을이 거의 텅 비게 되었다. 임금께서 세자에게 명하여, 대동관 문에 나가 성의 부로동네에서 덕을 갖춘 남자 어른을 높여 부르는 말들을 모아 성을 굳게 지키겠다는 뜻을 밝혀 백성들을 타이르라고 하셨다. 그러자 부로들이 앞으로 나와 말하였다.

"동궁의 말씀만 들어서는 백성들이 믿지 못하니, 반드시 임금께서 직접 말씀해주셔야 할 것입니다."

다음 날 아침, 어쩔 수 없이 임금께서 대동관 문에 나가 승지에게 명하여 어제와 같은 내용을 말하게 하였다. 이에 부로 수십 명이 절하고 엎드려 통곡하더니 명을 받고 물러났다. 그들은 저마다 성 밖으로 나가 산속으로 도망가 숨어 있던 남녀노소와 젊은이들을 불러 모아 성으로 다시 들어오게 하니 성안에 다시 사람이 가득 찼다.

그러다가 왜군들이 대동강 가에 모습을 보이자 재신 노직 등은 종묘 사직의 위패를 받들고 궁인을 호위하면서 먼저 성을 나갔다. 그 모습을 본 평양성의 관리와 백성들은 난을 일으켰다. 칼을 들고 길을 가로막으며 함부로 공격하여 종묘사직의 위패가 땅에 떨어졌다. 백성들은 도망가는 재신들을 가리키며 큰 소리로 꾸짖었다.

"너희들은 평소 나라에서 주는 녹봉을 훔쳐 먹더니 지금은 이처럼 나라를 그르치고 백성을 속이느냐?"

나는 연광정에서 행궁으로 가는 길에 화가 난 백성들을 만났다. 부녀자와 어린아이들까지 모두 화가 나서 삿대질하며 소리쳤다.

"이미 성을 버리기로 하였으면서 왜 우리를 속여 다시 성으로 들어오게 하고는 왜군의 손에 죽게 만드느냐?"

궁문에 도착하니 난을 일으킨 백성들이 길을 가득 메우고 있었다. 모두 팔을 걷어붙인 채 무기를 들고 보는 사람마다 때리며 소란을 피우니 제지할 수가 없었다. 문 안의 조당에 있던 여러 재신들은 모두 아연실색하여 뜰에 서 있었다.

나는 난을 일으킨 백성들이 궁문으로 들어올 것을 염려하여 문 밖 계단 위에 나가 섰다. 그들 중 나이가 많고 수염이 많은 자가 있어 그를 손짓으로 부르니 내 쪽으로 왔다. 그는 바로 토관土官이었다. 내가 그를 타이르며 말하였다.

"너희가 힘을 다해 성을 지키려 하고 어가가 성을 나가기를 바라지 않으니 나라를 위하는 충심이 지극하구나. 다만 그런 마음으로 난을 일으켜 궁 안을 소란스럽게 만들었으니 일이 매우 경악스럽다. 또 조정에서 방금 성을 굳게 지킬 것을 청하여 임금께서 이미 이를 허락하셨다. 그런데 너희들은 무슨 일로 이렇게까지 하는가? 그대의 행색을 보아하니 식견이 있는 사람인 듯하니, 모름지기 이러한 뜻으로 사람들을 타일러서 물러가게 하라. 그렇지 않으면 너희들은 무거운 죄를 짓게 되어 용서를 받을 수 없을 것이다."

그러자 그 사람이 당장 무기를 버리고 손을 모으며 말하였다.

"소인들은 임금께서 성을 버리고자 한다는 소식을 듣고는 분한 마음을 이기지 못하고 이렇게 함부로 난리를 일으켰습니다. 그런데 지금 하신 말씀을 들으니 소인이 비록 어리석기는 하지만 가슴이 확 트입니다."

그러고는 마침내 백성들에게 지시하여 흩어지게 하였다.

이 일이 있기 전에 조정의 신하들은 왜군이 곧 닥쳐온다는 소식을 듣고 모두 성을 나가 피난할 것을 청하였었다. 사헌부와 사간원, 홍문관에서도 날마다 궁궐 문 앞에 엎드려 이를 청하였다. 특히 인성부원군 정철은 강하게 피난을 주장하였다. 내가 이렇게 말하였다.

"지금의 상황은 예전에 한양에 있을 때와 다릅니다. 한양에서는 군사와 백성들이 무너져서 비록 도성을 지키고자 하여도 어찌할 수가 없었습니다. 그러나 이곳 평양성은 앞에 강물이 가로막고 있으며 민심도 매우 굳건합니다. 또 중국과 가까우니 며칠만 굳게 지키고 있으면 명나라 군대가 반드시 와서 구원해줄 것이니, 그들의 힘을 빌려 왜군을 물리칠 수 있을 것입니다. 만약 이곳을 지키지 않는다면 이곳부터 의주에 이르기까지 의지할 만한 지역이 없습니다. 결국 나라를 망치는 지경까지 이르게 될 것입니다."

좌의정 윤두수가 내 의견에 동의하였다. 나는 또 정철에게 말하였다.

"저는 평소에 공께서 비분강개하는 성격으로 나라를 위해서는 쉬운 일이든 어려운 일이든 가리지 않는 분이라고 생각하였습니다. 그런데 오늘 이런 주장을 하시리라고는 생각하지 못하였습니다."

윤두수가 "나는 칼을 빌려 간신의 목을 베려 하네"라는 문산^{문천상}의 시구절을 읊으니 정철이 크게 화를 내며 소매를 떨치고 일어났다.

평양 사람들도 내가 성을 지키자는 주장을 펼쳤다는 것을 들었기 때문에 이날 내가 한 말을 듣고 순순히 물러난 것이다. 나는 저녁에 평안도 관찰사 송언신을 불러 난을 일으킨 백성을 제대로 진정시키지 못한 것에 대해 꾸짖었다. 송언신이 주모자 세 명을 적발하여 대동문 안에서 목을 베니 나머지 사람들은 모두 달아나 흩어졌다.

이때 이미 성을 나가기로 결정하였지만 어디로 가야 할지는 정하지 못하고 있었다. 대부분의 신하들은 함경도가 궁벽하고 길이 험하니 왜군을 피할 만하다고 말하였다. 이때는 이미 왜군이 함경도를 침범한 후였는데 길이 통하지 않고 변고를 보고하는 사람이 없어 조정에서는 이러한 사실을 모르고 있었다. 이에 동지 이희득이 일찍이 영흥 부사로 있을 때 은혜로운 정사를 펼쳐 민심을 얻었다는 이유로 그를 함경도 순검사에 임명하고, 병조좌랑 김의원을 종사관으로 삼아 함경도로 가게 하였다. 그리고 왕비와 궁빈 이하의 사람들을 먼저 북쪽으로 출발하게 하였다.

나는 강력하게 반대하며 말하였다.

"어가가 서쪽으로 온 것은 원래 명나라 군대에 힘입어 부흥을 도모하기 위함이었습니다. 그런데 이미 명나라에 구원병을 요청하시고서 도리어 함경도로 깊이 들어간다면 중간에 왜군이 가로막아 명나라와 소식을 통할 길이 없어질 것인데, 어찌 회복되기를 바랄 수 있겠습니까? 또 왜군이 여러 도에 흩어져 나타나고 있는 상황에서 어찌 함경도라고 해서 왜군이 없다고 단정할 수 있겠습니까? 만약 불행하게도 그곳에 들어간 뒤에 왜군이 뒤따라 들어온다면, 북쪽에는 또 여진족이 버티고 있어서 왜군을 피할 다른 길이 없는데, 그때는 어느 곳에 의지하시겠습니까? 그렇게 되면 위험하고 다급한 상황이 더욱 심해지지 않겠습니까? 지금 조정의 신하 가족들이 대부분 함경도로 피난을 가 있습니다. 이 때문에 저들은 자신들에게 이로운 점을 따져 모두 함경도로 가는 것이 좋다고 말하는 것입니다. 신에게도 노모가 계신데 동쪽으로 피난을 가셨다고 합니다. 어디에 계신지는 모르지만 분명 강원도와 함경도 사이로 들어가셨을 것입니다. 신 또한 개인적인 사정으로 말한다면 어찌 함경도로 가고 싶은 마음이 없겠습니까? 그러나 국가의 큰 계획은 신하의 일과 다릅니다. 그러므로 감히 이렇게 간절하게 아뢰는 것입니다."

이윽고 오열하며 눈물을 흘리니 임금께서 측연하게 여기며 말씀하셨다.

"경의 어미는 어디에 계시는가? 나 때문이구나."

내가 물러난 뒤 지사 한준이 다시 혼자서 임금을 뵙고 북쪽으로 가는 것이 이롭다고 강력하게 말하였다. 그리하여 마침내 중전께서 함경도로 떠나신 것이다.

당시 왜군은 이미 대동강에 다다른 지 사흘이 지난 상태였다. 우리들이 연광정에서 강 건너편을 바라보니 한 왜인이 꼭대기에 작은 종이를 매단 나무막대기를 모래 위에 꽂는 것이었다. 그래서 화포장 김생려에게 작은 배를 타고 가서 그것을 가져오게 하였다. 왜인은 무기를 가지고 있지 않았으며, 김생려와 악수를 하고 등을 어루만지며 매우 친근하게 대하고는 편지를 주어 보냈다.

편지가 도착하였는데 윤두수가 열어보려고 하지 않기에 내가 말하였다.

"열어본다고 해서 별일이야 있겠습니까?"

편지를 열어서 보니 '조선국 예조판서 이공 합하께 드림'이라고 씌어 있었다. 이는 야나가와 시게노부와 겐소가 이덕형에게 보내는 편지로, 대략 이덕형을 만나 화의에 대하여 논의하고 싶다는 내용이었다.

이에 이덕형이 작은 배를 타고 강 위에서 야나가와 시게노부와 겐소를 만났다. 평소와 같이 서로 안부를 묻고는 겐소가 말하였다.

"일본은 조선의 길을 빌려 중국에 조공을 하려고 하였는데 조선에서 이를 허락하지 않았습니다. 이 때문에 일이 이 지경까지 이른 것입니다. 지금이라도 길을 빌려주어 일본이 중국에 갈 수 있게 해준다면 더 이상 아무런 일도 일어나지 않을 것입니다."

이덕형은 일본이 약속을 저버린 것을 꾸짖고 일본군이 물러난 뒤에 화의를 논의하겠다고 하였다. 야나가와 시게노부 등의 말이 매우 불손하였기 때문에 결국 양국은 만남을 끝내고 각자 돌아갔다.

그날 저녁 왜군 수천 명이 대동강 동쪽 기슭에 진을 쳤다.

<u>6월 11일에 어가가 평양을 떠나 영변으로 향하였다.</u> 대신 최흥원, 유홍, 정철 등이 호종하였고 좌의정 윤두수, 팔도 도원수 김명원, 순찰사 이원익은 남아서 평양을 지켰다. 나도 명나라 장군을 접대하기 위해 평양에 남았다.

이날 왜군이 성을 공격하였다. 윤두수, 김명원, 이원익과 나는 연광정에 있었다. 평안도 관찰사 송언신은 대동성 문루를 지키고 평안도 병마절도사 이윤덕은 부벽루에서 상류 쪽의 여울을, 자산 군수 윤유후 등은 장경문을 지켰다. 성안에는 군사와 백성을 합쳐서 3,000~4,000명이 있었는데 이들을 성가퀴에 나누어 배치하였다. 그러나 그 배치가 일정하지 않아서 어떤 곳은 사람이 겹쳐져 어깨와 등이 서로 부딪힐 정도인데, 어떤 곳은 여러 개의 성가퀴 사이에 한 사람도 없었다. 을밀대 근처의 소나무에 옷을 여기저기 걸쳐 두고 군사가 매복해 있는 듯이 꾸며놓았다. 이를 '가짜 군사疑兵'라고 하였다.

강을 사이에 두고 왜군을 바라보니 그 수가 아주 많지는 않았다. 왜군은 동대원 위의 기슭에 일一 자 모양으로 진을 치고 붉은 깃발과 흰 깃발을 줄지어 세워놓았는데, 그 모습이 마치 우리나라에서 장례 때 세우는 만장 같았다. 왜의 기병 10여 명이 강물로 뛰어들어 양각도를 향

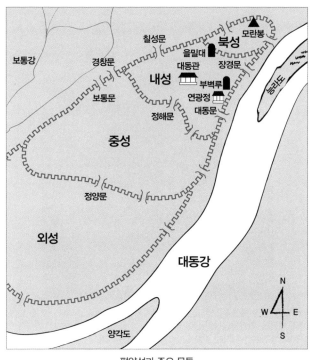

평양성과 주요 문들

하여 갔는데, 강물이 말의 배까지 찼다. 그들은 모두 말고삐를 잡고 나
란히 서 있었는데 장차 강을 건너올 것 같은 모습이었다. 나머지 왜병
들은 큰 칼을 메고 한두 명씩, 또는 서너 명씩 강가를 왔다 갔다 하였는
데, 칼날에 햇빛이 비치자 마치 번개처럼 번쩍거렸다. 그것을 보고 어
떤 사람이 말하였다.

"저것은 진짜 칼이 아니라 나무로 칼 모양을 만들어 백랍 납과 주석의 합
금을 입혀서 사람의 눈을 속이는 것이다."

하지만 거리가 멀어서 분간할 수 없었다.

또 왜군 예닐곱 명이 조총을 들고 강가에 와서 성을 향하여 쏘았는

겸재 정선이 그린 연광정(練光亭). 연광정은 대동문과 접하여 대동강을 내려다볼 수 있는 덕암 위에 있는 정자이다. 고구려 때 평양성을 건설하면서 세웠는데 중국의 사신이 통과할 때마다 이곳에서 주연이 베풀어졌다. 임진왜란 시기에 강화 담판이 이루어진 곳이며, 기생 계월향이 왜장을 꾀어 안고 떨어져 죽은 유서 깊은 곳이기도 하다.

데 그 소리가 매우 컸다. 총알이 강을 건너 성까지 들어왔는데 어떤 것은 수천 보 거리에 있는 대동관 안까지 멀리 날아와 지붕의 기와 위에 떨어졌고, 어떤 것은 성루 기둥에 두세 치 정도 박힌 것도 있었다. 붉은 옷을 입은 왜군들은 연광정 위에 여러 사람이 모여 있는 것을 보고 장수들이라고 여겼는지 조총을 겨누면서 조금씩 다가오다가 모래사장에 이르러 연광정 위에 있는 사람 둘을 겨냥해 맞추었다. 그러나 거리가 멀었기 때문에 중상을 입지는 않았다.

　나는 군관 강사익에게 명하여 방패 뒤에서 편전총통에 넣어서 쏘는, 하나로 된 화살을 쏘게 하였다. 그가 쏜 화살이 모래사장 위까지 날아가자 왜군은 멈칫하더니 물러갔다. 도원수가 활 잘 쏘는 사람을 골라 빠른 배에 태워 강 중류 쪽으로 간 다음 왜군을 향해 활을 쏘게 하였다. 배가 조금씩 대동강 동쪽 기슭으로 접근하자 왜군들도 물러나 피하였다. 우리 군이 추격하면서 배 위에서 현자총¹⁴을 쏘니 서까래처럼 큰 화살이 강을 지나 날아갔다. 왜병들이 그 모습을 보고 소리를 지르며 흩어졌다가 화살이 땅에 떨어지자 앞다투어 몰려와 구경하였다.

이날 병선을 즉시 정비하지 않은 죄로 공방工房의 아전 한 사람을 참수하였다.

그때 오랫동안 비가 내리지 않아 강물이 나날이 줄어들었다. 이에 재신들을 단군 묘, 기자 묘, 동명왕 묘로 나누어 보내 기우제를 지냈는데 여전히 비는 내리지 않았다. 내가 좌의정 윤두수에게 말하였다.

"이곳은 수심이 깊고 배도 없어서 왜군들이 건너지 못하겠지만 상류 쪽은 수심이 얕은 여울이 많으니, 조만간 왜군이 반드시 그 여울을 건너올 것입니다. 그들이 강을 건너면 성을 지킬 수 없을 것인데 어째서 여울을 엄히 방비하지 않습니까?"

그러나 성격이 느긋한 도원수 김명원은 그저 이렇게만 대답할 뿐이었다.

"이미 이윤덕에게 명하여 그곳을 지키게 하였습니다."

내가 다시 말하였다.

"어찌 이윤덕 같은 사람을 믿고 의지하겠습니까?"

그리고 순찰사 이원익을 가리키면서 또 말하였다.

---

14 조선 시대 총통은 규모에 따라 천자(天字), 지자(地字), 현자(玄字), 황자(黃字) 총통으로 나뉜다. 그중 세 번째에 해당하는 현자총통은 유통식 화기(火器)로서 조선 태종 때 만들어져 널리 사용된 전형적인 중화기(重火器)이다.

"공들은 마치 잔치라도 벌이는 듯이 한곳에 모여 앉아 있는데, 이는 일을 하는 데에는 전혀 도움이 되지 않습니다. 그러니 어서 가서 여울을 지키는 것이 어떻겠습니까?"

그러자 이원익이 대답하였다.

"가라고 하시면 감히 힘을 다하지 않을 수 있겠습니까?"

이에 윤두수가 이원익에게 말하였다.

"공이 가보십시오."

그리하여 이원익이 일어나 나갔다.

그때 나는 임금의 명으로 명나라 장수들을 접대하였을 뿐 군무에는 참여하지 않았지만 가만히 생각해보니 우리 군만으로는 반드시 패할 것 같았다. 그래서 속히 명나라 장군들을 도중에서 맞이하여 그들로 하여금 빨리 와서 우리를 구원하여주도록 하는 것이 더 나을 듯하였다. 해가 지자 나는 마침내 종사관 홍종록, 신경진 등과 함께 성을 나와 밤 늦게 순안^{평안남도 평원}에 이르렀다. 가는 도중에 회양^{강원도 회양군}에서 오는 이양원과 종사관 김정목을 만나 얘기를 들어보니 왜군이 철령에 이르렀다는 것이다.

다음 날 평안남도 숙천을 지나 황해도 안주^{황해도 재령 지역}에 도착하였다. 요동 진무 임세록이 다시 와서 명나라 본국의 회답서를 받아 행재소로 보냈다. 다음 날 어가가 이미 평안북도 영변을 떠나 박천으로 갔다는 소식을 듣고 나는 서둘러 박천으로 가서 임금을 뵈었다. 임금께서 동헌에서 나를 불러서 "평양을 지킬 수 있겠는가?" 하고 물어 보셨다. 내가 대답하였다.

"평양 민심이 매우 굳건하므로 지킬 수 있을 듯합니다. 다만 원병을 빨리 보내야 합니다. 신은 이 일을 위하여 여기에 왔습니다. 명나라 군사들을 맞이하여 급히 구원해줄 것을 요청하려 하였는데 아직 명나라 군대가 도착하지 않고 있어 걱정이 됩니다."

그러자 임금께서 손수 윤두수의 장계를 보여주시며 말씀하셨다.

"어제 이미 노약자들은 성 밖으로 내보냈다고 하네. 분명 사람들의 마음이 동요하고 있을 터인데 어떻게 평양성을 지킬 수 있겠는가?"

이에 내가 대답하였다.

"진실로 전하의 생각과 같습니다. 하지만 신이 그곳에 있을 때에는 그런 일을 보지 못하였습니다. 평양성의 형세를 보건대, 왜군은 분명히 얕은 여울을 경유하여 건너올 것입니다. 마름쇠끝이 뾰족한 서너 개의 발을 가진 쇠못으로 도둑이나 적을 막기 위해 뿌려둔다를 물속에 많이 깔아두어서 대비하는 것이 좋겠습니다."

그러자 임금께서 이 고을에도 마름쇠가 있는지 물어보게 하셨다. 수천 개가 있다고 답변하니 급히 사람들을 모아 마름쇠를 평양으로 보내라고 하셨다.

내가 또 말하였다.

"평양 서쪽에 있는 강서, 용강, 증산, 함종 등의 고을은 창고에 곡식이 많고 사람들이 많은데, 왜군이 이미 접근하였다는 소식을 들으면 백성들이 놀라서 흩어져버릴 것입니다. 하오니 급히 시종 한 사람을 파견하여 그들을 위무하고 진정시켜야 합니다. 또 군사를 모아 평양을 지키는 데 계속 지원하도록 하셔야 합니다."

임금께서 물으셨다.

"누가 가야 하겠는가?"

내가 대답하였다.

"병조정랑 이유징은 계략과 사려가 있으니 보낼만합니다."

그리고 이렇게 아뢴 후에 임금께 하직인사를 하고 물러났다.

"신은 일이 급하여 지체할 수 없으므로 밤새 말을 달려 명나라 장수를 만나 약속을 잡겠습니다."

물러나와 이유징을 보고 좀 전에 임금께 아뢴 말을 전하니 이유징이 놀라서 말하였다.

"그곳에는 왜군이 가득한데 어떻게 나아가겠습니까?"

내가 이유징을 나무라며 말하였다.

"나라의 녹을 먹으면 나라를 위하여 어려움을 피하지 않는 것이 신하 된 자의 도리이다. 지금 나라가 이처럼 위태로워 끓는 물과 뜨거운 불이라도 피해서는 안 되는데, 어찌 한번 가는 일을 어렵다고 하는가?"

이유징은 아무 말도 하지 않았지만 원망하는 기색이었다.

임금께 하직하고 나와 대정강 가에 이르렀는데 이미 해가 졌다. 광통원평안북도 박천군의 평원 들판을 돌아보니 우리 군사들이 흩어진 채로 달려오고 있었다. 평양성 방어에 실패한 것이 아닌가 싶어 군관 몇을 보내 그들을 수습하여 오게 하니 열아홉 명을 데리고 왔을 뿐이었다. 그들은 의주, 용천 등지의 군사였는데 평양으로 가서 대동강의 여울을 지키고 있었다고 한다. 어제 왜군이 왕성탄 여울을 따라 강을 건너니 강가의 우리 군은 무너지고 이윤덕은 달아났다는 것이었다. 나는 크게 놀라 중도에 장계를 써서 군관 최윤원을 행재소로 보내 보고하게 하였다.

밤에 가산군평안북도 박천군 가산면에 들어가서 들으니 이날 저녁에 중전의인왕후 박씨께서 박천에 도착하셨다고 하였다. 중전께서는 함경도로 향하던 도중에 왜군이 이미 함경도에 들어가 있다는 소식을 듣고 더는 나아가지 못하고 되돌아온 것이다. 통천 군수 정구가 사자를 보내 중전께 음식을 바쳤다.

평양이 함락되었다. 어가가 가산에 머물고, 세자는 종묘사직의 신주를 받들고 박천에서 산골 마을로 들어갔다.

처음에 왜군은 군사들을 나누어 대동강 모래사장 위에 주둔하였는데, 10여 개 병영을 두고 풀을 엮어서 막사를 만들었다. 며칠이 지나도록 강을 건너지 못하자 왜군들의 경계 태세가 다소 느슨해졌다. 김명원 일행은 성에서 왜군의 태세를 살피고는 야밤을 틈타 습격해도 되겠다고 여겼다. 곧 정예 군사를 가려 뽑아 고언백 등에게 그들을 데리고 가게 하였다. 그리고 부벽루 아래 능라도^{대동강 가운데에 있는 섬}에서 몰래 강을 건너게 하였다. 처음에는 삼경^{밤 11시~1시}에 기습하기로 정하였는데, 시간을 놓쳐서 강을 건넜을 때는 이미 먼동이 트고 있었다. 여러 막사 안을 보니 왜군들이 아직 일어나지 않았다. 마침내 제1진이 돌격하니 왜병들이 놀라서 우왕좌왕하였다. 우리 군사들은 화살을 쏘아 많은 왜병들을 죽였다. 토병 임욱경이 선봉으로 나서 힘껏 싸우다가 왜군의 칼에 전사하였다. 우리 군은 왜군의 말 300여 필을 빼앗았다.

조금 후에 열을 지어 주둔해 있던 왜병들이 한꺼번에 나와 들이닥치니 우리 군사들이 퇴각하여 배로 달려갔다. 그러나 배를 타고 강 가운데 있던 사람들은 왜군들이 이미 우리 군사들의 후미에 접근한 것을

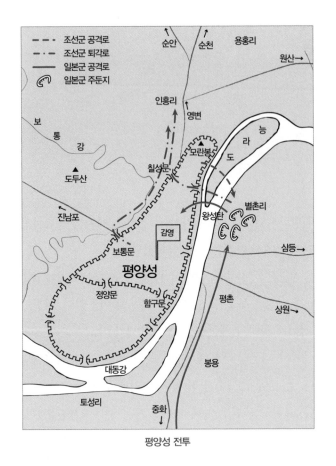

평양성 전투

보고 강가에 배를 정박시키지 못하였다. 그래서 물에 빠져 죽은 사람들
이 무척 많았다. 나머지 군사들은 왕성탄을 건너니 왜군도 비로소 물이
얕다는 것을 알고 강을 건널 수 있었다. 이날 저녁 대부분의 왜병들이
왕성탄을 통해 강을 건너왔고 왕성탄을 지키던 우리 군사들은 한 발의
화살도 감히 쏘지 못하고 달아났다. 왜군들은 이미 강을 건넜지만 성안
에 우리 군의 방비가 있을지 모른다고 의심하여 머뭇거리며 전진하지
못하였다.

이날 밤 윤두수와 김명원은 성문을 열어 성안 사람들을 모두 나가게 하고는 군기와 화포를 풍월루 연못에 가라앉혔다. 윤두수 등은 보통문으로 나가서 순안에 도착하였는데 추격하는 왜병들은 없었다. 종사관 김신원이 홀로 대동문을 나와 배를 타고 강류를 타고 강서로 향하였다. 다음 날 왜군이 성 밖에 도착하여 모란봉에 올라 꽤 오랫동안 주변을 살펴보았다. 이윽고 성에 사람이 없고 텅 비었다는 것을 알고 바로 성에 들어갔다.

처음에 어가가 평양에 당도하였을 때, 조정의 신하들은 모두 식량이 부족할 것을 염려하여 여러 고을에서 전세田稅를 거두어 평양으로 수송하였다. 그런데 평양성이 함락되니, 창고에 있는 10만여 석을 포함하여 모든 것이 왜군의 수중에 들어가버렸다. 이때 내가 보낸 장계가 박천에 도착하였고 순찰사 이원익과 종사관 이호민도 평양으로부터 와서 왜군이 강을 건넌 상황에 대해서 말하였다. 그날 밤 임금과 중전께서는 가산으로 향하셨다. 임금께서는 세자에게 종묘사직을 받들고 다른 길을 통해 따로 이동할 것을 명하시고는 사방의 군사들을 모아 상황을 회복할 방법을 도모하도록 하였다. 그리고 신하들을 나누어 세자를 따르도록 하셨다. 영의정 최흥원은 세자를 따르라는 명을 받았다. 우의정 유홍도 세자를 따르겠다고 자청하였지만 임금께서는 대답하지 않으셨다. 어가가 이미 출발하자 유홍은 길가에 엎드려 하직인사를 올렸다. 내관이 여러 차례 우의정 유홍이 하직인사를 올린다고 아뢰었으나 임금께서는 끝내 답하지 않으셨다. 유홍은 결국 세자를 따라갔다. 그때 윤두수는 평양에 있었고 아직 돌아오지 못해 행재소에는 대신들이 없었다. 오직 정철만 전 정승의 신분으로 어가를 따르고 있었다. 가산에 도착하였을 때는 이미 오경새벽 3시~5시이었다.

어가는 평안북도 정주에 머물렀다. 어가가 평양을 떠난 후부터 민심이 크게 어지러워져 어가가 지나는 곳마다 난민무리지어 다니며 법과 질서를 어지럽히는 백성들이 종종 창고로 쳐들어가 곡식을 약탈하였다. 순안, 숙천, 안주, 영변, 박천이 모두 차례로 화를 입었다.

이날 어가는 가산을 떠났는데 가산 군수 심신겸이 내게 말하였다.

"가산군은 양식이 아주 우수하고 관청에도 쌀이 1,000석이나 있어서 이것으로 명나라 군사들을 먹이려고 하였는데 불행히도 일이 이 지경에 이르게 되었습니다. 공께서 조금 더 머무르시면서 민심을 안정시켜주시면 고을의 백성들이 동요하지 않을 것입니다. 그러지 않으면 난이 일어나고 소인 또한 이곳에 머무를 수 없게 되니 장차 바닷가로 도피할 것입니다."

이때 심신겸은 이미 아랫사람들을 부릴 수 없는 상황이었다. 오직 내게 속한 군관 여섯 명과 길에서 얻은 패잔병 열아홉 명이 나를 따르기로 약속하였기 때문에 각각 활과 화살을 들고 내 곁에 있었다. 심신겸은 이 힘을 빌려서라도 자신을 보호하고자 그렇게 말한 것이었다. 나는 차마 바로 떠날 수가 없어서 잠시 대문에 앉아 있었는데 날은 이미 정오를 지난 시간이었다. 가만 생각해보니 임금의 명령도 없는데 마음대로 가산에 머물고 떠나지 않는 것은 마땅한 일이 아니어서 결국 심신겸과 작별하고 떠났다. 효성령평안북도 박천군의 고개에 올라 가산을 바라보니 이미 난이 일어났다. 심신겸은 창고의 곡식을 모두 잃고 도망쳤다.

다음 날 어가는 정주를 떠나 평안북도 선천으로 향하였는데, 임금께서는 내게 정주에 머무르라고 명하셨다. 정주 사람들은 이미 사방으로 흩어져서 난을 피하고 있었다. 오직 늙은 아전 백학송 등 몇 명만 성안에 남아 있을 뿐이었다. 나는 길가에 엎드려 어가가 나가는 것을 전송하고 연훈루 아래에 앉아 얼굴을 가리고 울었다. 군관 여러 명은 좌우 계단에 있었고, 길에서 얻은 패잔병들도 여전히 떠나지 않고 있었다. 그들은 길가 버드나무에 말을 묶어두고 둥글게 앉아 있었다.

저녁 무렵, 나는 남문 쪽에서 몽둥이를 지닌 자들이 밖으로부터 연달아 들어와 좌측 방향으로 가는 것을 보았다. 군관에게 알아보라 하니 창고 아래에 수백여 명이 모여 있다는 것이다. 내가 가진 병력은 적고 약한데 만약 난민들이 더욱 많아져 그들과 싸우게 되면 오히려 더 제압하기가 어려울 것 같았다.

먼저 약한 자들을 공격해 놀라 달아나게 하는 것이 좋겠다고 생각하였다. 이에 성문을 보니 또 10여 명이 끊이지 않고 들어오고 있었다. 나는 급히 군관을 불러 군사 열아홉을 데리고 가서 그들을 잡으라고 하였다. 그 사람들은 우리 군사들을 보고 달아났지만 끝내 추격하여 아홉 명을 잡아 왔다. 곧바로 그들의 머리를 풀어 헤치고 손을 뒤로 묶고 옷을 벗긴 다음 창고 주위를 돌게 하였다. 그들 뒤로는 10여 명의 군사들이 따라가며 크게 소리치게 하였다.

"창고를 약탈하는 도적은 목을 베어 매다는 형벌에 처할 것이다!"

성안의 사람들이 이것을 보았고, 창고 아래 모여 있던 사람들도 두려워 떨면서 모두 서문을 통해 달아났다. 그리하여 정주의 곡식 창고는 간신히 보존할 수 있었다. 용천, 선천, 철산 등의 고을에서도 곡식 창고를 약탈하는 자들이 없어졌다.

정주 판관 김영일은 무인인데, 평양에서 도망친 다음 돌아와서 처자식을 바닷가 마을에 두고 창고의 곡식을 훔쳐다가 식구들에게 보내려고 하였다. 그 사실을 듣고 김영일을 잡아다가 죄상을 열거하였다.

"너는 무장인 몸으로 패전하고도 죽지 않았으니, 그 죄가 목을 베어야 마땅하다. 그런데 감히 관의 곡식을 훔치려 하는가? 이 곡식은 장차 명나라 군대를 먹일 것이지 네가 사적으로 취할 것이 아니다."

그러고 나서 곤장 60대를 쳤다.

얼마 후에 좌의정 윤두수, 팔도 도원수 김명원, 장군 이빈 등이 평양에서 정주로 도착하였다. 임금께서 정주를 떠나실 때, '좌의정이 오거든 그 역시 정주에 머무르도록 하라'는 명을 내리셨다. 좌의정 윤두수가 정주에 도착해 임금의 어명을 전하였는데 윤두수는 답하지 않고 임금이 계신 곳으로 떠났다. 나도 김명원과 이빈 등을 남겨 정주를 지키게 하고 어가가 있는 용천으로 뒤쫓아갔다.

당시 고을 사람들은 평양이 함락되었다는 소식을 듣고 왜군들이 곧 당도할 것이라고 생각해 모두 산골짜기에 숨어버렸다. 그래서 길에서 사람을 볼 수 없었다. 듣자 하니 평안북도 강계 등 여러 압록강변 고을들이 모두 그랬다고 한다. 내가 곽산산성 아래에 도착해서 보니 두 갈래 길이 있어서 병졸에게 물었다.

"이 길은 어디로 향하는가?"

병졸이 답하였다.

"이 길은 귀성^{평안북도 구성읍}으로 가는 길입니다."

나는 말을 세우고 종사관 홍종록을 불러 말하였다.

"인접한 고을의 창고가 하나같이 다 비었으니 명나라 원군이 온다한들 어찌 필요한 물자를 제공할 수 있겠는가? 이 근방에서는 오직 귀성 한 고을만 비축해둔 곡식이 꽤 많다고 들었네. 그러나 아전과 백성들이 모두 달아나 운송할 방도가 없다고 하네. 그대는 오랫동안 귀성에 있었으니, 그대가 왔다는 소식을 들으면 사람들이 비록 산골짜기에 숨어 있다 하더라도 그대에게 왜군의 동정을 듣고자 찾아올 것이네. 그대는 지금 속히 귀성으로 가서 이렇게 말하게. '왜군이 평양에 들어가서 아직 나오지 않았고, 곧 대규모 명나라 군대가 도착할 것이니 영토를 수복할 일이 장차 멀지 않았다. 다만 원병이 지나는 길에 양식이 부족할까 걱정될 뿐이다. 온 고을 사람들은 품관, 백성, 아전을 막론하고 힘을 다하여 군량미를 수송하여 군용 물자가 부족하지 않게 하라. 그렇게 하면 훗날 반드시 큰 상이 있을 것이다' 그러면 사람들이 한마음으로 협력하여 정주와 가산에 물자를 수송하여 군량 문제를 해결할 수 있을 것일세."

홍종록이 의욕을 보이며 응하여 나와 따로 길을 떠났다. 나는 용천으로 떠났다. 홍종록은 기축옥사에 연루되어 귀성에서 귀양살이를 했다. 어가가 평양에 도착한 후에야 비로소 조정은 그를 불러 사옹원^{궁중의 음}식을 맡아보던 관아 정正으로 임용하였다. 그는 충성심이 깊어 자신의 안위를 돌보지 않고 나라를 위해 몸을 바쳤으며 쉬운 일이나 어려운 일이나 가리지 않고 하였다.

어가가 평안북도 의주에 도착하였다. 명나라 장군 참장 대조변과 유격장군 사유가 각각 한 부대를 거느리고 평양으로 갔다. 평안북도 선천군의 임반역에 도착하였을 때, 평양이 이미 함락되었다는 소식을 듣고는 의주로 되돌아가 주둔하고 있었다.

　명나라 조정에서는 군사들에게 음식을 먹이는 데 쓸 은 2만 냥을 하사하여 명나라 관리가 이것을 가지고 의주에 도착하였다.

　이보다 먼저 요동에서는 우리나라에 왜군이 처들어왔다는 사실을 듣고 명나라 조정에 보고하였다. 그러나 명나라 조정에서는 의견이 분분하여 견해차가 심하였고, 혹자는 우리나라가 명나라로 처들어오는 왜군의 길을 안내하고 있다고 의심하였다. 오직 명나라 병부상서 석성만이 고집스럽게 우리나라를 구원해야 한다고 주장하였다. 당시 우리나라 사신 신점이 옥하관^{북경으로 간 우리나라 사신이 머무는 곳}에 있었다. 병부상서 석성이 신점을 명나라 조정으로 오게 하여 요동에서 보고한 문서를 꺼내어 보여주었다. 신점은 곧 목 놓아 통곡하였다. 그는 일행과 함께 아침저녁으로 크게 통곡하며 먼저 구원병을 보내줄 것을 요청하였다. 석성은 천자께 아뢰어 두 부대를 파병하여 조선 국왕을 지키고 은도 하사할 것을 청하였다.

신점이 귀국하는 길에 통주에 도착하였다. 마침 북경으로 향하던 고급사전쟁 같은 급보를 알리기 위해 파견된 사신 정곤수도 뒤이어 통주에 도착하였다. 병부상서 석성은 정곤수를 개인 공간인 화방으로 데리고 가서 조선의 상황을 물었고 간혹 눈물을 흘리기도 하였다고 한다.

이때에 우리나라는 연달아 사신을 요동에 보내어 급보를 알리고 원병을 요청하였으며, 또한 명나라의 속국이 되겠다고 애걸하고 있었다. 왜군은 이미 평양을 함락시켰고, 왜군의 형세는 마치 물병을 쏟은 것과 같았다. 아침저녁 사이에 왜군이 압록강에 이를 것이라고 예견하는 등 사태가 매우 위급하였기 때문에 명나라의 속국이 되는 것까지 생각한 것이다. 다행히 평양성에 들어간 왜군은 몇 달째 성안에서 숨죽이고 있었다. 평양과 가까운 순안이나 영유조차 침범하지 않고 있었다. 그 덕분에 민심이 다소 안정되었고, 패잔병들을 수습하고 명나라 원군을 맞이하여 마침내 국토를 회복할 수 있었다. 이것은 진실로 하늘의 뜻이지 사람의 힘으로 할 수 있는 일이 아니었다.

<u>7월에 요동 부총병 조승훈이 군사 5,000명을 이끌고 구원하러 왔다.</u>

조승훈이 오기 전에 소식이 먼저 도착하였는데, 당시 나는 치질을 심하게 앓고 있어서 일어날 수가 없었다. 임금께서 좌의정 윤두수에게 명하여 명나라 군대가 지나는 고을에서 그들이 먹을 것을 준비하게 하였다. 나는 종사관 신경진을 보내 임금께 다음과 같이 아뢰도록 하였다.

"행재소에 대신이라고는 윤두수 한 명만 있으니 그를 보내서는 안 됩니다. 신이 명나라 장수를 접대하라는 명을 받았으니 비록 병중이지만 제가 힘써 가보겠습니다."

임금께서 허락하셨다.

7월 7일에 병환을 견디면서 행재소에 가서 하직인사를 하니 임금께서는 불러서 문답하는 은혜를 베푸시기에 기어서 들어가 다음과 같이 아뢰었다.

"명나라 군대가 오는 길, 즉 소관에서부터 남쪽으로 정주, 가산까지는 5,000명의 군사들이 지나갈 때 하루 이틀은 식사를 해결할 수 있습니다. 그러나 안주, 숙천, 순안 세 고을은 비축해둔 양식이 전혀 없습니다. 명나라 군대가 이곳을 지날 때 우선 사흘 치 식량을 가지고 안주 남쪽 지역에서 먹을 양식을 준비해야 합니다. 만일 구원병이 평양에 도착하여 하루 만에 평양을 수복한다면 성안에 있는 곡식으로 공급할 수 있습니다. 비록 성을 포위하고 있기를 수일 동안 지속한다고 해도 평양 서쪽 세 현에 있는 식량을 최선을 다해서 군진으로 수송할 수 있으니 부족하지 않을 것입니다. 이러한 사정을 여기에 있는 여러 신하들과 명나라 장수들이 의논하게 하여 서로 원활하게 돕고 편의를 봐가면서 일을 처리하게 하소서."

임금께서는 그렇게 하라고 말씀하셨다. 내가 출발하려고 하는데 임금께서 웅담과 납약을 하사하셨고, 내의원의 하인 용운이란 자가 성문 밖 5리까지 나를 배웅하며 울었다. 이후 내가 전문령에 올랐을 때도 그의 울음소리를 들을 수 있었다.

저녁에 소관역^{황해도 역참 중 하나}에 도착하니 아전들이 모두 달아나 그림자 하나 보이지 않았다. 내가 군관을 시켜 촌락에 가서 사람들을 찾아보게 하였더니 몇 사람을 찾아 데리고 왔다. 내가 그들을 힘써 타일렀다.

"나라가 평소에 너희를 돌보아준 것은 지금 같은 상황에 쓸모가 있게 하려 함인데 어찌 도망치려 하는가? 곧 명나라 원군이 도착할 것이고 마침 나라가 위급한 상황인 지금이야말로 너희가 나라에 이바지하고 공을 세울 수 있는 좋은 기회이다."

이윽고 공책 한 권을 꺼내서 모인 사람들의 이름을 적어서 보여주면서 말하였다.

"훗날 이것으로 공로를 등급화하고 임금께 아뢰어 상을 내리게 할 것이다. 여기에 기록되지 않은 자들은 후에 일이 안정되면 일일이 조사하여 처벌할 것이니 결코 벌을 피할 수 없을 것이다."

얼마 안 되어 찾아온 자들이 줄을 이었다. 그들은 이렇게 말했다.

"소인이 일이 있어서 잠시 나가 있었습니다. 어찌 감히 일을 피하려고 하였겠습니까? 바라건대 그 책에 저희 이름도 써주십시오."

나는 민심을 수습할 방도를 깨닫고 즉시 각처에 공문을 보내어 이 사례처럼 고공책考功冊을 만들어두어 공로의 많고 적음을 기록하고 이에 의거하여 보고하고 상벌을 내리도록 하였다. 그리하여 내 명령을 받은 자들이 다투어 나와 땔감도 운반하고, 집도 짓고, 가마솥도 설치하니 며칠 만에 모든 일이 조금씩 갖추어졌다. 나는 전란 중의 백성은 엄하게 다스려서는 안 된다고 생각해, 단지 성심성의껏 깨우치고 타일렀을 뿐, 한 사람도 매질하지 않았다.

나아가 정주에 도착하였다. 종사관 홍종록이 귀성 사람들을 데리고 말먹이 콩과 좁쌀을 정주, 가산으로 운송해둔 것이 이미 2,000여 석이나 되었다. 나는 그래도 원병이 안주에 도착한 이후가 걱정되었다. 그때 마침 충청도 아산창에 있던 조세로 받은 쌀 1,200석을 실은 배가 행재소로 향하려고 정주 입암평안북도 정주군 서호동에 정박하고 있었다. 나는 매우 기뻐서 곧 다음과 같은 내용의 장계를 보냈다.

"먼 곳의 곡식이 마치 기약이라도 한 듯이 도착하였습니다. 이는 분명 하늘이 도우려는 뜻인 것 같으니 중흥의 운수입니다. 청하옵건대 이 곡식들을 함께 취하여 군량미에 보탬이 되게 하소서."

수문장 강사웅에게 명하기를, 입암으로 달려가 곡식을 나누어 200석은 정주로, 200석은 가산으로, 800석은 안주로 운송하도록 하였다. 다만 안주는 왜군과 가까이에 있기 때문에 배를 강 위에 머무르게 하여 기다리게 하였다.

선사포평안북도 철산군 백량면에 있던 포구 첨사 장우성은 대정강에 부교浮橋를 만들고, 노강 첨사 민계중은 청천강에 부교를 만들어서 명나라 원군

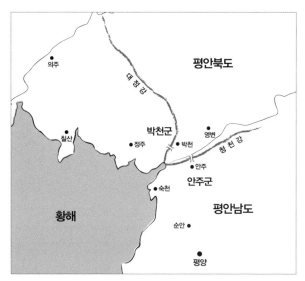

대정강과 청천강에 부교를 놓아 명나라 군사가 건널 수 있도록 했다.

이 강을 건널 수 있도록 준비해두었다.

　나는 안주에 가서 준비할 일들을 점검하였다. 그때도 왜군은 평양성에 들어간 채 나오지 않고 있었다. 순찰사 이원익은 평안도 병마절도사 이빈과 함께 순안에 주둔하고 있었고, 팔도 도원수 김명원은 숙천에 있었다. 나는 안주에 있었다.

7월 19일에 명나라에서 파견한 요양 부총병 조승훈이 평양을 공격하였다가 불리하여 후퇴하였고 유격장군 사유는 전사하였다.

이에 앞서 조승훈이 의주에 도착하였을 때, 사유는 자신의 군대를 선봉으로 삼았다. 조승훈은 요동의 용맹한 장수였는데 여러 번 여진인과 싸워 공을 세웠다. 이번 행군에서도 그는 왜군을 무찌를 수 있다고 말하였다. 그가 가산에 도착하였을 때 우리 쪽 사람들에게 물었다.

"평양에 있는 왜군이 설마 도망간 것은 아니겠지요?"

우리 쪽 사람이 대답하였다.

"아직 퇴각하지 않았습니다."

조승훈은 술잔을 들고 하늘을 우러러 기원하며 이같이 말하였다.

"왜군이 아직 남아 있다는 것은 하늘이 나로 하여금 반드시 큰 공을 세우게 하려 함이다!"

이날 삼경^{밤 11시~1시}에 조승훈은 순안에서 진군하여 평양을 공격하였다. 마침 큰비가 와서 성 위에는 지키는 군사들이 없었다. 명나라 군사들은 칠성문^{평양성 내성의 북문}을 따라 성안으로 들어갔다. 길이 좁고 구불구불하여 말들이 다리를 곧게 펴고 달릴 수 없었다. 왜군들이 험한 곳에 숨어서 조총을 마구 쏘아대니 유격대장 사유가 탄환을 맞고 즉사하였고, 군사들과 말도 많이 죽었다. 조승훈은 마침내 군사를 퇴각시켰는데 왜군은 급히 추격하지 않았다. 후미에 쳐진 군사들은 진흙탕에 빠졌고, 빠져나오지 못한 자들은 모두 왜군에게 살해되었다.

조승훈은 남은 군사들을 이끌고 돌아오는 길에 순안, 숙천을 거쳐 한밤중에 안주에 도착하였다. 그는 성 밖에 말을 세우고는 역관 박의검을 불러 말하였다.

"내 군사들이 오늘 많은 왜군들을 죽였는데 불행히도 유격대장 사유는 부상을 입고 죽었다. 날씨마저 불리하여 큰비가 내려 땅이 진흙탕이 되는 바람에 왜군들을 섬멸할 수 없었다. 군사들을 더 보충하여 다시 진격해야 한다. 너희 재상에게 동요치 말라고 이르고 부교도 치우지 말라고 이르라."

말을 마친 조승훈은 청천강과 대정강을 건너 공강정控江亭에 주둔하였다. 그는 전쟁에서 패한 후 겁을 먹은 것이다. 왜군이 추격해올까 두려워 앞의 두 강으로 왜군을 막겠다는 생각에 그렇게 서두른 것이었다.

나는 종사관 신경진을 조승훈에게 보내 위로하고 양식도 실어 보내주었다. 조승훈은 공강정에 머물렀는데 내리 이틀 동안 밤에 큰비가 내렸다. 모든 군사들이 들판에서 노숙하고 있던 터라 그들의 옷과 갑옷이 젖었고, 군사들은 조승훈을 원망하였다. 그는 얼마 후에 후퇴하여 요동으로 돌아갔다.

나는 민심이 동요할 것을 걱정하여, 다음 명나라 군대가 도착할 때까지 안주에 그대로 머무르시며 기다리시라고 임금께 아뢰었다.

명나라 군대의
다국적군 성격

임진왜란은 동아시아 3국인 한·중·일만의 전투는 아니었다. 육이오 전쟁이 남한과 북한만의 전쟁이 아니었던 것처럼, 임진왜란 역시 동아시아를 둘러싼 아시아는 물론 유럽인까지 포함된 전쟁이었다는 점에서 새로운 의미를 찾을 수 있다.

당시 명나라는 정화의 원정1405~1433 이후 동아시아는 물론이고 세계적인 대제국이 되었기 때문에 명이 국력을 기울여 참전한 임진왜란에서 다양한 해상 세력을 활용했음을 확인할 수 있다.

실제 명이 조선에 파견한 군사들 중에는 외국인 군사들이 많이 보였다. 이항복이 명나라 부총관 유정의 부대를 방문하고 난 뒤 선조에게 보고한 내용에는, 유정이 이끌고 온 명나라 군사들 중에는 섬라타이, 도만티벳, 소서 천축인도, 육번득타이 내의 육곤국, 능국중국 남부 지방, 묘자중국 남부 종족, 서번토번, 면국미얀마, 파주중국 귀주, 당파중국 남부 지방 등 투항한 사람들이 있어, 그들을 도열시켜놓고 묘기를 자랑하게 하였다는 내용이 있다. 이로써 명나라 원군의 다국적 연합군의 성격을 확인할 수 있다. 이는 당시 명나라의 영역이 안남베트남과 섬라 지방까지 뻗치고 있었다는 것을 말하며, 이것은 영락제 때의 적극적인 해상 정책으로 교섭 지역이 넓어진 데에서 기인한 것으로 볼 수 있다.

한편, 명은 섬라와 류큐 국 등 해상 세력을 활용해 일본 본토를 침략할 계획도 갖고 있었던 것으로 보인다. 명의 장수 유황상과 황극양 등은 섬라와 류큐 국의 군사 10만으로 일본 본토를 토벌할 준비가 다 끝났다고 큰소리를 치면서 강화 협상에 대한 자신감을 보이기도 했다.

비록 이들의 호언장담은 실현되지 못하였지만, 명의 섬라, 류큐 국과의 친밀한 관계가 임진왜란 참전을 유도하였다고 보기에 무리가 없다.

더욱 흥미로운 것은 명나라에서 파병한 군사 중에는 파랑국의 군사들도 참전했다는 사실이다. 파랑국은 조선에서 불랑국, 불랑기국이라고도 부르던 포르투갈을 말한다. 강화 협상이 결렬되고 정유재란이 발생한 1598년에 선조가 명나라 장수 팽신고를 만났을 때, 팽신고는 선

천조장사전별도. 1599년 2월, 임진왜란 때 원병으로 왔던 명나라 군대가 철수할 때 베푼 연회 모습. 명나라 총독군문 형개가 자신들이 철군하는 모습을 그려달라고 청해 조정의 화원을 시켜 그렸다. 오른쪽 위에 앉아 있는 이가 형개이고, 왼쪽 하단에 수레를 타고 있는 병사들(동그라미 안)이 포르투갈 병사로 '해귀(海鬼)'라는 글씨가 씌어 있다.

조에게 포르투갈 사람을 소개하면서 "호광지금의 호북성과 호남성의 남쪽에 있는 파랑국 사람입니다. 바다 셋을 건너야 호광에 이르는데, 조선과의 거리는 15만여 리나 됩니다. 이 사람은 조총을 잘 쏘고 여러 가지 무예에 능합니다"라고 했다. 팽신고는 이 사람을 신병神兵이라고 하며 선조에게 자랑스럽게 소개했다. 그들에게도 포르투갈 군사는 매우 진귀한 존재였던 것이다.

조선 사람들도 이들을 매우 신기하게 여겨 '해귀海鬼'라고 말하면서 '얼굴빛이 검고 눈동자는 노라며 이마는 대머리가 벗어졌다'며 그들의 특이한 생김새를 묘사하였다. 또 이들은 바다 밑에 잠수하여 적의 함선을 공격하고 물속에서 수일 동안 지낼 수 있다고 했다. 생김새뿐만 아니라 그들의 신출귀몰한 해상 작전 수행 능력 때문에 해귀로 불린 것 같다.

포르투갈 사람은 당시 마카오에 머물면서 중국과 교역을 하거나 상업 활동을 하거나 해적질을 하였기 때문에 명나라 군대에 용병으로 들어갔을 가능성이 크다. 실제로 1557년명종12부터 마카오에 포르투갈 해군이 주둔하기도 하였고, 인도네시아 여러 왕국 간의 전쟁에서도 포르투갈 용병이 참전했다. 이들이 명나라 군대에도 용병으로 들어와 전투를 수행하고, 그 과정에서 임진왜란에도 참전했던 것으로 볼 수 있다.

특히 명에서 파견한 임진왜란 원군에는 절강성에서 온 군사들이 아주 중요한 역할을 수행하였다. 절강성은 현재의 광동 지역과 절강 지역, 즉 해상 활동이 활발하고 바다와 인접한 지역이었기 때문에 다양한 지역의 용병이 혼재되어 있었던 것이다. 그 결과 포르투갈 군사부터 안남, 섬라 등의 군사들까지 동원해 조선을 구원하고자 하였다. 임진왜란의 국제전적인 성격을 볼 수 있는 대목이다.

전라 수군절도사 이순신이 경상 우수사 원균, 전라 우수사 이억기 등과 함께 거제 바다에서 왜군을 크게 물리쳤다.

처음에 왜군이 상륙했을 때 원균은 왜군의 규모가 큰 것을 보고는 감히 출병하지 못하고 함선 100여 척과 화포 등 무기들을 모두 바다에 가라앉혔다. 원균은 다만 수하의 비장인 이영남, 이운용 등만 데리고 배 네 척을 타고 달아나 곤양 바다 어귀에 도착하여 육지에 내려 왜군을 피하려고 하였다. 이에 수군 1만여 명이 모두 달아났다. 이영남이 원균에게 간언하였다.

"공께서 임금의 명을 받고 수군절도사가 되셨는데 지금 군사를 버리고 상륙하여 도망치신다면 훗날 조정에서 죄를 물을 때 어떻게 해명하시겠습니까? 전라도에 원병을 요청하여 왜군과 한 차례 싸워보고 이기지 못한다면 그때 도망치는 것도 늦지 않습니다."

원균은 이영남을 이순신에게 보내 원병을 요청하였다. 이순신은 서로 담당한 지역이 따로 있는데, 조정의 명이 아니고서 어찌 마음대로 담당 지역을 넘을 수 있겠냐며 거절하였다. 원균은 다시 이영남을 보내 구원병을 요청하였다. 그렇게 대여섯 차례를 계속 왕래하였다. 이순신에게 갔던 이영남이 돌아올 때마다 원균은 뱃머리에 앉아 그 모습을 보고 통곡하였다고 한다.

얼마 후에 이순신은 판옥선 40척을 이끌고 이억기와 거제에서 만나기로 약속하고, 거제에서 원균과 군사를 합하여 진격해 견내량에서 왜군의 함대와 대치하게 되었다. 이순신이 말하였다.

"이곳 해협은 물이 얕고 배를 돌리기 어려우니 퇴각하는 것처럼 꾸며 왜군을 넓은 바다로 유인하여 싸우는 것이 낫겠습니다."

그러나 원균은 홧김에 바로 돌격하여 싸우자고 하였다. 원균에게 이순신이 말하였다.

"공께서는 병법을 모르시군요! 그렇게 하면 반드시 패할 것입니다."

결국 우리 군이 깃발로 배를 퇴각시키니 왜군이 크게 기뻐하여 앞다투어 추격해왔다. 좁은 해협을 빠져나오자마자 이순신이 북을 한 번 울렸다. 이 신호에 모든 배들이 일제히 노를 돌려서 바다 한가운데에서 열을 지어서 왜군의 함대와 정면으로 맞닥뜨리니 그 거리가 겨우 수십 보였다.

이 일이 있기 전에 이순신은 거북선을 처음 만들었다. 목판으로 배 위를 덮었는데 중앙이 높고 가장자리가 처져서 배의 형상이 마치 거북이 등과 같았다. 군사들과 노 젓는 사람들은 모두 그 안에 있고 좌우, 전후에는 모두 화포를 싣고 종횡무진으로 다닐 수 있어서 마치 베 짜는 북과 같았다.

왜군의 함대를 만나면 연달아 대포를 쏘아 쳐부수었다. 여러 배들이 일시에 한데 모여 공격하면 연기가 하늘을 자욱이 덮었고 무수히 많은 왜군의 함대를 불태웠다. 적장은 누선樓船에 타고 있었는데 누선이 아주 높았으며 위에는 망루를 만들어 붉고 알록달록한 휘장으로 주위를 두르고 있었다. 이 배 역시 거북선의 대포에 부서지고 왜군들은 물에 빠져 죽었다. 그 후로 왜군들은 싸울 때마다 잇따라 패하여 결국 부산과 거제도로 도망쳐서는 다시 나오지 않았다.

어느 날 이순신이 전투를 지휘하고 있는데 날아오는 탄환이 이순신의 왼쪽 어깨에 적중하였다. 피가 발꿈치까지 흘렀으나 이순신은 아무 말도 하지 않았다. 전투가 끝나고 나서야 비로소 칼로 살을 베어 탄환을 끄집어내었는데 아주 깊게 박혀 있었다. 이를 바라보던 사람들은 모두 얼굴빛이 흙빛으로 변하였는데 이순신은 태연자약하게 웃으며 이야기를 나누었다.

한산도에서의 승전보를 들은 조정은 크게 기뻐하였고 임금께서는 이순신에게 일품一品 벼슬을 주려고 하셨다. 너무 지나치다고 말하는 자들이 있어서 이순신은 정헌대부로 승진시키고 이억기와 원균은 가선대부로 승진시켰다.

이 전투가 있기 전에 왜장 고니시 유키나가가 평양에 도착하여 다음과 같은 글을 보내왔다.

"일본의 전투 함대 10여만 병력이 서해로부터 오고 있는데, 임금의 어가가 여기에서 또 어디로 가실지 모르겠군요."

왜군은 원래 수군과 육군을 합세하여 서쪽으로 진격할 계획이었다. 그런데 이 한 번의 전투에서의 패배로 마침내 왜군의 한 팔이 잘리고 말았다. 고니시 유키나가의 부대가 비록 평양을 탈환하였지만 고립된 세력이니 감히 다시 진군할 수 없었다.

이 전투로 전라도, 충청도, 황해도, 평안도 연해 일대를 지켜냄으로써 군량미를 적절히 조달할 수 있게 되었고 명령 및 연락 체계를 통일시킴으로써 중흥에 성공할 수 있었다.

또한 요동의 금주, 복주, 해주, 개주와 천진 등지가 전란을 입지 않게

되었다. 명나라 원병이 육로로 들어와 우리 군을 도와 왜군을 몰아내게
한 것평양성 전투도 모두 이 한산도 전투에 힘입은 것이다. 아아, 이 어찌
하늘의 도움이 아니겠는가! 이순신이 삼도의 수군을 이끌고 한산도에
주둔하여 왜군의 서쪽 침범로를 막았도다!

이순신과 원균의
만남과 갈등

이순신과 원균은 흔히 역사의 라이벌로 알려져 있다. 그런데 최근 어떤 드라마를 보니, 원균과 이순신은 어릴 적부터 친한 사이였는데 임진왜란 중에 갈등이 깊어져 상반된 행보를 걷게 되었다고 묘사되어 있었다. 또한 류성룡도 원균, 이순신과 같은 동네에 살면서 서로 친했을 것이라고 가정하여 흥미로운 상상을 펼쳤다.

실제 세 사람은 한양의 건천동서울 을지로 주변 인근에 거주하였기 때문에 작가의 상상력이 전혀 개연성이 없는 것은 아니다. 그러나 역사적으로 확인되는 친분 관계는 류성룡과 이순신의 관계뿐이다.

이순신과 류성룡의 각별한 관계는 건천동에서 살던 어린 시절부터 이어졌을 것이다. 류성룡과 이순신의 친분 관계는 현존하는 기록인《징비록》,《난중일기亂中日記》등 두 사람의 저서에서도 상당 부분 발견할 수 있다. 특히 류성룡이 이순신을 아끼는 마음은《징비록》곳곳에서 드러나며, 임진왜란 중 이순신의 활약은 자신의 천거에서 비롯되었다는 것에 뿌듯함을 감추지 않는다.

《선조실록》에도 선조가 류성룡에게 이순신은 어떤 사람인지를 묻자,

말단직에서 좌천과 백의종군을 오가던 이순신을 자신이 조산보 만호로 천거했다고 말하는 대목이 나온다. 또한 정읍 현감 재직 당시 무려 일곱 품계를 승진시킨 전라 좌수사 천거의 장본인 역시 류성룡이었다. 임진왜란 전부터 전란에 방비하고자 했던 류성룡의 인재 등용책이 좋은 결과를 일구어낸 대표적인 사례라고 볼 수 있다.

류성룡의 이순신에 대한 사랑은 병법서를 보내준 일화에서도 발견할 수 있다.《난중일기》에는 류성룡이 당시 최신 병법서를 보내주었다는 내용이 실려 있다.

> 저물녘에 한양 갔던 진무가 돌아왔다. 좌의정 류성룡의 편지와《증손전수방략增損戰守方略》이라는 책을 가지고 왔다.
> 이 책을 보니 수전, 육전, 화공전 등 모든 싸움의 전술이 낱낱이 설명되어 있는데, 참으로 만고의 훌륭한 책이다.
>
> － 《난중일기》 1592년 3월 5일

류성룡이 보내온《증손전수방략》은 당시 명나라의 최신 병서이며, 화약 무기를 활용한 해전술 개발에 유용하게 참고할 수 있는 책이었다. 류성룡은 문신이었지만 평소 병서에 관심이 많았다. 이 책은 임진왜란 직전인 1592년 3월, 이순신이 전라 좌수사로 재직 중일 때 이순신에게 보내준 것이다. 두 사람에게는 전란의 징조가 포착되었고 전란 대처를 위한 노력이 공감대를 형성했던 것이라고 보아도 무방할 것이다.

한편, 이순신과 원균의 어릴 적 관계는 쉽게 단정하기 어려운 점이 있다. 무엇보다 두 사람의 집안은 배경이 매우 달랐다.

이순신은 몰락한 명문가의 자제였다. 이순신은 정병을 부양하는 보인으로 군역을 치르고 있었는데 이것은 사실상 평민의 군역이었다.

반면 원균은 고려의 개국공신 집안인 명문가의 자제로 당시 서인의 거두였던 윤두수와 혼인 관계를 맺은 집안의 자제였다. 원균의 부친인 원준량은 무과 급제자 출신으로 경상 좌도 병마절도사를 지낸 고위직 무관이었기 때문에 이순신의 집안과는 많은 차이가 있었다. 또한 이순신의 집안이 문신의 가계라면 원균의 집안은 무신의 가계란 점에서도 차이가 난다.

류성룡의 집안도 명문가에 해당하지만 경상도에 세거하던 집안이라는 점과 신흥 사림이라는 점 때문에 이순신과 교유가 가능했던 것 같다.

이순신과 원균의 가문 차이는 관직 생활에서도 그대로 드러난다. 이순신은 무과 급제 후 건원보권관이라는 종9품의 한미한 변경 군관으로 시작한 데 견주어, 원균은 무과 급제자의 꽃이라는 선전관으로 관직 생

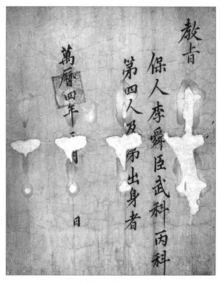

이순신 무과 급제 교지

활을 시작했다.

두 사람의 관직은 시작뿐만 아니라 과정에서도 현저한 차이를 보였다. 이순신은 조산보 만호, 녹둔도 둔전관, 정읍 현감 등을 거쳐 전라 좌수사에 이르게 되었지만, 파직과 좌천, 백의종군을 겪으며 어렵게 지휘관까지 진출할 수 있었다. 더욱이 정읍 현감 재직 당시 우의정이었던 류성룡의 천거가 아니었다면 전라 좌수사 임명은 불가능했을 것이다. 당시 유력한 대신이던 류성룡의 강력한 추천으로 가능했던 일이기에 이산해는 이순신의 승진은 부당하다고 주장하기도 했다.

반면 원균은 관직 생활에서도 탄탄대로를 달리며 선전관, 조산보 만

장양공정토시전부호도. 이순신과 원균이 함께 참전한 전투인 시전 부락 전투를 묘사한 그림이다. 아랫 부분에 참전한 장수의 명단이 기록되어 있는데, 종성 부사 원균과 우화별장 이순신의 이름이 포함되어 있다.

호, 종성 부사, 경상 우수사로 빠르게 진급해나간 전형적인 엘리트 군인이었다. 특히 이순신보다 다섯 살이 많은 원균은 이순신보다 3년 늦게 무과에 급제를 했음에도 이순신보다 먼저 높은 관직에 올랐다.

이순신과 원균은 첫 만남부터 드라마틱했다. 이순신은 녹둔도 전투후 백의종군한 상태에서 우화별장이란 미관말직으로 시전 부락 전투에 참여했고, 원균은 종3품 종성 부사라는 어엿한 지휘관으로 전투에 참여했다.

시전 부락 전투는 1583년^{선조16} 이탕개의 난을 전후해 여진족이 크고작은 변란을 일으키자 조선에서 대대적으로 계획한 여진족 토벌 작전이다. 이때 원균과 이순신은 매우 다른 처지에서 서로를 마주하였을 것이다. 서로에 대한 첫인상은 이때 자리 잡았을 가능성이 크다.

그런데 임진왜란 발발 후 경상 우수사인 원균은 경상 우수영의 배를 버리고 도망쳐와서 이순신에게 경상도 해역의 왜군을 치러 가자고 간청하는 처지가 된 것이다. 이때 이순신은 원균의 부탁을 거절하고 출진을 보류하였는데, 이는 시전 부락 전투 때 느꼈을 원균의 우월감에 상처를 주는 일이었을 것이다. 더욱이 이순신은 첫 번째로 출전한 전투인 옥포 해전에서 원균을 누르고 주장이 되었으며, '옥포파왜병장^{玉浦破倭兵狀}'이라는 장계에서 원균과 그의 부하들이 지휘 통제를 무시하고 마음대로 행동한다고 고발했다. 함께 출전한 첫 번째 전투부터 지휘 통제권과 관련한 알력과 갈등이 폭발한 것이다.

이어서 계속되는 승전에도 불구하고 두 사람의 갈등은 더욱 깊어졌다. 그 결과 조정에서는 두 사람 사이의 불화를 우려하게 되었고, 선조는 고심 끝에 원균을 충청 병사로 내보내고 이순신을 삼도 수군통제사로 삼았다.

그러나 선조는 원균에 대한 신뢰를 버리지 않았다. 오히려 명과 일본의 강화 협상이 벌어지는 동안 물러나는 왜군을 뒤쫓아 토벌하지 않는다며 이순신을 파직하고 원균을 통제사로 삼기에 이르렀다. 두 사람의 불화는 전 수군의 불행, 국가적 불행으로 이어졌으며 그 결과는 참담했다.

　　이순신은 남하하여 협상을 관망하던 왜군을 토벌하지 않았다. 우리 수군의 전력이 왜군을 한 번에 몰아내기에는 부족했기 때문이었다. 이순신의 전략은 왜군의 함대를 유인하여 함포로 궤멸시키는 것이었기 때문에 조총을 사용하고 접근전을 선호하는 왜군과의 전면전은 가급적 피하고자 했다. 그런데 선조 특유의 의심이 지나쳐 이순신을 해임하고 원균을 통제사에 임명한 것이다. 선조의 그런 마음을 알았는지 원균은 선조에게 "신이라면 한번에 왜놈들을 바다에 밀어 넣을 수 있을 것입니다"라고 호언장담하였다. 그러나 원균 역시 대대적 토벌은 자살 행위라는 것을 깨달았고, 출전을 머뭇거리다가 도원수 권율에게 곤장을 맞고 칠천량 전투에 출전하게 된다.

　　그러나 칠천량 전투는 비극적 결과만 남기고 말았다. 도망친 배설의 함대를 제외하고는 모두 궤멸했고 원균도 전사했다. 이에 선조는 이순신을 다시 통제사로 삼아 수군의 재건을 맡겼다. 당시 권율 휘하에서 백의종군 중이던 이순신은 칠천량 전투 패전 소식을 듣고 통곡하였다고 한다. 아끼던 부하들의 죽음, 자신이 키운 수군 전력의 궤멸, 조정과 임금의 오판에 대한 원망과 회한이 한꺼번에 밀려왔을 것이다. 하지만 이순신은 주저앉지 않았다. "신에게는 아직 12척의 배가 있나이다"라고 말하고 결사 항전하여 세계 해전사에 길이 빛나는 명량 해전을 승리로 이끌었다. 그리고 위기에 빠진 조선을 구할 수 있었다.

신화의 탄생 학익진 전법 :
옥포 해전부터
한산도 대첩까지

　학익진은 주로 이순신이 해전에서 자주 사용하던 진법으로 알려져 있다. 그러나 학익진은 본래 수군만 사용하는 진법은 아니었으며 육지전과 해상전에서 모두 사용할 수 있는 진법 중 하나이다.

　병법에 관심이 많았던 문종이 편찬한 병서인《동국병감東國兵鑑》에는 학익진이 기록되어 있으며 조선군은 전투에서 학익진을 잘 사용하였음을 확인할 수 있다. 학익진은 총포 부대가 뒤를 받치는 상황에서 적을 몰아갈 때 사용하는 방법이다. 말 그대로 학이 날개를 펼쳤다가 다시 접듯이 군사들을 넓게 벌려서 적을 몰아붙인 후에 화력을 동원해 적을 섬멸하는 방식인 것이다. 따라서 학익진은 수군만의 진법이 아니라 기본 병법서에 등장하는 기본 진법인 셈이다.

　그런데 이순신의《난중일기》에 학익진이 자주 등장하고, 이순신이 자주 사용했다는 점에서 사람들은 학익진을 이순신이 고안해낸 독창적 진법, 또는 조선 수군의 고유 진법으로 종종 오인하는 것 같다.

　이순신은 최초의 해전인 옥포 해전 때부터 학익진을 사용해 첫 승전보를 알렸다. 1592년 5월 4일에 출정한 이순신의 함대 24척은 원군을

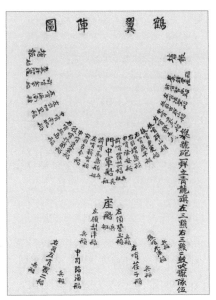

학익진 도설. 학익진은 육지전과 해상전에서 모두 사용할 수 있는 진법 중 하나이다.

요청한 원균의 함대 네 척과 합류하여 옥포에서 첫 전투를 치렀다. 이때 우리는 군사 한 명이 부상당하는 정도로 손실이 경미했지만 적선은 30여 척을 넘게 섬멸하여 대승을 거두었다.

옥포 해전을 묘사한 장계 '옥포파왜병장'을 살펴보면 이순신은 조총의 유효 사거리인 50미터 뒤에서 함선을 부채꼴 모양으로 늘어뜨린 채 대포, 화살, 총통을 사용해 적을 '일시집중타' 하였다고 한다. 여기에서 '일시집중타' 전법은 현대의 해전에서도 효과적으로 사용할 수 있는 전법으로 평가되는 함선 공격법이다. 아마도 이순신은 학익진을 사용해 왜군의 함대를 몰아넣고 엄청난 화력을 쏟아부으면, 접근전과 백병전에 능한 왜군을 무기력하게 만들 수 있다고 계산하였을 것이다.

한편 왜선은 조선의 판옥선에 견주어 속도는 빨랐지만 재질이 약하고 좌우 기동에 취약했다. 그래서 왜의 함대는 주로 적선을 빠르게 추격하여 접근전을 유도하고, 급기야는 상대편 함대에 사다리를 걸치고 건너가서 백병전에 돌입하는 것이 장기였다. 이순신은 이를 미리 봉쇄하고자 왜선과 멀리 떨어진 곳에서 왜의 함대를 집중 포화해 한순간에 무기력하게 만듦으로써 왜군의 접근전을 무력화시켰을 것이다. 특히 세계 해전사에 길이 기록될 한산도 대첩에서도 이순신의 학익진 전법은 지속적으로 사용되어 그 효과를 톡톡히 보았다.

6월 초순부터 시작된 한산도 대첩, 또는 견내량 전투에는 쌍학익진 전법이 등장한다. 이 전투에서 이순신은 견내량의 지형적 특성을 활용해 적을 유인하고자 했다. 류성룡도 언급하고 있듯이 견내량은 물이 얕고 배를 돌리기가 어려워서 이순신은 70여 척의 적선을 견내량에서 넓은 한산도 앞바다로 유인하였고, 왜군은 이순신 함대의 거짓 도망에 속아 조선 수군을 쫓았다. 이때 이순신 함대는 싸우다 도망치기를 반복하면서 적을 한산도 앞바다까지 유인했다. 여기에서 이순신은 함대를 셋으로 나누어 적을 몰아붙였다. 이때 중앙의 함선들은 멈춰 있고 좌우의 함대는 쌍학익진을 펼쳐서 적선을 가운데로 몰았다. 이순신은 함대를 일시에 진격시켜 지자총통, 현자총통, 승자총통을 일제히 쏘아 적의 선봉을 깨뜨리고 포위해 일시집중타를 퍼부었다.

우리 군이 죽 벌여서 학익진을 치고, 깃발을 휘두르며 북을 치고 고함을 지르면서 일시에 나란히 진격한 다음, 크고 작은 총통들을 연속적으로 쏘아대어 먼저 적선 세 척을 쳐부수니 왜군들이 사기가 꺾이어 조금 물러났다. 여러 장수와 군졸들이 환호성을 지르면서 발을 구르고 뛰면서 기세를 올려 왜군들을 무찌르고 화살과 탄환을 번갈아 발사하여 적선 63척을 불살라버리니, 남은 왜군 400여 명은 배를 버리고 육지로 올라가 달아났다.

– 《선조실록》 25년 6월 21일

이어서 한산도에 매복하고 있던 이순신의 함대가 적선의 뒤를 습격하니 왜선은 사방으로 에워싸였다. 결국 자신만만하게 70여 척의 배를 이끌고 도요토미 히데요시의 특별 지시를 받아 진격하려던 와키자카 야스하루는 처참한 패배의 장본인이 되고 말았다. 한산도 대첩 이후 도요토미 히데요시는 남쪽 해안가에 왜성을 쌓고 머무르게 하고 더는 해전을 벌이지 않는 소극적 전법을 지시했을 정도로 한산도 대첩은 일본 수군에 치명적인 상처를 입힌 전투였다. 류성룡도 이 전투에 대해 침이 마르도록 칭찬하면서 임진왜란 이후 거듭된 패전 일변도에서 승운을 이끈 분수령으로 보았다.

한산도 대첩의 승리는 함대 편성으로는 구사하기 어려운 학익진 전법을 꾸준히 연습하여 실전에서 활용한 이순신 수군의 역량이 바탕이 되었다. 이순신은 병서의 기본 진법 중 하나인 학익진을 수군 함대의 진법에 적극적으로 활용해 화력이 열등한 왜군의 함대를 섬멸했다.

이순신은 조총의 사거리가 함포에 비해 떨어진다는 사실을 알고 있었고, 판옥선에는 함포를 탑재할 수 있다는 결정적인 장점이 있다는 사실에 주목했다. 그리하여 이순신은 불패 신화를 창조해낼 수 있었다. 경상 우수사 원균과 경상 좌수사 박홍은 왜선의 규모만 보고 지레 겁을 먹고, 우리 군의 화력과 우수한 선박 운용법은 활용해보지도 않은 채 배와 무기를 버리고 말았다. 이순신은 유효한 전법 구사와 탁월한 함선 운용 능력까지 갖춘 지장이자 덕장, 용장이었다.

전 의금부 도사 조호익이 평안남도 강동에서 군사를 모집하여 적을
무찔렀다.

조호익은 경상남도 창원 사람으로 지조와 덕행이 있는 사람인데, 모
함을 받아 온 집안이 강동으로 이사 가서 살았다. 생활이 빈곤하여 학
생들을 가르치는 것으로 생계를 유지한 세월이 20여 년이 되었는데도
연마한 지조는 더욱 굳건했다. 어가가 평양에 도착하였을 때 조정은 그
의 죄를 사면해주고 의금부 도사로 임명하였다. 평양이 포위당하자 조
호익은 강동으로 가서 군사를 모집하여 평양을 구원하고자 하였다. 그
러나 얼마 뒤 평양이 함락되고 군사들과 백성들이 모두 달아나니 조호
익은 행재소로 돌아가려 하였다. 내가 평양 양책역에서 그를 만나 말하
였다.

"명나라 원군이 곧 도착할 것이니 자네는 의주로 가지 말고 강동으
로 돌아가는 것이 좋겠네. 그곳에서 군사를 모아 명나라 원군과 평양에
서 만나 세력에 보탬이 되도록 하게."

조호익은 내 말을 따랐다. 나는 마침내 장계를 써서 자초지종을 설명
하고 군사를 모집하기 위한 공문을 써서 조호익에게 주고 또 군기軍器
를 조달해주었다. 조호익은 강동으로 가서 군사 수백 명을 모집하여 상

원평양 남동부으로 나가 진을 쳤다. 그는 왜군과 싸워 많은 왜병을 베고 포로로 잡았다. 조호익은 서생이라 궁술과 말타기가 익숙하지 않았지만 오직 충의로써 군사들을 격려하였다. 동짓날에는 부하 군사들을 이끌고 임금 계신 곳을 바라보며 네 번 절하고 밤새 통곡하니 모든 군사들이 따라 눈물을 흘렸다.

왜군이 전라도를 침범하자 김제 군수 정담과 해남 현감 변응정이 힘써 싸우다 전사하였다.

당시 왜군은 경상 우도에서 전주의 경계로 들어오니 정담과 변응정 등이 왜군을 웅령에서 막았다. 정담과 변응정은 목책을 만들어 산길을 가로로 막고 장수와 군사들을 독려하여 하루 종일 치열하게 싸워서 무수히 많은 왜군들을 쏘아 죽였다. 마침내 왜군이 후퇴하려고 하였는데 때마침 날이 저물고 우리 군은 화살이 다 떨어졌다. 이를 눈치 챈 왜군은 다시 공격해 들어왔다. 그러는 와중에 두 사람은 끝내 함께 전사하였고 군사들은 뿔뿔이 달아났다.

다음 날 왜군이 전주에 도착하자 관리들이 달아나려고 하였다. 전주 사람 중에 전적이었던 이정란이 전주성으로 들어가 아전과 백성들을 이끌고 성을 굳게 지켰다. 당시 왜군의 정예 부대는 웅령 전투에서 많이 죽었고, 사기도 많이 꺾여 있었다. 또 전라도 관찰사 이광이 가짜 군사를 성 밖에 설치하여 낮에는 깃발과 휘장을 많이 세워두고, 밤이면 횃불을 산에 가득히 벌려놓았다. 적들은 성 아래에 이르러 성 주위를 여러 바퀴 돌며 둘러보고는 감히 공격하지 못하고 돌아갔다.

왜군은 웅령 전투에서 전사한 우리 군사들의 시신을 모아 길가에 매장하고 큰 무덤 몇 개를 만든 다음 나무를 꽂고 이렇게 써놓았다.

"조선의 충성스럽고 의로운 자들에게 조의를 표한다."

이것은 우리 군사들이 목숨을 바쳐 치열하게 싸운 정신을 가상히 여긴 것이다. 이 때문에 전라도만은 전란으로부터 지켜낼 수 있었다.

8월 1일에 순찰사 이원익과 순변사 이빈 등이 군사를 이끌고 평양을 공격하였으나 불리하여 퇴각하였다.

당시 이원익은 이빈과 수천 명의 군사들을 이끌고 순안에 주둔하고, 별장 김응서 등은 평안도의 용강, 삼화, 증산, 강서 네 고을의 군사들을 이끌고 20여 개 진영을 만들어 평양 서쪽에 주둔하고 있었다. 김억추는 수군을 이끌고 대동강 하류에 있었으므로 기각지세敵을 앞뒤로 몰아치는 형세를 만들었다.

이날 이원익 등이 평양성 북쪽에서 군사들을 이끌고 나아가 왜군의 선봉을 만나 왜군 20여 명을 쏘아 사살하였다. 얼마 후에 왜군이 대군을 이끌고 들이닥치니 우리 군은 놀라 달아났다. 강변의 수많은 용맹한 군사들도 크게 다쳐 순안으로 돌아와 주둔하였다.

9월에 명나라 유격장군 심유경이 왔다.

처음에 명나라 장수 조승훈이 패하자 왜군은 더욱 교만해져서 다음과 같은 투서를 우리 군에 보냈다.

"양 떼가 호랑이 한 마리를 치는 격이었다."

양 떼는 명나라 원군을 비유한 것이고, 호랑이는 왜군 자신을 자랑 삼아 비유한 것이었다. 또 하루 안에 서쪽으로 진격한다는 소문을 내니 의주 사람들이 모두 피난 짐을 메고 서 있었다.

심유경은 원래 절강성 사람이다. 명나라 병부상서 석성이 그가 평소 왜군의 정세를 잘 안다고 여겨서 임시로 유격장군이라는 호칭을 주어 보낸 것이다. 순안에 도착한 심유경은 왜장에게 편지를 보내 명나라 황제의 교지로 꾸짖었다.

"조선이 일본한테 무슨 잘못을 저질렀다고, 어찌 멋대로 군사를 일으켜 정벌하는가?"

당시 왜란이 갑자기 일어났고 왜군은 대단히 잔인하였기에 감히 왜군의 군영을 엿보려 하는 자가 없었다. 그래서 심유경은 노란 보자기에 편지를 싸서 남자 하인 한 사람에게 짊어지게 하고는 말을 태워 평양성의 보통문으로 들어가게 하였다.

왜장 고니시 유키나가가 편지를 보더니 만나서 논의하자며 회답을 보냈다. 이에 심유경이 가려고 하니 사람들이 염려하여 가지 말라고 하였다. 심유경은 웃으면서 이렇게 말하고 하인 서넛을 데리고 갔다.

"저들이 어찌 나를 해칠 수 있겠는가?"

고니시 유키나가, 소 요시토시, 겐소 등은 군사의 위세를 성대하게 벌려놓고 평양성 북쪽 10여 리 밖 강복산 아래로 나와서 심유경을 맞았다. 우리 군이 대흥산 꼭대기에 올라가 바라보니 왜군들의 수가 매우 많았고 수많은 검과 창들이 마치 겨울의 눈처럼 빛나고 있었다. 심유경이 말에서 내려 왜군 진영 안으로 들어가자 왜군의 무리가 사면에서 둘러쌌기 때문에 그가 왜군에게 잡힌 것은 아닌지 의심되었다. 날이 저물어 심유경이 나오는데 왜군이 배웅하는 모습이 매우 공손하였다. 다음 날 고니시 유키나가는 편지를 보내 안부를 물었다.

"대인께서는 서슬이 퍼런 칼날 앞에서도 낯빛을 바꾸지 않으시니 일본인이라 할지라도 이보다 더 용감할 수는 없습니다."

이에 심유경이 이렇게 대답하였다.

"너희들은 당나라 곽자의에 대해 듣지 못하였는가? 그는 홀로 한 필의 말을 타고 위구르 1만 대군의 진영에 들어가서도 두려워하지 않았다. 내 어찌 너희들을 두려워하겠는가?"

그러고는 다음과 같이 왜군과 약조하였다.

"내가 돌아가 황제께 보고하면 당연히 처분이 있을 것이다. 50일을 기한으로 하여 왜군은 평양 서쪽 바깥으로 나가 노략질하지 말며, 조선인도 10리 안으로 접근해 왜군과 싸우지 말라."

심유경은 땅 경계에 금지하는 나무 표지를 세워놓고는 떠났다. 조선 사람은 아무도 그 내막을 알 수 없었다.

경기도 관찰사 심대가 삭녕경기도 연천에서 적에게 습격당해 죽었다.

심대는 비분강개하는 성격으로 난리가 난 뒤에 항상 울분에 차 있었다. 사신의 명을 받고 국경을 드나들 때에도 안전한 곳과 위험한 곳을 가리지 않았다. 올해 가을에 심대가 권징을 대신하여 경기도 관찰사에 임명되어 행재소에서 부임지로 가는 길이었다. 안주로 빠져서 백상루에서 나를 만났을 때도 나라의 상황에 대해 말하며 분개하였다. 그의 뜻을 살펴보니 날아오는 화살과 돌을 무릅쓰고라도 자신이 직접 적과 싸우고 싶어 하는 듯하였다. 이에 내가 경계하여 말하였다.

"농사일에 관해서는 반드시 노비에게 물어야 한다고 옛사람이 말하지 않았습니까? 그대는 서생이니 전쟁터에 나서는 것은 결코 그대가 능히 할 수 있는 일이 아닙니다. 그곳에 있는 양주 목사 고언백이라는 자가 용맹하고 전쟁에 능하니, 그대는 단지 군사를 모아서 고언백이 지휘할 수 있도록 해준다면 충분히 공을 세우는 것입니다. 그러니 부디 직접 군대를 지휘하려 하지 마십시오."

심대는 알겠다고 대답은 하였지만 그다지 내 의견에 동의하는 것 같지는 않았다. 나는 또 그가 혼자 적진으로 들어가는 것을 보고 활을 잘 쏘는 의주 출신 군관 장 아무개와 함께 가도록 하였다.

심대가 떠나고 나서 몇 달 동안 행재소에 상황을 보고하러 갈 때 안주를 지나는 사람이 있으면 매번 편지를 써서 나의 안부를 물어왔다. 그때마다 나도 그 사람들에게 경기도에 있는 적의 형세와 경기도 관찰사는 어떻게 지내는지 물어보았다.

"경기도의 피해는 다른 지역보다 훨씬 심합니다. 날마다 적들이 나타나 마을에 불을 지르고 노략질을 하여 온전한 곳이 없습니다. 예전 경기도 관찰사와 수령 이하의 관리들은 모두 깊고 외진 곳에 숨어, 수행하는 사람도 없이 평복 차림으로 몰래 다니거나 거처를 정하지 않고 자주 옮겨 다니며 적의 공격을 피하기만 했습니다. 하지만 지금의 관찰사님은 적을 두려워하지 않습니다. 순찰할 때마다 평시처럼 공문을 보내 알리고 깃발을 세우고 나팔을 불게 하며 다닙니다."

이 말을 듣자 심히 걱정되어 거듭 편지를 써서 지난번과 마찬가지로 경계하고 타일렀지만 심대의 태도는 바뀌지 않았다.

심대는 마침내 군대를 모아 자신을 따르게 하고 직접 한양을 수복하겠다는 소문을 퍼뜨리며 날마다 사람을 성안으로 들여보내 군사를 모아 성안에서 응하도록 약속하였다. 성안 사람들은 전쟁이 끝난 뒤에 적에게 동조하였다는 죄를 얻을까 두려워서 연명장을 작성하고 경기 감사에게 가서 내응하겠다고 말하였다. 이런 사람들이 날마다 수백, 수천 명이었다. 약속을 지키겠다느니, 군수 물품을 운반하겠다느니, 적의 동태를 보고하겠다느니 하며 사람들이 거리낌 없이 심대의 진영을 드나들었는데, 그중에는 또한 적의 이목이 되어 동정을 살피러 오는 사람도 있었다. 이들은 대부분 섞여서 출몰하였지만 심대는 그들을 믿어 의심치 않았다.

이때 심대는 삭녕군에 있었는데 왜군이 이런 정황을 알아내어 밤중에 몰래 대탄한탄강을 건너 습격하였다. 심대는 깜짝 놀라 일어나서 겨우 옷만 걸친 채 달아났지만 왜군이 쫓아가 죽였고, 군관 장 아무개도 함께 죽였다.

왜군이 떠난 뒤에 경기도 사람들은 삭녕군에서 임시로 심대의 장례를 치렀다. 며칠 뒤에 왜군이 다시 와서 심대의 머리를 가져가더니 종로 거리에 매달아두었는데, 5, 60일이 지나도 얼굴빛이 마치 살아 있는 것 같았다. 한양 사람들은 그의 충성과 절의를 안타깝게 여겨 서로 재물을 거둔 후 심대의 머리를 지키는 왜인에게 뇌물로 주고 찾아왔다. 그런 다음 함에 넣어 강화도로 보냈다가 왜군이 물러간 뒤에 시신과 함께 고향으로 돌려보내 장사를 지내주었다.

심대의 본관은 청송이고, 자는 공망이다. 조정에서는 심대의 공적을 기려 아들 대복에게 벼슬을 주어 현감까지 지냈다.

강원도 조방장 원호가 구미포경기도 양평군 개군면에서 왜군을 공격하여
섬멸시켰다. 강원도 춘천에서도 왜군과 싸웠지만 패하여 죽었다.

당시 왜군은 충주와 원주에 크게 진을 치고 있었고 진영이 한양까지
이어져 있었다. 충주에 있던 왜군은 죽산, 양지, 용인의 길을 통해 한양
과 왕래하였고, 원주에 있던 왜군은 지평, 양근, 양주, 광주의 길을 따라
한양에 이르렀다. 원호는 여주 구미포에서 왜군을 공격하여 섬멸하였
고, 이천 부사 변응성은 배에 사수를 태우고 안개가 낀 틈을 타 여주의
마탄에서 적을 공격하여 제법 많은 적을 죽였다. 이로써 원주에서 한
양으로 통하던 왜군의 길이 끊어지게 되니 모두 충주의 길을 이용하게
되었다. 이천, 여주, 양근, 지평 등지의 고을 백성들이 적의 칼날에서 살
아남을 수 있었던 것은 원호의 공이라고 사람들은 말하였다.

이때 순찰사 유영길이 원호에게 춘천에 있는 왜군을 공격하라고 재
촉하였다. 원호는 이미 여주에서 승리를 거두었기 때문에 왜군을 업신
여기는 마음이 있었다. 왜군은 장차 원호가 올 것이라는 것을 알고 복
병을 세우고 기다렸다. 원호는 그것을 알지 못하고 진격하였는데 갑자
기 복병이 나와 그를 죽이고 말았다. 이에 강원도 전체에 왜군을 막을
수 있는 사람이 없어지게 되었다.

훈련원 부봉사 권응수, 정대임 등이 향병을 거느리고 영천에 있는 왜군을 공격하여 무찌르고 마침내 영천을 되찾았다.

권응수는 영천 사람으로 담력과 용기가 있는 자였다. 정대임과 함께 향병 1,000여 명을 이끌고 영천에서 적을 포위하였는데, 군사들이 왜군을 두려워하며 나아가지 않자 권응수가 몇 사람의 목을 베어 죽였다. 이에 사졸들이 앞다투어 성을 뛰어넘어 들어가 거리에서 왜군과 싸웠다. 왜군은 우리 군사를 이기지 못하고 창고 안으로 들어가거나 명원루 위로 올라갔다. 우리 군이 불로 공격하여 다 태워 죽이니 타는 냄새가 몇 리 밖까지 퍼졌다. 남은 왜군 수십 명은 경주로 달아났다.

이때부터 경상도 신녕경북 영천, 의흥경북 군위, 의성, 안동 등에 있던 왜군이 모두 한 길로 모이게 되어 경상 좌도의 여러 고을들이 안전하게 되었다. 이는 모두 영천 전투의 승리 덕분이었다.

영천성 수복과
의병 연합군의 활약

영천성에 진을 치고 있던 왜군을 공격하여 성을 되찾은 영천성 전투는 전략상 요지였던 영천을 의병들의 활약으로 지켜냈다는 점에서 의의가 깊다.

영천은 경상도에서 충청도로 북상하는 왜군에게 매우 중요한 요충지였다. 영천이 뚫리면 경주와 대구로 바로 진격할 수 있기 때문이다. 그런 이점 때문에 조선은 예부터 영천 지역에 성을 쌓고 군사적 요충지로 삼았다.

임진왜란이 일어나기 전부터 영천에서는 오래된 성을 확장하여 새로 쌓아 적의 침입에 대비하였다. 당시에 영천 부사로 재직한 원사용은 열심히 성을 보수하여 외성은 물론이고 내성의 공사까지 마무리 지은 다음 성안에 군량미를 저장할 수 있는 창고도 만들어 적의 침입에 대비했다.

그러나 류성룡이 《징비록》 서두에서 언급하였듯이, 임진왜란 직전 고된 축성 노역으로 경상도 백성들의 원망과 원성이 심해지자 원사용은 성을 쌓기만 하고 임지를 떠날 수밖에 없었다. 그럼에도 영천성은 원사용의 독려하에 성의 보수를 완성해 둘레가 약 60킬로미터에 이르는 거대한 성채를 마련할 수 있었다. 더욱이 영천성은 돌로 쌓은 석성으로 왜군의 공격을 효과적으로 막아낼 수 있었으며 성안의 관아 및 창고 등이 잘 마련되어 있는 역량 있는 성이었다.

그러나 막상 임진왜란이 발발하고 동래성과 부산진성이 함락되자 영천성의 건재함도 왜군에 대한 두려움을 이겨내지 못했다. 영천성으로 진격한 일본군의 부대는 제2진 가토 기요마사의 부대였는데, 잔인하기가 제1진 고니시 유키나가의 부대보다 더 심했다. 당시 경주, 영천, 대구 등지를 책임지고 있던 경상 좌수사 박홍은 전투를 해보지도 않고 퇴각해 왜군의 북진에 속수무책이 되었고, 영천성 역시 영천 군수 김윤국이 도망치는 바람에 견고한 방어력을 한번 활용해보지도 못하고 맥없이 함락되고 말았다. 이후 가토 기요마사는 1,000여 명의 병력을 영천성에 남겨두고 빠르게 북진하였다.

그 결과 경주와 대구 등지의 경상 좌도는 일본군에 의해 점령당해 약탈과 방화, 살육에 시달리게 되었다. 《동국신속삼강행실도東國新續三綱行實圖》에는 우리 백성이 왜군에게 당한 고초가 그림으로 기록되어 있어, 당시의 끔찍했던 상황을 알 수 있다. 왜군은 살인, 방화는 물론이고 아녀자 겁탈과 조상의 분묘 도굴까지 서슴지 않았다. 젖을 먹이고 있는 부녀자를 겁탈하려는데 그 여인이 꼼짝하지 않자 그대로 목을 베는 만행을 그린 그림이 그대로 남아, 임진왜란의 끔찍한 기억을 되새기게 한다. 영천에도 곳곳을 돌아다니며 약탈하고 살인하였다는 기록이 여러 곳에 남아 있다.

이런 상황에서 의병이 일어난 것은 어찌 보면 당연한 것이라고도 할 수 있다. 의병의 창의는 고향과 가족, 조상을 지켜야 한다는 필요에 의

한 것이었기 때문이다. 특히 경상도 지역은 15, 16세기에 많은 선비들이 배출된 곳이고 적의 창칼이 가장 격렬하게 지나간 곳이기 때문에 김천일, 곽재우, 권응수 같은 걸출한 의병장들이 나온 것이다.

실제 영천 지방에서 거병한 의병장들은 왜군이 영천 인근을 돌아다니며 약탈하는 데 분개하여 의병을 일으킨 인물들이다. 이들은 먼저 자신이 거주하던 지역에서 벌어진 소규모 전투에서 승리하면서 점차 세력을 규합했고, 나중에는 적잖은 군세를 이루게 되었다.

정세아는 진사로서 인근의 생원이나 좌수같은 지식인과 아들, 제자 등을 규합하여 58세의 나이로 거병하였는데, 그 병력이 900여 명에 이르렀다. 정대임은 정세아의 아우뻘 되는 사람으로 정세아에게 의병 거병을 건의한 것은 물론이고 독자적인 의병 활동을 했다. 이어서 경상 좌수사 박홍의 휘하에서 관병의 무기력을 직접 체험한 권응수 역시 영천에서 의병을 거병하여 의병 활동에 합류했다. 의병들은 7월 11일에 당지산 전투를 연합해 치르면서 그 위력을 확인했다. 곧이어 신녕 의성으로 통하는 길목에서 왜군 300여 명을 습격하여 전과를 올렸고, 7월 14일 박연 전투에서는 매복 전략을 써서 약탈하던 왜군을 궤멸시켰다. 이로써 자신감을 얻은 의병들이 연합하여

의병장 권응수 영정

영천성 탈환을 시도하게 된 것이다.

의병장 권응수 등은 당시 경상 좌병사였던 박진에게 연합을 제의했고, 초유사로 내려와 있던 김성일은 이들의 연합을 주선했다. 그 결과, 박연 전투에서의 승리 직후인 7월 24일 의병과 관군의 소집을 시작으로 영천 인근의 하양, 경산, 자인, 경주, 신녕, 의성, 의흥, 영일, 대구 등지의 의병들이 속속 집결하였다.

그렇게 전열을 가다듬은 의병 연합군은 관군의 무기와 화력을 지원받아 25일 새벽에 권응수를 대장으로 영천성 탈환 작전에 돌입했다. 이들은 새벽 2시경에 허장성세를 시작으로 적을 위협한 후 권응수의 편전 사격으로 소규모 전투를 펼친 다음, 이튿날 매복 작전과 화공 작전을 펼쳐 적을 성 밖으로 끌어내고자 했다. 의병군은 성 밖에 토산을 쌓고 관군한테 지원받은 포를 숨기고 있다가 적이 조총을 쏘아대자 포와 화살로 대항했다.

27일에 왜군이 조총을 난사하며 공격해오자 남문과 동문의 의병들은 긴 사다리와 방패 등을 짊어지고 성 밑으로 돌격하였다. 이에 왜군이 성문을 열고 나오면서 정면 대결이 펼쳐졌으며 치열한 전투 끝에 왜군의 대오는 무너지고 의병 연합군은 성안으로 진입했다.

한편, 북문과 서문의 결사대 역시 1,000여 명의 왜군이 돌진해오는데도 굴하지 않고 맞서 싸워 성으로 진격해 들어갈 수 있었다. 그 사이에 마현산에 매복해 있던 결사대가 위에서 왜군을 향해 활을 쏘아대니 왜군은 포위되어 자중지란에 빠졌고, 의병이 불을 지르자 때마침 불어온 서북풍으로 왜군은 화염 속에서 불에 타 죽고 말았다. 의병의 적극적인 투쟁과 전략이 빛을 발하여 영천성을 수복하는 데 성공한 것이다.

영천성의 수복으로 경상 좌도가 보전되었고 왜군을 상주로 모여들게 해 적의 퇴로를 봉쇄하는 전략을 수립할 수 있게 되었다. 영천성 전투는 의병장이 연합군을 편성하고 관군의 지원을 받아 대규모 전투를 수행하고 승전을 이끌어냈다는 점에서도 더욱 특별하고 의미가 있다.

반면 전투 과정에서 관군은 소극적인 태도로 일관했다는 점과 승전 이후 공로를 가로챈 거짓 보고가 횡행했다는 점은 이 전투가 남긴 오점이라고 할 수 있다. 영천성 전투는 엄연히 의병들의 항전 의지와 용감한 전투력이 이뤄낸 성과였고 관군의 도움은 전투 물자의 공급뿐이었다. 그러나 박진은 나중에 경주성 수복 후 보고한 장계에서 영천성 수복도 자신의 공로로 만들어 보고했다. 박진은 마치 관군이 함께 싸운 것처럼 보고해, 의병의 공로를 축소하고 관군의 공로를 확대했다.

그 결과 김윤국은 전투에 참여했다는 보고 덕분에 영천성을 버리고 도망간 죄를 용서받았고, 박진은 종2품 가선대부라는 높은 품계를 받았다. 반면, 권응수는 정3품, 정대임은 종4품의 품계를 받는 데 불과했다.

임진왜란 초기 육군의 승리인 영천성 전투는 이순신의 한산도 대첩 승리에 견줄 정도로 중요한 전투였다. 이 전투의 승리로 조선군은 경주성까지 탈환할 수 있었고, 이로써 경상 좌도를 간신히 수복할 수 있었다. 아울러 일본의 후방 보급로를 차단시키는 성과도 올릴 수 있었다.

좌병사 박진이 경주를 수복하였다.

처음에 박진은 밀양에서 달아나 산속으로 들어갔는데 조정에서 전 병마절도사 이각이 성을 버리고 달아났다는 이유로 그 자리에서 이각을 죽이고 대신 박진을 병마절도사에 임명하였다.

이때 왜군이 남쪽 지역에 가득하여 행재소의 소식이 남쪽 지역에 전해지지 않은 지 오래되었다. 민심은 동요하며 어찌할 바를 몰랐다. 그러다가 박진이 새로운 병마절도사로 부임했다는 소식이 들리자 흩어졌던 백성들이 점차 모여들고 수령들도 이따금씩 산골짜기에서 나와 임무를 처리하기 시작하니, 사람들은 그제야 조정이 건재함을 알게 되었다.

권응수가 영천을 수복한 후 박진은 좌도의 군사 1만여 명을 이끌고 경주성 아래까지 진격했다. 그러나 왜군이 몰래 북문으로 나가 우리 군대의 후미를 엄습하니, 박진은 안강경주 월성읍으로 달아났다.

밤에 다시 사람을 보내 성 아래에서 잠복하고 있다가 비격진천뢰를 쏘게 하였다. 비격진천뢰가 성안으로 들어가 객사 뜰 안에 떨어지니 무엇인지 잘 모르는 왜병들은 앞다투어 모여들어 그것을 구경하고 이리저리 굴려보며 유심히 살폈다. 잠시 후에 그 안에서 화약이 폭발하며

완구와 비격진천뢰. 완구에 비격진천뢰를 넣어서 발사하면 땅에 떨어지고 나서 얼마 후에 폭발한다.

천지가 울리는 소리가 나고 쇳조각이 별처럼 부서져 흩어지니, 그 조각에 맞아 즉사한 사람이 30여 명이었고, 조각에 맞지 않은 자들도 놀라넘어져서 한참을 엎드려 있다가 일어났다. 적은 모두 깜짝 놀랐고, 그것의 원리를 알지 못하니 신기하게만 생각하였다.

다음 날 왜군은 마침내 군사를 철수하여 성을 버리고 달아나 서생포로 돌아갔다. 박진은 경주성으로 들어가 적이 남기고 간 곡식 1만여 석을 얻었다. 이 일이 알려지자 조정에서는 박진을 가선대부로, 권응수를 통정대부로, 정대임을 예천 군수로 승진시켰다.

비격진천뢰는 예전에는 없던 것인데, 군기시의 화포장 이장손이라는 사람이 발명하였다. 진천뢰를 대완구로 발사하면 500~600보까지 날아가고, 땅에 떨어지고 나서도 한참 뒤에 안쪽에서 화약이 폭발하니, 왜군은 이 무기를 가장 두려워하였다.

징비록 · 권 3

이때 각 도에서 의병을 일으켜 왜군을 토벌한 사람들이 매우 많았다.

전라도에서 일어난 의병에는 전 판결사 김천일, 첨지 고경명, 전 영해 부사 최경회가 있었다.

김천일은 자字가 사중士重이다. 군사를 이끌고 우선 경기도에 이르니 조정에서 이를 가상하게 여겨 "창의倡義"라는 군호君號를 내렸는데, 얼마 뒤 군대를 유지할 수 없게 되자 강화도로 들어갔다.

고경명은 자字가 이순而順이며, 고맹영의 아들이다. 글재주가 있었는데 마찬가지로 향병을 이끌고 여러 고을에 격문을 보내 왜군을 토벌하였다. 그는 왜군과 싸우다가 패하여 죽었는데, 아들 고종후가 대신 군대를 지휘하며 '복수군'이라는 이름이 붙었다.

최경회는 이후에 경상 우병사가 되었고 진주에서 죽었다.

경상도에서 일어난 의병에는 현풍 사람 곽재우, 고령 사람 전 좌랑 김면, 합천 사람 전 사헌부 장령 정인홍, 예안 사람 전 한림 김해, 교서 정자 유종개, 초계 사람 이대기, 군위 교생 장사진이 있었다.

곽재우는 곽월의 아들로 재략이 제법 뛰어나서 여러 번 왜군과 싸웠는데 왜군은 그와 싸우는 것을 꺼려하였다. 정암진을 굳게 지켜 왜군이 의령 경계를 넘어오지 못하게 하였으니, 사람들은 이를 곽재우의 공이라고 여겼다.

김면은 고인이 된 무장 김세문의 아들로, 거창 우척현에서 왜군과 맞서 여러 번 왜군을 물리쳤다. 이 일이 알려지자 조정에서는 그를 우병사로 발탁하였으나 진중에서 병으로 죽었다.

유종개는 의병을 일으킨 지 얼마 되지 않아 왜군과 싸우다 죽었다. 조정에서는 그 뜻을 가상히 여겨 그를 예조참의에 추증하였다.

장사진은 전후로 쏘아 죽인 왜병이 매우 많았으니 왜군은 그를 '장장군'이라고 불렀으며 감히 군위 경계를 넘어오지 못하였다. 하루는 왜군이 복병을 세우고 장사진을 유인하였다. 장사진은 왜군을 깊숙이 추격하다가 왜군에 포위되었지만 오히려 크게 소리치며 힘껏 싸웠다. 화살이 다 떨어지자 왜군이 장사진의 한쪽 팔을 잘랐고 장사진은 남은 한 팔로 분투하다가 결국 전사하였다. 이 일이 알려지자 조정에서는 그를 수군절도사에 추증하였다.

충청도에서 일어난 의병에는 승려 영규, 전 제독관 조헌, 전 청주 목사 김홍민, 서얼 이산겸, 사인 박춘무, 충주 사람 조덕공, 내금위 조웅, 청주 사람 이봉이 있었다.

영규는 용맹하고 힘이 세며 전투를 잘하였다. 조헌과 함께 청주를 수복하였는데 훗날 적에게 패하여 두 사람 모두 전사하였다.

조웅은 매우 용감하였으며 말 위에 서서 달리는 재주가 있었는데 많은 적을 죽이고 전사하였다.

경기도에서 일어난 의병에는 전 사간원 사간 우성전, 전 정랑 정숙하, 수원 사람 최흘, 고양 사람 진사 이로李櫓와 이산휘, 전 목사 남언경, 유학 김탁, 전 정랑 유대진, 충의위 이일, 서얼 홍계남, 사인 왕옥이 있었는데, 홍계남이 가장 날쌔고 용맹하였다.

그밖에 각각 향리에서 백여 명, 수십여 명을 모아 의병이라 이름한 자가 셀 수 없을 정도로 많지만 기록할 만한 행적은 없고 모두 이리저리 옮겨 다니기만 할 뿐이었다.

또 금강산 표훈사에는 승려 유정^{사명대사}이라는 자가 있었다. 적이 산속으로 들어오자 절의 다른 승려들은 모두 달아났으나 유정은 움직이지 않았다. 이에 적이 감히 다가가지 못하였고 합장을 하며 경의를 표하고 떠나갔다.

내가 안주에 있을 때 사방으로 공문을 보내 각기 군사를 일으켜 왜란에 임하게 하였는데, 그 문서가 금강산으로 들어갔다. 유정은 문서를 불탁 위에 펼쳐놓고 여러 승려들 앞에서 읽으며 눈물을 흘렸다. 마침내 승군^{僧軍}을 일으켜 서쪽으로 가서 근왕하니, 평양에 이르렀을 때는 그 수가 1,000여 명이 되었다. 이들은 평양성 동쪽에 주둔하면서 순안의 군대와 함께 기각지세를 만들었다.

또 종실 호성감이 100여 명을 이끌고 행재소에 이르니, 조정은 그를 호성도정으로 승진시키고 순안에 주둔하며 대군과 합세하게 하였다.

함경도에서 일어난 의병 중에서는 평사 정문부, 훈융첨사 고경민의 공이 가장 컸다고 한다.

이일을 순변사에 임명하고 이빈을 불러 행재소로 돌아오게 하였다.

처음에 이일은 대동강 여울을 지키고 있었는데 평양이 함락되자 강을 건너 남쪽 황해도로 들어가 안악을 거쳐 해주에 이르렀다. 다시 해주에서 강원도 이천伊川으로 가서 세자를 따라 군사 수백 명을 모집하였는데, 적이 평양에 들어가 오랫동안 나오지 않고 명나라 군대가 곧 도착한다는 소식을 듣고 마침내 평양으로 돌아왔다. 평양에서 동북쪽으로 10여 리 떨어진 곳에 있는 임원평에 진을 치고 의병장 고충경 등과 합세하여 제법 많은 적을 죽이거나 사로잡았다.

이빈은 순안에 있으면서 진군할 때마다 패하니 무군사의 관리들이 모두 이빈을 이일로 교체하자고 하였다. 그러나 도원수 김명원만은 이빈을 두둔하니 무군사의 관리들과 의견이 달라 서로 충돌할 기미마저 보였다. 이에 조정에서 나를 순안 군중으로 보내 사태를 진정시키고 그들을 화해시키게 하였다.

얼마 뒤 조정에서는 모두 이일이 이빈보다 낫다고 여겼고, 곧 명나라 군대가 온다는 소문이 들리자 이빈이 임무를 제대로 감당하지 못할까 염려하였다. 그리하여 이일을 순변사로 임명하고, 박명현에게 이일의 군대를 대신 지휘하게 하였으며 이빈은 행재소로 돌아오게 하였다.

<u>왜군의 첩자 노릇을 한 김순량을 사로잡았다.</u>

내가 안주에서 군관 성남을 보내 전령傳令을 가지고 수군절도사 김억추에게 가서 일을 처리하기로 은밀하게 약조하니, 이때가 12월 2일이었다. 전령에게 6일 이내에 회답하라고 일러두었는데 기한이 지나도록 답신이 오지 않자 성남을 추궁하였다. 성남이 말하였다.

"이미 강서 군인 김순량을 시켜서 답신을 보냈습니다."

다시 김순량을 잡아와 전령의 행방을 물었다. 그는 모르는 체하며 이리저리 핑계를 대기만 하였다. 다시 성남이 말하였다.

"김순량이 전령을 가지고 나갔다가 며칠 만에 군중으로 돌아오면서 소 한 마리를 끌고 와서 동료들과 함께 잡아먹었습니다. 사람들이 소가 어디에서 났는지 물어보자 김순량은 친척 집에 맡겨 놓았던 소를 돌려받았다고 하였습니다. 그런데 지금 이 사람이 변명하는 말을 들어보니 당시의 행적이 의심스럽습니다."

이에 김순량을 고문하며 엄하게 따져 물으니 마침내 실토하였다.

"소인은 왜의 간첩 노릇을 하였습니다. 그날 전령과 비밀 공문을 받아서 곧장 평양성에 들어가 적에게 그것을 보여주었습니다. 왜장이 전령은 책상에 두고 공문은 본 뒤에 즉시 찢어버렸습니다. 저에게는 상으로 소 한 마리를 주고 함께 간첩 노릇을 한 서한룡에게는 명주 다섯 필을 주었습니다. 그리고 다시 그 밖의 일을 염탐하여 15일 이내에 보고하기로 약속하고 성을 나왔습니다."

내가 물었다.

"간첩이 된 자는 너뿐이냐? 또 몇 명이나 있느냐?"

김순량이 대답하였다.

"모두 40여 명인데, 늘 순안과 강서 지역의 여러 진영으로 흩어져 나가 숙천, 안주, 의주에 이르기까지 다니지 않는 곳이 없고 일이 있을 때마다 적에게 보고하여 왔습니다."

나는 매우 놀라서 즉시 조정에 알리고 간첩들의 이름을 조사하여 급히 여러 진영에 알려 사로잡게 하였는데, 어떤 자는 잡고 어떤 자는 달아났다.

김순량은 안주성 밖에서 처형하였다. 얼마 지나지 않아 명나라 군대가 도착하였으나 왜군은 이를 알지 못하였으니, 이는 간첩 무리들이 놀라서 흩어졌기 때문이다. 이 역시 우연히 생긴 일이지만 어찌 하늘이 도운 것이 아니겠는가!

12월에 명나라가 대군을 보내왔다. 명나라는 병부 우시랑 송응창을 경략에, 병부 원외랑 유황상과 주사 원황을 찬획군무에 임명하여 용동에 주둔하게 하고, 제독 이여송을 대장에 임명하여 세 군영의 대장인 이여백, 장세작, 양원과 남부의 장수 낙상지, 오유충, 왕필적 등을 이끌고 강을 건너게 하니 군사의 수가 4만여 명이었다.

　이 일이 있기 전에 심유경이 명나라로 돌아가자 왜군은 과연 군사를 거두고 움직이지 않고 있었다. 그러나 약속한 50일이 지나도 심유경이 돌아오지 않자 왜군이 의심하며 '정월에는 압록강에서 말의 물을 먹일 것'이라는 소문을 퍼뜨렸다. 또 적진에서 도망쳐 돌아온 사람들도 모두 왜군이 대대적으로 성을 공격하기 위해 기구를 수리하고 있다고 말하니 사람들이 더욱 두려워하였다.

　12월 초에 심유경이 와서 다시 평양성 안으로 들어가 며칠 동안 머무르며 재차 약속을 하고 돌아갔으나 약속한 내용은 듣지 못하였다.

　이때 명나라 군대가 안주에 이르러 안주성 남쪽에 진영을 세웠는데, 깃발과 병기가 가지런하고 엄숙하여 신령스럽게 느껴졌다. 내가 제독과 만나 일에 대해 논의할 것을 청하니 제독이 집무하는 동헌으로 나를 들어오게 하였다. 만나보니 제독은 풍채가 뛰어난 장부였다. 나는

당장시화첩. 명나라 제독 이여송은 부채 앞면에 시를 적어 류성룡에게 보냈다.

제독과 의자를 두고 마주 앉아 소매에서 평양 지도를 꺼내 지역의 형
세와 군사들이 들어갈 수 있는 길을 가리키며 보여주었다. 제독은 나의
말을 주의 깊게 들으면서 내가 가리키는 곳마다 붉은색으로 점을 찍어
표시하였다. 그러고는 말하였다.

"왜군은 조총만 믿고 있는데 우리는 대포를 사용합니다. 대포는 5, 6
리를 거뜬히 날아가니 적들이 무슨 수로 당해내겠습니까?"

내가 물러난 뒤에 제독이 부채 앞면에 시를 지어 나에게 보내왔는데,
시의 내용은 다음과 같다.

군대를 거느리고 밤중에 압록강을 건너니
삼한조선의 정세가 편안하지 못하기 때문이라네
황제께서 매일 승리의 소식 기다리니
미천한 이 몸은 밤에도 술 한잔의 기쁨 내려두었다오

살기 느껴지는 봄이 왔건만 마음은 오히려 장대해지니

이번의 진격에 요사한 적은 벌써 뼛속까지 시리겠지
농담이라도 어찌 감히 승산이 없다고 하겠는가
꿈에서도 항상 말안장 채우고 출정할 생각뿐이라네

이때 안주성 안은 명나라 군사들로 가득 차 있었다. 내가 백상루에 있을 때, 한밤중에 갑자기 명나라 사람이 군중의 비밀 조약 세 조항을 가지고 와서 나에게 보여주었다. 내가 그의 이름을 물었지만 그는 대답도 없이 사라졌다.

제독 이여송이 부총병 사대수를 시켜 먼저 순안으로 가서 왜군을 속여 말하게 하였다.

"명나라가 화친을 허락하였으며, 유격장군 심유경도 올 것이다."

왜군이 기뻐하였고 겐소는 시를 지어 올리니 내용은 다음과 같다.

일본이 전쟁을 그치고 중화에 복종하니
사해와 구주가 모두 한 가족이라네
기쁜 기운이 사르르 온 세상의 눈을 녹이니
일찍 찾아온 봄기운에 태평화 피었네

이때가 계사년1593, 선조26 정월 초하루였다.

왜군은 그들의 소장 다케우치 기치베에게 20여 명의 군사를 거느리고 순안으로 나가서 심유경을 맞이하게 하였다. 부총병 사대수가 이들을 유인하여 함께 술을 마시고 있는데, 사대수가 미리 배치해둔 복병이 나타나 왜병들을 마구잡이로 공격하니 다케우치 기치베는 사로잡고, 따라온 왜병은 거의 다 베어 죽였다. 그중 세 사람이 빠져 달아나니 왜군은 그제야 명나라 군대가 이르렀다는 것을 알고 크게 동요하였다. 이때 명나라 군대는 이미 숙천에 도착하여 날이 저물 무렵에 진을 치고 밥을 짓고 있다가 마침 이 소식을 들었다. 이에 제독 이여송이 활시위를 울려 진격 신호를 하고 곧 기병 몇 명을 데리고 순안을 향해 달려가니 여러 진영의 군사들이 뒤따라 출발하였다.

다음 날 아침, 명나라 군대가 진격하여 평양성을 포위하고 보통문과 칠성문을 공격하자, 왜군은 성 위에 올라가 붉은색과 흰색 깃발을 세우고 막아 싸웠다. 명나라 군대가 대포와 불화살을 쏘아대며 공격하니 대포 소리가 땅을 울려서 수십 리 사이의 크고 작은 산이 모두 흔들렸다. 불화살은 마치 베를 짜는 듯 공중에 펼쳐져 연기가 하늘을 뒤덮었고 화살은 성안으로 떨어져 곳곳에서 불길이 일어나니 수풀이 모두 타버렸다. 낙상지와 오유충 등은 자신들이 거느리는 군사를 이끌고 개미 떼처럼 성에 붙어 올랐는데, 앞사람이 떨어지면 뒷사람이 올라가니 물러나는 자가 없었다. 성가퀴에서 아래로 드리워져 있는 왜군의 칼과 창은 마치 고슴도치의 바늘 같았다. 그러나 명나라 군대가 더욱 힘을 다해 싸우니 왜군이 더는 버티지 못하고 물러나 내성으로 들어갔는데 칼에 베이고 불에 타 죽은 사람이 매우 많았다.

명나라 군사가 성으로 들어가 내성을 공격하였다. 왜군은 성 위에 토벽을 만들고 구멍을 많이 뚫어놓았는데 멀리서 바라보면 마치 벌집 같았다. 그 구멍 사이에서 어지럽게 총알을 쏘아대니 많은 명나라 군사들이 부상을 입었다. 제독은 궁지에 몰린 왜군이 죽을힘을 다해 싸울 것을 염려하여 내성 밖의 군사들을 일단 거두어들이고 왜군이 달아날 길을 열어주었다. 그날 밤 왜군은 얼어붙은 강을 건너 달아났다.

이보다 앞서 내가 안주에 있을 때, 명나라 군대가 곧 올 것이라는 소식을 듣고 황해도 방어사 이시언과 김경로에게 은밀하게 이를 알려주며 경계하여 말하였다.

"그대들의 두 부대가 길가에 복병을 세우고 왜군이 지나기를 기다렸다가 그 뒤를 추격하면, 왜군은 굶주리고 피곤한 상태에서 달아나는 중이라 싸우고 싶은 생각도 없을 것이니 모두 사로잡을 수 있을 것이다."

이시언은 곧바로 중화군에 도착하였으나 김경로는 다른 일을 평계 대며 회피하였다.

내가 다시 군관 강덕관을 보내 독촉하자 김경로는 그제야 마지못해 중화군으로 왔다. 그러나 적이 물러나기 하루 전날에 황해도 순찰사 유영경이 보낸 공문을 받고 재령으로 달아나버렸다. 이때 유영경은 해주에 있으면서 김경로를 불러 자신을 보호하고 싶었고, 김경로는 왜군과 싸우기를 꺼리하니 이를 피해 달아난 것이었다.

왜장 고니시 유키나가, 소 요시토시, 겐소, 야나가와 시게노부 등은 남은 군사를 이끌고 며칠 밤 동안 계속 달아나 한양으로 돌아갔는데, 기운은 다 빠지고 발은 부르튼 상태로 절뚝거리며 갔다. 어떤 자들은 밭 사이를 기어 다니며 자신의 입을 가리키며 먹을 것을 구걸하였다. 그러나 우리나라에서는 누구 하나 나서서 이들을 공격하는 사람이 없었고, 명나라 군대 역시 그들을 뒤쫓지 않았다. 오직 이시언만 그들을 뒤쫓아 갔으나 감히 가까이 가지는 못하고, 그저 굶주리고 병들어 뒤처진 병사 60여 명을 베어 죽였을 뿐이었다.

이때 한양에 남아 있던 왜장은 우키타 히데이에뿐이었는데 그는 관백 도요토미 히데요시의 조카라고도 하고 사위라고도 하였다. 나이가 어려 일을 주관하지 못하였기 때문에 왜군의 군무軍務는 고니시 유키나가가 주관하였고, 가토 기요마사는 함경도에 있으면서 아직 돌아오지 않았다. 만약 고니시 유키나가, 소 요시토시, 겐소 등을 사로잡았다면 한양에 있던 왜군은 스스로 무너졌을 것이다. 한양의 왜군이 무너지면 기요마사는 돌아오는 길이 끊어졌을 것이니, 왜군은 두려워하며 분명히 바닷길을 따라 도망갔을 것이나 쉽게 빠져나가지는 못하였을 것이다. 이렇게 한강 이남에 있는 왜군의 진영은 차례로 와해되었을 것이다. 그렇게 되었다면, 명나라 군대는 북소리를 울리며 천천히 부산까지 가서 거나하게 술을 마실 수 있었을 것이고, 얼마 안 되어 우리 강산은 깨끗해졌을 것이니, 어찌 수년 동안의 소란이 있었겠는가. 한 사람이 뜻대로 되지 않아 천하의 운명을 좌우하였으니, 참으로 애석하다!

　나는 장계를 올려 김경로를 사형시킬 것을 청하였다. 이때 나는 평안도 체찰사로 있어서 김경로가 내 관할 사람이 아니었기 때문에 먼저 이를 조정에 청한 것이다. 조정에서는 선전관 이순일을 보내 공문을 가지고 개성부에 이르러 그를 죽이려고 하였다. 이를 먼저 제독 이여송에게 알리니 제독이 말하였다.

　"그의 죄는 죽어 마땅하나 아직 왜군이 섬멸되지 않은 상황이라 한 명의 무사라도 아쉽습니다. 그러니 우선 백의종군하게 하고 공을 세워 속죄하도록 하는 것이 좋을 듯합니다."

　그리고는 자문중국과 외교적인 교섭이나 통보를 할 때 주고받던 문서을 적어 이순일에게 주어 보냈다.

이여송의 평양성 탈환과
명나라 원군의
이중적인 면모

임진왜란에서 명군의 군사 원조는 매우 중요했다. 명군의 활약이 가장 두드러졌던 전투는 평양성 탈환 전투였다. 류성룡도 평양성에서의 무기력한 조선군의 모습과 분열하며 무대책으로 일관하고 있는 조정 대신들의 정황을 은근히 비판하면서 명군의 지원을 강하게 요청해야 한다는 필요성을 개진하고 있어, 당시 조선의 조정 대신이 얼마나 절실하게 명군의 지원을 기다리고 있었는지를 여실히 보여준다.

명나라 역시 조선을 외면할 수 없는 상황이었다. 명과 조선은 개국 초기부터 우호를 닦은 사이였고 조선은 사대교린을 외교 정책의 근간으로 삼아 명나라를 천자의 나라, 부모의 나라로 여기고 우호적인 관계를 지속해왔다. 일본이 명으로 가기 위해 길을 빌려달라는 당돌한 요구를 해오자 '목숨을 잃기는 쉬워도 길을 빌려줄 수는 없다'는 각오로 일대 항전을 다짐하던 조선의 외교적 입장은 조선이 명의 확실한 번국임을 잘 보여주는 대목이다.

순망치한脣亡齒寒이라는 말이 있듯이, 명으로서도 조선의 멸망은 자국의 위험으로 직결되는 위협적인 일이었다. 그러므로 명나라의 지원

190

군 파병은 조선을 아끼고 보호
해주려는 의도만은 아니었다.
명나라는 전통적인 오랑캐 진
압 전략인 오랑캐를 오랑캐로
제압한다는 '이이제이以夷制夷'
전략의 연장선에서 조선과 일
본의 싸움이 명나라까지 확대
되지 않기를 바라는 마음으로
원군을 파견했다고 보는 것이
타당할 것이다.

명군 제독 이여송

　조선은 개전 초기부터 일본
에 무기력하게 패배하고 있었
고 국왕은 의주까지 피난하여
여차하면 명나라의 속국이 되겠다는 생각까지 품고 있었다. 그러니 왜
군의 명나라 침입은 점차 가능성이 커지고 있었으며, 명군의 파병은 더
는 지체할 수 없는 일이었다.

　명나라는 비록 뒤늦은 감이 있지만 1592년 7월 조승훈으로 하여금
3,000여 명의 병력을 이끌고 조선을 구원하게 했다. 그러나 조승훈은
2만여 왜병이 웅거하고 있는 평양성을 단숨에 빼앗겠다는 욕심으로 무
모한 공격을 감행했고 맥없이 패하고 말았다. 조승훈의 패배는 일본을
한낱 노략질이나 일삼는 오랑캐로만 여겼던 명나라 조정이 마침내 현
실을 자각하고 더 많은 병력과 화력이 필요하다는 사실을 깨닫는 계기
가 되었다.

　이후 명나라는 심유경을 왜군 진영에 보내 강화 협상을 하면서 시간

평양성 전투 때 이여송 부대가 사용한 불랑기포. 마카오의 포르투갈인이 명나라에 전했고, 이후 조선 과 일본에서도 사용했다.

을 끄는 한편, 12월에는 요동의 군벌로 명성을 떨치고 있던 이여송을 지휘관으로 삼아 5만여 병력과 함께 2차 원정군을 파병했다.

이여송은 요동에서 이름을 떨친 장군인 이성량의 아들이고, '보바이의 반란'을 진압한 승장이었다. 당시 이여송과 그의 병사들은 사기가 올라 있어, 거침없이 왜군을 쓸어버리겠다고 호언장담하며 조선 정부를 안심시켰다.

이여송의 조상은 함경도에 살던 조선인으로 명나라의 철령위로 귀순해 전투에서 공을 세우고 요동 지방의 군벌 가문으로 성장했다. 부친 이성량은 사실상 요동을 지배하고 있던 명나라의 저명한 장군이다. 이여송은 조상의 나라인 조선의 부탁을 성공적으로 수행하고 자신의 입지를 과시하고 싶었을 것이다.

그렇게 이여송은 복건성과 절강성 출신의 화포로 무장한 남병과 자신의 휘하에서 전투 경험이 풍부한 기병 위주의 북병을 이끌고 평양성을 탈환하기 위해 전투에 나섰고, 결과는 대성공이었다. 1593년 1월부터 벌어진 평양성 전투에서 이여송의 부대는 조총으로 무장한 일본군에게 불랑기포, 호준포, 멸로포 등 각종 화포를 쏘아대며 막강한 화력으로 응수했다. 이어서 기병을 활용한 매복 전법으로 성에서 나오는 일본군을 몰아붙여 대동강 건너로 쫓아내는 데 성공했다. 이때 명군은 왜군 1,200여 명의 목을 베고 전마 3,000여 필을 획득하는 등 혁혁한 전과를 세웠다. 이 전투로 이여송은 조선 정부에 강렬한 인상을 심어주었으며 평양에는 그의 업적을 기리는 무열사가 세워지기도 했다.

한편 조선 정부에서는 그 공로를 '재조지은再造之恩'이라고 치켜세우면서 명군을 찬양하는 데 여념이 없었다. 이여송의 자신감은 오를 대로 올라 이후 왜군을 얕잡아 본 데에서 비롯한 잘못된 전략의 구사로 이어졌다.

이여송은 개성으로 진군하여 1월 26일에는 임진강을 건너 파주까지 진군했다. 1월 27일에는 부하장수 사대수와 조승훈의 기병 3,000명이 일본군 600명을 죽이거나 사로잡는 전과를 올리기도 했다.

연일 계속되는 승리에 도취된 이여송은 1,000여 명의 기병만을 이끌고 적의 심장부인 벽제 혜음령으로 진격을 감행했다. 한양 주변에 집결해 있던 왜군은 기병만 이끌고 온 이여송 부대를 포위하여 공격했고, 화포가 없는 이여송 부대는 왜군의 화력 앞에 무너질 수밖에 없었다.

결국 이여송의 친위 부대는 모두 죽거나 부상당했고 이여송도 말에서 떨어져 겨우 목숨을 부지했을 뿐이었다.

이 전투 이후 이여송은 개성 쪽으로 물러나 더는 왜군을 추격하지 않았고, 조선에 주둔해 약탈을 일삼으며 강화 협상의 체결만 기다리는 지경에 이르렀다.

이여송의 무리한 폭주의 이면에는 그를 감독하는 명나라 남병 출신의 총사령관 송응창에 대한 라이벌 의식이 있었다. 송응창은 제독 이여송을 감독하며 전략을 세우고 군사적 움직임을 책임지는 경략이었다.

그는 남병 출신의 문관이었기 때문에 북병 출신의 무관 이여송을 낮춰보는 경향이 있었다. 이에 자극받은 이여송은 신속하게 왜군을 섬멸하여 혁혁한 공을 세우겠다는 공명심과 조바심에 눈이 멀었던 것이다. 더욱이 평양성을 탈환할 때 핵심적인 구실을 한 남병의 화력을 뛰어넘는 북병 기마병의 위력을 과시하기 위해 무리하게 기병만 이끌고 왜군을 공격했다가 역공을 당한 것이었다.

한편, 이여송은 평양성 탈환 후 왜군의 수급전쟁에서 베어 얻은 적군의 머리을 보고하는 과정에서 조선 양민의 수급까지 포함시켜 공을 부풀리고자 했다는 의혹을 받고 탄핵을 받았다. 공명심에 눈이 먼 이여송이 적과 아군을 구분하지 않고 수급을 헤아려 보고한 것이다.

또한 이여송은 혜음령 전투에서 참패 후 용맹한 장수로서 이미지를 버리고 조선 정부를 압박하고 조선군을 통제하는 위압적인 주둔군으로 돌연 태도를 바꿨다.

심유경과 고니시 유키나가의 강화 협상 후 한양을 수복하게 되자, 일본군을 추격하려는 조선인 장수를 매질하고, 진군을 재촉하는 류성룡을 묶어서 무릎을 꿇린 후 군량을 제대로 공급하지 않았다는 죄를 따지는 등 치졸하고 악독한 행동을 했다. 류성룡은 《징비록》에서 자세한 정황은 차마 직접 언급하지 않았지만, 왜군의 토벌과 관련된 이여송의 소극적인 태도와 여러 차례 이여송을 찾아가 진군을 재촉했던 당시의 상황을 전하고 있다.

이여송의 부대가 조선의 백성에게 적지 않은 피해를 입힌 것도 사실이다. 백성들 사이에서는 '왜군은 얼레빗, 명군은 참빗'이라는 말이 나돌 정도였다. 왜군이 적군인지, 명군이 적군인지 구분할 수 없을 만큼 명나라 군대의 민폐는 양민에게 가혹했던 것이다. 심지어 민간에서는 이여송의 모함으로 의병장 김덕령이 죽었다는 소문이 나돌 정도였으니, 양민들이 품고 있는 명군에 대한 분노가 어느 정도였는지 짐작할 수 있다.

이처럼 한국 내 주둔군의 역사는 매우 부정적인 기억으로 점철되어 있다. 임진왜란 때 명나라 이여송 부대의 주둔, 정묘호란 이후 명나라 모문룡 부대의 주둔, 병자호란 이후 청군의 주둔은 물론이고, 근현대사를 거치면서 청나라 원세개 부대의 민간인 학살, 일본인의 명성황후 시해, 해방 이후 미군의 주둔에 따른 민간인의 피해는 이루 다 열거할 수 없을 정도이다.

내 나라에 남의 나라의 군대를 주둔시켜야 하는 안보 약소국의 처지가 얼마나 서러운지는 더 말할 필요가 없을 것이다. 조선의 무능한 안보 태세는 적군인 왜군의 약탈과 살육은 물론이고 아군이라 믿었던 명군의 학살과 만행까지, 온전히 선량한 백성이 겪어낼 수밖에 없었던 아픈 역사를 낳았다. 《징비록》은 그 아픈 역사의 교훈을 뒤늦게나마 깨닫고 되풀이하지 말아야 할 역사의 기록으로서 더욱 가치 있는 글이다.

순변사 이일을 체직시키고 다시 이빈이 대신하도록 하였다.

평양성 전투에서 명나라 군대는 보통문을 통하여 성으로 들어가고 이일과 김응서 등은 함구문을 통해 들어갔다. 이여송이 명나라 군사를 거둬들여 성 밖에 주둔하고 있을 때, 밤중에 왜군이 도망갔는데 우리 군대는 다음 날 아침이 되어서야 그것을 알았다. 제독 이여송은 우리 군사가 제대로 지키지 않았기 때문에 적이 도망가는 것도 몰랐다며 꾸짖었다. 이에 일찍이 순안을 왕래하며 이빈과 친분을 나눈 명나라 장수가 이런 말을 하였다.

"이일은 장수의 재목이 아니고 오직 이빈만이 그 임무를 맡길 만합니다."

제독이 공문을 보내 이러한 상황을 알리니 조정에서는 좌의정 윤두수를 평양으로 보내 이일의 죄를 따져 묻고, 군법에 따라 참형을 하려고 하였으나 얼마 뒤에 그를 풀어주었다. 그리고 이일을 대신하여 다시 이빈을 임명하고 기병 3,000명을 선발하여 제독을 따라 남쪽으로 가게 하였다.

제독 이여송이 파주까지 왜군을 추격하여 벽제관고양시 덕양구 남쪽에서 적과 싸웠으나 이기지 못하고 돌아와 개성에 주둔하였다벽제관 전투.

평양이 수복되자 대동강 이남의 연도큰길과 인접한 지역에 있던 왜군은 모두 달아났다. 제독은 왜군을 추격하겠다며 나에게 말하였다.

"대군이 지금 진격하려고 하는데 진군하는 길에 식량과 말 먹일 풀이 없다고 들었습니다. 의정류성룡께선 대신으로서 마땅히 나랏일을 생각해야 하니, 수고로움을 마다하지 말고 급히 가서 군량을 준비하여 소홀히 하거나 잘못되는 일이 없도록 하십시오."

나는 제독에게 인사하고 나왔다. 이때 명나라 군대의 선봉은 이미 대동강을 건너 남쪽으로 가고 있었는데, 나뭇가지가 어지러이 길을 막고 있어 나아갈 수 없었다. 그래서 나는 샛길로 빠져 길을 재촉해 명나라 군대의 앞쪽으로 나가 중화로 들어갔다가 황주에 이르니 시간은 벌써 삼경밤 11시~1시이었다.

당시는 왜군이 막 물러난 뒤여서 도로 전체가 황폐하고 텅 비어 있었으며 백성들이 아직 모이지 않았기 때문에 어떻게 할 방도가 없었다. 황해도 관찰사 유영경에게 급히 공문을 보내 군량 운반을 재촉하였고, 또 평안도 관찰사 이원익에게 공문을 보내 김응서 등이 거느린 군사들

중에 전투를 할 수 없는 이들을 징발하여 평양에서부터 곡식을 운반하여 명나라 군대를 따라 황해에 보내도록 하였다. 또 평안도 세 고을의 곡식을 배로 운반하여 청룡포에서 황해도까지 옮겨 오게 하였다. 이러한 일은 미리 결정된 일이 아니라 시간에 임박하여 갑자기 진행한 일이었기 때문에, 명나라 군대가 곧 도착하는데 군량이 모자라지나 않을까 걱정되어 노심초사하였다. 유영경은 제법 많은 곡식을 저장하고 있었는데 적에게 빼앗길까 두려워하여 산골짜기에 나누어 보관하고 있었다. 백성들을 독려하여 곡식을 운반해 연도에 군량이 모자라지 않도록 하였다. 얼마 뒤 대군이 개성부에 들어왔다.

1월 24일, 왜군은 한양의 백성들이 몰래 아군과 통할 것이라 생각하고, 또 평양에서의 패배에 대한 분풀이로 한양에 있던 백성들을 모두 죽이고 관공서와 민가를 거의 다 불태웠다. 성 서쪽 길에 진을 치고 있던 왜군들은 모두 한양에 모여 명나라 군사를 막을 방법을 의논하였다. 나는 제독에게 속히 진격할 것을 계속 청하였으나 제독은 여러 날을 머뭇거리다가 나아가 파주에 도착하였다.

다음 날, 부총병 사대수가 우리 장수 고언백과 함께 수백 명의 군사를 이끌고 먼저 가서 왜군을 정탐하였는데, 벽제역 남쪽 여석령에서 만난 왜군 100여 명을 죽였다. 제독이 이 소식을 듣고 주력 부대는 남겨놓고 말 탄 하인 부대 1,000여 명을 데리고 그곳으로 달려갔다. 혜음령을 지날 때 말이 넘어져 제독이 땅에 떨어지니 부하들이 부축하여 일으켰다.

이때 왜군은 여석령 뒤에 많은 군사를 숨겨두고 고개 위에는 몇 백 명만 두었다. 제독은 멀리서 그 모습을 보고는 자신의 군사들을 지휘하여 양쪽으로 나누어 진격하도록 하였다. 왜군도 고개에서 내려와 점점 서로 가까워졌다. 그런데 여석령 뒤에 있던 왜군이 산 뒤쪽에서 갑자기

산 위로 올라오니 그 수가 거의 1만여 명이나 되었다. 명나라 군대는 이들을 보고 두려운 마음이 들었지만 이미 칼날을 맞대고 싸우기 시작하였으니 그만둘 수가 없었다.

이때 제독이 거느린 군사들은 모두 북방의 기병으로 화기火器는 없고 단지 짧고 무딘 칼만 가지고 있을 뿐이었다. 반면 왜군은 보병으로 그들이 지닌 칼은 길이가 3~4척90~120센티미터은 되었고 칼날이 정교하고 날카로워 명나라 기병이 지닌 것과는 비교가 되지 않을 정도였다. 이들과 충돌하여 싸우는데 왜군이 칼을 좌우로 휘두르며 공격하니 사람과 말이 모두 쓰러져서 감히 그 칼을 감당하는 자가 없었다.

제독은 형세가 위급한 것을 깨닫고 후방의 부대를 불렀지만 그들이 도착하기 전에 이미 전방 부대의 많은 군사들이 왜군에게 죽거나 부상을 당했다. 왜군도 군사들을 수습하느라 명나라 군사를 급히 추격하지 않았다.

날이 저물 무렵 제독이 파주로 돌아왔다. 그는 싸움에서 패한 것을 숨겼지만 기운이 한풀 꺾여 있었으며, 밤에는 가까이 두고 신임하던 하인들이 전사한 것에 대해 통곡하였다.

다음 날, 군대를 동파로 퇴각하려고 하기에 내가 우의정 유홍, 도원수 김명원, 장수 이빈 등과 함께 제독의 막사로 갔다. 제독은 막사 밖에 나와 서 있었고 여러 장수들은 그의 좌우에 서 있었다. 나는 퇴각하는 것을 강력히 반대하며 말하였다.

"이기고 지는 것은 전쟁터에서 항상 있는 일입니다. 마땅히 형세를 살펴서 다시 진격하여야 하건만, 어찌 가벼이 움직이려 하십니까?"

제독이 대답하였다.

"우리 군대는 어제 많은 적을 죽였으니 불리할 이유는 없습니다. 다만 이곳의 땅이 비가 내린 뒤에 진창이 되어서 군대를 주둔시키기에 불편합니다. 그래서 동파로 되돌아가 군사를 쉬게 한 뒤에 진격하려는 것일 뿐입니다.”

나와 여러 사람들이 힘껏 반대하니 제독이 이미 명나라에 보고한 문서의 초고를 꺼내 보여주었다. 그 문서에는 “도성에 있는 적병이 20여만 명이나 되니 중과부적입니다”라는 말이 있었고, 끝부분에는 “신은 병이 심하니 부디 다른 사람이 저를 대신하도록 해주십시오”라고 쓰여 있었다. 내가 놀라서 손으로 적병의 수가 적힌 부분을 가리키며 물었다.

“적병의 수는 매우 적은데 어째서 20만 명이라고 하였습니까?”

그러자 제독이 대답하였다.

“내가 어찌 알 수 있겠습니까? 그것은 바로 당신 나라 사람이 말한 것입니다.”

그러나 이것은 핑계 대는 말이었다. 명나라 장수들 중에서도 특히 장세작이 제독에게 퇴각할 것을 권유하였다. 우리들이 강력하게 반대하며 물러나지 않자 장세작은 순변사 이빈을 발로 차며 물러가라고 성을 냈는데 그 소리와 낯빛이 사나웠다.

이때 날마다 큰비가 내리고 왜군이 길가의 산이라는 산은 모두 불태워 민둥산에서는 쑥 한 포기도 나지 않았다. 게다가 말들이 병에 걸려 며칠 사이에 쓰러져 죽은 말이 거의 1만 필에 이르렀다.

이날 명나라 3영의 군사들이 다시 임진강을 건너 돌아와 동파역 앞에 진을 쳤다. 다음날 동파에서 다시 개성부로 돌아가려고 하여 내가 다시 힘껏 반대하며 말하였다.

“대군이 한번 물러나면 적의 기세는 더욱 교만해질 것입니다. 그렇게 되면 가깝고 먼 지역의 사람들이 놀라고 두려워하여 임진강 이북의 지역도 지킬 수 없게 됩니다. 부디 동파에 잠시 머물면서 틈을 엿보아 움직이십시오."

제독은 거짓으로 내 말을 받아들이는 척하였지만 내가 물러가자 말을 타고 개성부로 돌아갔고, 여러 진영의 군사들도 모두 개성으로 퇴각하였다. 오직 부총병 사대수와 유격장군 관승선의 군대 수백 명만이 임진강을 지키고 있었다. 나는 여전히 동파에 머물면서 날마다 제독에게 사람을 보내 다시 진군할 것을 요청하였다. 제독은 역시 거짓으로 대답하였다.

"날씨가 개고 길이 마르면 응당 진군할 것입니다."

하지만 사실은 진군할 생각이 없던 것이다.

대군이 개성부에 도착한 지 오래되니 군량미가 다 떨어졌다. 오직 수로를 통해 강화도에서 좁쌀과 말 먹일 풀을 구하고, 또 충청도와 전라도에서 세금으로 받은 곡식을 조금씩 배로 운반해왔는데, 도착하자마자 바로 바닥이 나니 상황이 더욱 급해졌다.

하루는 명나라의 여러 장수들이 식량이 떨어졌다는 핑계를 대며 제독에게 군사를 데리고 돌아가자고 청하였다. 이에 제독이 화를 내며 나와 호조판서 이성중, 경기 좌도 관찰사 이정형을 불러서 뜰 아래 무릎을 꿇게 하고는 큰소리로 꾸짖으며 군법을 시행하려고 하였다. 나는 계속해서 사죄하다가 나랏일이 이 지경까지 이른 것을 생각하니 나도 모르게 눈물이 났다. 제독이 나를 불쌍하게 여겼는지 다시 명나라 장수들에게 화를 내며 말하였다.

"너희들이 예전에 나를 따라 서하西夏를 정벌할 때, 군사들이 여러 날 동안 먹지 못하여도 감히 돌아가자는 말을 하지 못하였고, 결국에는 대업을 이루었다. 그런데 지금 조선에서 우연히 며칠 동안 식량을 공급

받지 못하였다고 감히 회군하자는 말을 하는가? 너희들은 가고 싶으면 떠나라. 나는 적을 섬멸하지 않고서는 돌아가지 않을 것이니, 응당 말가죽으로 내 시신을 싸서 돌아갈 뿐이다."[15]

제독의 말에 여러 장수들이 모두 머리를 조아리며 사과하였다. 문 밖으로 나와서 나는 제때 식량을 공급하지 못한 책임을 물어 개성 경력 심예겸의 곤장을 쳤다. 그 뒤 강화에서 식량을 실은 배 수십 척이 잇따라 서강 뒤편에 도착하여 겨우 무사할 수 있었다. 이날 저녁에 제독은 총병 장세작을 보내 나를 위로하고 또 군사軍事에 관해 논의하였다.

---

15 전쟁터에서 싸우다 죽는 것을 뜻한다. 후한의 장군 마원이 흉노를 정벌하러 가면서 "남아는 응당 변방의 전쟁터에서 죽음을 바쳐 말가죽에 시체가 싸여 돌아와 장사를 지내야 한다. 어찌 침상에 누워 아녀자의 품에서 죽을 수 있겠는가"라고 한 것에서 유래한 말이다.

제독 이여송이 평양으로 돌아갔다.

당시 적장 가토 기요마사는 아직 함경도에 있었는데, 어떤 사람이 기요마사가 함경도에서 평안도 안주목의 양덕과 맹산을 넘어 평양을 습격하려 한다는 소문을 전하였다. 이때 제독은 북쪽으로 돌아갈 궁리를 하는 중이었으나 기회를 찾지 못하고 있었는데, 이 소문을 듣고는 마침내 군대를 돌려 평양으로 돌아갔다.

"평양은 근본이 되는 지역이다. 만약 지키지 못하면 대군이 돌아갈 길이 없어지니 반드시 구원해야 한다."

제독은 왕필적을 남겨 개성을 지키게 하고는 접반사 이덕형에게 말하였다.

"조선군은 고립무원의 형세이니 모두 임진강 북쪽으로 돌아와야 합니다."

이때 전라도 순찰사 권율은 고양 행주에, 순변사 이빈은 파주에, 고언백, 이시언 등은 해유령_{경기도 양주시 백석읍}에, 도원수 김명원은 임진강 남쪽에, 그리고 나는 동파에 있었다. 제독은 적에게 공격을 받을까 두려워 이렇게 말한 것이다.

나는 종사관 신경진을 급히 보내 제독을 만나게 해 군대를 철수해서는 안 되는 다섯 가지 까닭을 전하게 하였다. 그 내용은 다음과 같다.

"선왕의 무덤이 모두 경기도에 있는데 이것이 모두 적의 손아귀에 들어갔습니다. 신神과 사람이 모두 이를 회복하기를 바라는 마음이 간절하니 차마 버리고 갈 수 없습니다. 이것이 군대를 철수해서는 안 되는 첫 번째 까닭입니다.

경기도 이남에 남아 있는 백성들은 날마다 명나라 군대가 오기를 바라고 있는데 갑자기 군대가 후퇴하였다는 소식을 들으면 굳건한 마음을 지키지 못하고 모두 서로를 이끌고 적에게 투항할 것입니다. 이것이 군대를 철수해서는 안 되는 두 번째 까닭입니다.

우리나라의 영토는 한 자, 한 치라도 쉽게 버릴 수 없으니, 이것이 군대를 철수해서는 안 되는 세 번째 까닭입니다.

우리나라의 장수와 사졸들이 비록 힘은 약하지만 명나라 군대의 힘을 빌려 함께 전진할 것을 도모하고 있는데, 대군이 퇴각하였다는 소식을 들으면 반드시 모두 원망하고 분노하며 뿔뿔이 흩어질 것입니다. 이것이 군대를 철수해서는 안 되는 네 번째 까닭입니다.

한 번 후퇴한 뒤에 적이 그 뒤를 쫓아오면 임진강 이북의 지역도 지킬 수 없을 것이니, 이것이 군대를 철수해서는 안 되는 다섯 번째 까닭입니다."

제독은 조용히 듣기만 하다가 나갔다.

전라도 순찰사 권율이 행주에서 적을 물리치고 군대를 파주로 이동
시켰다.

이 일이 있기 전에 권율은 광주 목사로 있다가 이광을 대신하여 순
찰사에 임명되어 군사를 거느리고 나라를 위해 충성하였다. 권율은 이
광 등이 들판에서 싸우다가 패한 것에서 교훈을 얻어 수원에 이르러
독성산성에 주둔하고 있었는데 왜군이 감히 공격해오지 못하였다. 그
러던 중 명나라 군대가 곧 한양에 들어올 것이라는 소식을 듣고 강을
건너 행주산성에 진을 치고 있었다.

이때 왜군이 한양에서 우르르 나와 행주산성을 공격하니 군사들은
술렁이고 두려워하여 달아나려고 하였다. 그러나 한강이 뒤에 있어 달
아날 길이 없었기에 어쩔 수 없이 성으로 되돌아와 힘을 다해 싸웠다.
화살이 비 오듯 쏟아지고 적은 세 진영으로 나뉘어 차례로 진격하여
왔지만 모두 우리 군대에게 패하였다. 마침 해가 저물자 왜군은 한양으
로 되돌아갔다. 권율은 군사들을 시켜 적의 시체를 거둔 다음 사지를
갈가리 찢어 숲 속 나무 여기저기에 걸어두어 분풀이를 하게 하였다.

이윽고 왜군이 반드시 다시 와서 복수를 하려고 한다는 소식이 들렸
다. 권율은 겁을 먹고 병영의 목책을 부수고 군사들을 이끌어 임진강에

다다른 후 도원수 김명원을 따랐다.

이 소식을 듣고 나는 혼자서 급히 말을 달려 파주산성에 올라 형세를 살펴보았다. 파주산성은 큰길의 요충지에 해당하고 지형이 매우 험준하여 주둔할 만하였다. 그래서 즉시 권율과 순변사 이빈에게 각각의 군대를 합쳐 이곳에 주둔하면서 왜군이 서쪽으로 내려오는 것을 막도록 하고, 방어사 고언백과 이시언, 조방장 정희현과 박명현 등을 유격대로 삼아 해유령을 막게 하였다. 또한 의병장 박유인, 윤광정, 이산휘 등에게는 오른쪽 길을 따라가서 경릉과 창릉 사이에서 매복하고 있다가 각각 군사를 데리고 출몰하며 공격하되, 왜군의 수가 많으면 싸우지 말고 피할 것이며 왜군의 수가 적으면 곳곳에서 공격하라고 하였다. 이때부터 적들은 땔감과 말 먹일 풀을 구하러 성 밖으로 나오지 못해 죽은 말이 매우 많았다.

또 창의사임진왜란 때 의병장에게 주었던 임시 벼슬 김천일, 경기 수사 이빈, 충청 수사 정걸 등에게 배를 타고 용산과 서강을 따라 나가서 적의 세력을 분산시키고, 양성에 있던 충청도 순찰사 허욱에게는 돌아가 충청도를 지키며 남쪽으로 공격해올 왜군의 세력에 대비하라고 하였다. 경기도, 충청도, 경상도의 관군과 의병에게도 문서를 보내 각각 자신의 위치에서 좌우로 적의 길을 막아 끊게 하고, 양근 군수 이여양에게는 용진을 지키게 하였다. 그리고 여러 장수들이 베어 온 왜군의 머리를 모두 개성부 남문 밖에 걸어두었는데 제독의 참군 여응종이 이를 보더니 기뻐하며 말하였다.

"조선인들이 이제 공을 쪼개듯이 적의 머리를 베는구나."

하루는 한양의 왜군이 동문으로 대거 나와 산을 수색하였는데 양주, 적성에서부터 대탄한탄강에 이르기까지 아무런 소득이 없었다. 사대수는 적이 습격해올 것을 두려워하여 나에게 알려주었다.

"염탐하는 자가 와서 말하기를 왜군이 사총병사대수과 류체찰류성룡을 찾는다고 하니 우선 개성으로 피해 있는 것이 어떻겠습니까?"

내가 대답하였다.

"염탐하는 자가 말한 내용은 근거가 없는 듯합니다. 왜군은 아마도 지금 명나라 군대가 근처에 있다고 생각하고 있을 것인데 어찌 감히 섣불리 강을 건너겠습니까? 우리들이 한번 움직이면 민심도 반드시 동요하니 가만히 기다리는 것이 좋을 듯합니다."

그러자 사대수가 웃으면서 말하였다.

"그 말이 참으로 옳습니다. 만약 적이 쳐들어오더라도 나와 체찰사는 생사를 같이 하니 어찌 감히 나 혼자서만 떠나겠습니까?"

그러고는 마침내 자신이 거느린 군사 수십여 명을 나누어주며 나를 지키게 하였다. 그들은 비가 세차게 내려도 밤새 경호하며 나를 보호하는 데 조금의 태만함도 없었다. 왜군이 다시 성안으로 들어갔다는 소식이 들린 뒤에야 이를 그만두게 하였다.

그 후 왜군은 권율이 파주에 있다는 것을 알아내고는 원수를 갚기 위해 대군을 이끌고 서쪽 길을 통해 나가서 광탄에 이르렀다. 그곳은 파주산성과 불과 몇 리밖에 떨어져 있지 않은 곳이었다. 왜군은 오시낮 11시~1시부터 주둔했으나 미시낮 1시~3시가 되도록 공격하지 않다가 퇴각해버리고는 다시 나오지 않았다. 왜군은 지형을 볼 줄 아는데, 권율이 주둔하고 있는 곳이 매우 험준해 공격을 해도 승산이 없다고 생각한 것이다.

나는 명나라 장수 왕필적에게 다음과 같은 편지를 보냈다.

"왜군은 지금 험준한 요새에 주둔하고 있어 공격하기가 쉽지 않습니다. 왜군은 분명 동파와 파주로 진격하여 주둔할 것이니 그 뒤를 쫓아서 견제하고, 명나라 남쪽의 군사 1만 명을 뽑아 강화에서 한강 남쪽으로 진격해 왜군이 미처 대비하지 못한 틈을 타서 여러 진영을 격파하게 하면 한양에 있는 적은 돌아갈 길이 끊겨서 반드시 용진을 향해 달아날 것입니다. 그때 후발 부대가 여러 나루를 덮치게 하면 한꺼번에 적을 소탕할 수 있을 것입니다.”

왕필적은 무릎을 치며 기발한 생각이라며 칭찬하고는 정탐병 36명을 뽑아 충청도 의병장 이산겸의 진영으로 가서 왜군의 형세를 살피게 하였다. 이때 왜군의 정예병은 모두 한양에 있었고 후방에 주둔하고 있는 군사들은 모두 지치고 약한 자들뿐이었다. 정탐병이 돌아와서 기뻐서 팔짝 뛰며 보고하였다.

“1만 명도 필요 없습니다. 2,000~3,000명만으로도 적을 격파할 수 있습니다.”

그러나 제독 이여송은 북방의 장수로서 이번 전쟁에서 남방의 군사를 심하게 견제하였다. 제독은 그들이 공을 세우는 게 싫어 이 작전을 허락하지 않았다.

<u>남은 군량미로 굶주린 백성을 구제할 것을 청하니 임금께서 이를 허</u>
<u>락하셨다.</u>

이때는 왜군이 한양을 점거한 지 이미 2년이 지난 때이다. 왜군의 공
격으로 천 리가 황폐해지고 백성들은 농사를 짓지 못하여 태반이 굶어
죽었다. 성안의 살아남은 백성들은 내가 동파에 있다는 소문을 듣고 서
로 이끌어가며 짐을 이고 진 채 찾아오니 그 수를 이루 다 셀 수 없을
정도였다.

부총병 사대수는 마산으로 가는 길에 어린아이가 죽은 어미의 젖을
빨러 기어가는 모습을 보고는 슬퍼하며 아이를 거두어 군중에서 길렀
다. 그가 나에게 말하였다.

"왜군이 아직 물러가지 않아서 백성들이 이 지경까지 이르렀으니 앞
으로 어떻게 해야 합니까?"

그러고는 탄식하며 말하였다.

"하늘도 근심하고 땅도 슬퍼할 것입니다."

이 말을 듣자 나도 모르게 눈물이 났다.

이때 명나라의 대군이 또 오게 되어 남쪽에서 곡식을 싣고 온 배들
이 모두 강 언덕에 정박하고 있었지만 감히 다른 용도로 쓸 수 없었다.

마침 전라도 소모관 안민학이 껍질을 벗기지 않은 곡식 1,000석을 모아 배로 보내왔다. 나는 매우 기뻐하며 즉시 장계를 올려 이것으로 굶주린 백성을 구제할 것을 청하니, 조정에서는 전 군수 남궁제를 감진관에 임명하였다. 그는 솔잎을 가루로 만들어 솔잎 가루 10푼마다 쌀가루 1홉을 주어 그것을 섞어 물에 타서 마시게 하였는데, 사람은 많고 곡식은 적었으니 이것을 먹고 살아난 사람은 거의 없었다. 명나라 장수들도 이를 안타깝게 여겨 자신들이 먹을 군량미 30석을 나누어주었지만 백성들을 구휼하기에는 백분의 일도 되지 않아 턱없이 모자랐다. 하루는 밤에 큰비가 내렸는데, 굶주린 백성들이 내 숙소 주변에서 애처롭게 신음하니 차마 그 소리를 들을 수 없었다. 아침에 일어나 나가보니 여기저기에 죽어 있는 사람이 매우 많았다.

경상 우도 관찰사 김성일도 전 전적 이로를 보내 나에게 긴급하게 알리었다.

"전라 좌도의 곡식을 꾸어 굶주린 백성들을 구제하고 또 봄에 뿌릴 종자로 삼으려고 하는데 전라 도사 최철견이 곡식을 꾸어주지를 않습니다."

이때 지사 김찬이 체찰부사가 되어 충청도에 있었기에 내가 즉시 김찬에게 문서를 보내 속히 전라도로 내려가서 남원 등지의 창고에서 곡식 1만 석을 영남 지역으로 옮겨 구제하게 하였다.

한양에서 남쪽 변방에 이르기까지 왜군이 활보하고 있었고, 때는 바야흐로 4월이라 백성들은 모두 산골짜기에 들어가 있었기 때문에 보리씨앗을 뿌려둔 곳이 아무 데도 없었다. 몇 달 안에 왜군을 물러나게 하지 않으면 살아 있는 모든 것들이 다 죽게 될 지경이었다.

<u>유격장군 심유경이 다시 한양에 들어가 왜군에게 철군하도록 권유</u><u>하였다.</u> 4월 7일에는 제독 이여송이 군사를 이끌고 평양에서 개성부로 돌아왔다.

이보다 앞서 김천일의 진영에 이신충이라는 사람이 있었는데 자청하여 한양에 들어가 왜군의 상황을 염탐하였다. 그는 두 왕자와 장계군 황정욱 등을 만났고, 돌아와서 왜군에게 강화할 뜻이 있다고 하였다. 얼마 뒤 왜군이 용산에 있던 우리 수군에게 편지를 보내 강화를 요청하였다. 김천일이 그 편지를 나에게 보내왔다. 제독은 이미 싸울 마음이 없는데 혹 이것을 계기로 마음이 바뀌어 적을 물리치고자 할지도 모르고, 그러려면 반드시 다시 개성부로 돌아와야 하니 일은 거의 끝난 것이라고 나는 생각하였다. 그래서 편지를 사대수에게 보여주니 사대수는 즉시 하인 이경을 시켜 평양의 이여송에게 달려가 보고하게 하였다. 이에 제독 이여송도 심유경을 오게 하였다.

김명원이 심유경을 만나 말하였다.

"왜군은 평양에서 속은 것에 화가 나서 분명 당신에게 좋은 마음이 없을 것입니다. 그런데도 다시 들어갈 수 있겠습니까?"

심유경이 대답하였다.

"적이 스스로 빨리 물러나지 않아서 패한 것인데, 그것이 나와 무슨 상관이 있겠습니까?"

그러고는 마침내 적중으로 들어갔다. 그들이 무슨 이야기를 나누었는지 듣지 못하였지만, 대체로 왕자와 신하들을 돌려보내고 부산으로 철군한 뒤에 화의를 허락하겠다는 내용이었을 것이다. 적이 약속을 지키겠다고 청하였으므로 제독은 마침내 개성부로 돌아왔다. 나는 제독에게 글을 올려 강하게 말하였다.

"화의는 좋은 계책이 아니고, 공격하는 것이 제일입니다."

제독이 그 글에 회답하였다.

"당신의 말은 처음에 제가 생각하던 것과 같습니다."

하지만 제독은 내 말을 들을 생각이 없었다.

제독은 유격장군 주홍모에게 왜군의 진영으로 가게 하였는데 나와 도원수 김명원이 마침 권율의 진영에 있다가 파주에서 그와 마주쳤다. 주홍모가 우리에게 들어와 기패旗牌[16]에 인사하라고 해서 내가 거절하며 말하였다.

"이 기패는 왜의 진영으로 들어가는 것인데 어찌 내가 참배할 수 있겠습니까? 또 시랑 송응창이 '적을 죽이는 것을 금한다'라고 적은 패문이 있으니 더욱 그 명령을 받아들일 수 없습니다."

주홍모가 서너 번 더 강요하였지만 내가 대답하지 않고 말을 타고 동파로 돌아가니 주홍모가 제독에게 사람을 보내 이런 상황을 알렸다. 제독은 크게 화가 나서 말하였다.

"기패는 곧 황제의 명령이다. 북쪽 오랑캐들도 기패를 보면 절을 하

---

16 기(旗)는 명나라의 국기이고, 패(牌)는 황제의 명령을 적은 문서이다.

는데 어째서 절하지 않는가? 나는 군법을 시행한 뒤에 철군하겠다."

접반사 이덕형이 나에게 급히 소식을 전해주며 말하였다.

"내일 반드시 사과하러 오셔야겠습니다."

다음 날, 나와 도원수 김명원은 개성으로 가서 명군 진영의 문 앞에 이르러 이름을 밝히고 들어갈 것을 청하였는데 제독은 화가 나서 우리를 만나주지 않았다. 김명원은 물러나자고 하였지만 내가 말하였다.

"분명 제독이 나를 시험하는 것이니, 더 기다려 봅시다."

그때 비가 조금 내렸는데 우리 두 사람이 문 밖에 서 있으니 잠시 뒤에 제독을 모시는 사람이 여러 번 문 밖으로 나와서 우리를 엿보고는 들어갔다. 그러더니 이윽고 우리를 들어오도록 하였다. 제독은 당 위에 서 있었는데 내가 앞으로 나아가 그에게 예를 갖추어 인사하고 사과하였다.

"소인이 아무리 어리석고 못났기로서니 어찌 기패를 공경해야 한다는 것을 모르겠습니까? 다만 기패 옆의 패문에 우리나라 사람이 왜군을 죽이는 것을 허락하지 않는다는 내용이 있었기 때문에, 그것을 애통하게 여겨 감히 참배하지 않은 것입니다. 죄를 피할 길이 없습니다."

제독은 부끄러운 기색을 보이며 말하였다.

"그대의 말이 참으로 옳습니다. 패문은 시랑 송응창의 명령이니 저와는 상관없는 일입니다."

그러고는 또 말하였다.

"요즘 유언비어가 많이 떠돌고 있습니다. 만약 황제의 신하가 기패에 참배하지 않았는데 내가 이를 용인하고 문제 삼지 않았다는 말을 송시랑이 들으면 반드시 나를 책망할 것입니다. 그러니 사정을 설명하는 글을 적어 나에게 보내주십시오. 만약 시랑이 따져 물으면 내가 그것으로써 해명할 것이고, 따져 묻지 않는다면 그대로 두겠습니다."

우리 두 사람은 제독에게 인사하고 물러난 뒤 그가 말한 대로 문서를 보냈다.

이때부터 제독은 왜의 진영에 사람을 보내 계속해서 왕래하였다. 하루는 나와 김명원이 제독에게 인사를 하러 갔다가 동파로 돌아오는 길이었다. 천수정 앞에서 동파에서 개성으로 들어가는 사대수 장군의 하인 이경을 만나 말 위에서 서로 인사를 나누고 초현리쯤 도착하였는데, 명나라 사람 세 명이 말을 타고 달려와 큰소리로 물었다.

"체찰사는 어디에 계십니까?"

내가 대답하였다.

"내가 체찰사입니다."

그러자 그들은 큰소리로 말을 돌리라고 하였다. 한 사람은 손에 쇠사슬을 들고 긴 채찍으로 내가 탄 말을 마구 때리며 "달려라, 달려라"라고 외쳤다. 나는 영문도 모른 채 다시 말을 돌려 개성을 향해 달려갔다. 그 사람은 내 뒤를 쫓아오며 계속해서 말에 채찍질을 해댔다. 나를 따르던 사람들은 모두 뒤처지고 오직 군관 김제와 종사관 신경진만이 힘을 다하여 나를 따라왔다. 청교역을 지나 토성 모퉁이에 도착할 때쯤, 또 한 사람이 말을 타고 성안에서 나와 말 탄 명나라 사람 세 명에게 이러쿵저러쿵 이야기를 하였다. 그러자 세 사람이 나에게 인사하며 가도 좋다고 하였다. 나는 어리둥절하여 무슨 영문인지도 모른 채 돌아왔다.

다음 날 이덕형이 알려주어 그제야 상황을 알게 되었다.

제독이 신임하는 사병이 밖에 나갔다가 들어와서는 제독에게 이런 말을 하였다.

"체찰사 류성룡은 강화를 원하지 않아서 사신이 왜의 진영에 다니지 못하게 하려고 임진강의 배를 모두 철수하였습니다.”

그러자 제독이 불같이 화를 내며 나를 잡아 곤장 40대를 때리려고 하였다. 내가 아직 도착하지 않았을 때 제독은 두 눈을 부릅뜬 채 팔을 걷어붙이고는 앉았다 일어섰다 하니 주위의 사람들이 모두 두려워하였다. 잠시 후 이경이 도착하자 제독이 물었다.

“임진강에 배가 있는가?”

이경이 대답하였다.

“배가 있어서 왕래하는 데 문제가 없습니다.”

제독은 다시 바로 사람을 보내 나를 잡으러 보낸 사람들을 멈추게 한 것이다. 그리고 말을 함부로 하였다며 자신의 사병에게 곤장 수백 대를 때렸고, 기절한 사병은 끌려 나갔다. 제독은 나에게 화를 냈던 것을 후회하며 사람들에게 이렇게 말했다고 한다.

“만약 체찰사가 도착했더라면 내가 어떻게 대처해야 했겠는가.”

제독은 내가 평소 강화를 좋지 않게 생각한다는 것에 항상 불만을 품고 있었다. 그래서 다른 사람이 하는 말만 듣고 제대로 따져보지도 않은 채 이처럼 화를 냈던 것이다. 사람들은 모두 걱정하며 나의 상황을 위태롭게 여겼다.

며칠 뒤에 제독은 다시 유격장군 척금과 전세정 두 사람에게 기패를 들려 동파로 보내왔다. 그들은 나와 도원수 김명원, 관찰사 이정형을 함께 불러 앉혀 놓고는 조용히 말하였다.

“왜군이 왕자와 신하들을 내보내고 한양에서 퇴각하겠다고 합니다. 지금은 마땅히 그들의 요청을 들어주어 적을 성 밖으로 나오게 해야 합니다. 그 뒤에 계획을 실행에 옮겨 그들을 뒤쫓아 섬멸하는 것이 좋겠습니다.”

이는 제독이 그들을 보내 나의 뜻이 어떠한지를 알아보게 한 것이다. 나는 여전히 이전의 의견을 고집하고 있었기 때문에 그들은 끊임없이 제독과 내가 있는 곳을 왕복해야 하였다. 그러다 보니 성질이 조급한 전세정은 화가 나서 큰소리로 욕을 하며 말하였다.

"그렇다면 너희 국왕은 어째서 성을 버리고 달아났는가?"

내가 천천히 대답하였다.

"수도를 옮겨 국가를 보존하려고 하는 것 또한 한 가지 방법입니다."

이때 척금은 그저 나와 전세정을 번갈아 보면서 엷게 웃을 뿐 별다른 말이 없었다. 전세정과 척경은 결국 되돌아갔다.

4월 19일, 제독은 대군을 거느리고 동파에 이르러 총병 사대수의 막사에서 묵었다. 이는 적이 이미 퇴각할 것을 약속하였으므로 장차 한양으로 들어가기 위한 행보였다. 내가 제독의 처소에 가서 안부를 물었지만 제독은 나를 만나주지 않았다. 다만 통역관에게 이렇게 말하였다고 한다.

"체찰사는 나에게 불쾌한 감정이 있을 터인데 왜 또 인사를 하러 왔을까?"

<u>4월 20일, 한양을 수복하였다.</u> 명나라 군대가 성으로 들어왔는데, 제독 이여송은 소공주댁[나중에는 남별궁이라 칭했다]에서 묵었다. 하루 전에 왜군은 이미 성을 빠져나갔다.

내가 명나라 군대를 따라 한양에 들어와서 보니 성안에는 남아 있는 백성이 백에 한 명도 되지 않았고, 살아남은 자들도 모두 굶주리고 지쳐서 얼굴빛이 마치 귀신 같았다. 그때 날씨가 매우 더웠는데 죽은 사람과 죽은 말의 시체가 곳곳에 그대로 방치되어 있었다. 썩는 냄새가 성안에 진동을 하니 길을 지나는 사람들은 모두 코를 막고 다녔다. 관청과 민가는 모두 없어졌다. 숭례문 동쪽부터 남산 주변 일대에 왜군이 거주하던 지역만 조금 남아 있을 뿐이었다. 종묘와 경복궁, 창덕궁, 창경궁 세 곳, 그리고 종루의 각종 관청, 큰길 북쪽에 있던 성균관과 사학 등은 모두 불에 타서 사라지고 재만 남아 있었다. 소공주댁도 왜의 장수 우키타 히데이에가 머무르던 곳이었기 때문에 남아 있었던 것이다.

나는 먼저 종묘에 이르러 통곡하고, 그다음 제독의 처소에 찾아가 제독에게 문안드리러 온 여러 신하들을 만나 한참 동안 소리 내어 통곡하였다. 다음 날 아침 다시 제독의 집으로 가서 안부를 묻고 말하였다.

"왜군이 막 퇴각하였으니 분명 멀리 가지는 못하였을 것입니다. 그러니 바라건대 신속히 군대를 내어 그들을 추격하십시오."

제독이 대답하였다.

"내 생각도 진실로 그대와 같습니다. 다만 지금 한강에 배가 없기 때문에 급히 왜군을 추격하지 못하는 것입니다."

내가 말하였다.

"제독께서 왜군을 추격하고자 하신다면 당연히 제가 먼저 강가로 나가 배를 준비해놓겠습니다."

그러자 제독이 대답하였다.

"아주 좋습니다."

그리하여 나는 한강으로 나갔다.

이보다 앞서 나는 경기 우도 관찰사 성영과 경기 수사 이빈에게 공문을 보내 적이 떠나고 나면 신속하게 강 위의 크고 작은 배를 빠짐없이 거두어들여 모두 한강에 모아두게 하였는데, 이때 이미 80척의 배가 도착해 있었다. 나는 사람을 보내 제독에게 배가 이미 준비되었음을 알렸다. 얼마 후 영장 이여백이 1만여 명의 군사를 이끌고 강으로 왔다. 군사들이 강을 반쯤 건넜을 무렵에 해가 지고 있었는데, 이여백이 갑자기 발병이 났다는 핑계를 대면서 성으로 돌아가 병을 치료한 뒤에 진군하겠다고 하고는 가마를 타고 돌아가버렸다. 그러자 이미 한강 남쪽으로 넘어갔던 군사들도 모두 다시 강을 건너와 성으로 들어갔다. 나는 속이 상했지만 어찌할 방도가 없었다. 제독은 처음부터 왜군을 추격할 마음이 없었던 것이다. 거짓말로 나의 요청에 응하는 척한 것뿐이었다.

4월 23일, 나는 결국 병이 나서 몸져누웠다.

<u>5월에 제독 이여송이 왜군을 추격하여 문경까지 갔다가 되돌아왔다.</u>

명나라 병부 우시랑 송응창이 비로소 제독 이여송에게 패문을 보내서 왜군을 추격하게 하였다. 이때는 이미 왜군이 성을 떠난 지 수십 일이 지난 뒤였다. 송응창은 자신이 왜군을 놓아주고 추격하지 않았다고 사람들이 비난할까봐 일부러 이렇게 행동했지만, 사실은 왜군이 두려워 감히 진격하지 못하고 되돌아온 것이었다.

왜군은 후퇴하는 길에 머무르기도 하고 나아가기도 하면서 천천히 이동하였지만, 길가에 있던 우리 군사들은 모두 좌우로 자취를 감추고 감히 나와서 공격하는 사람이 없었다.

왜군은 후퇴하여 바닷가에 나누어 주둔하였다. 울산 서생포에서 동래, 김해, 웅천, 거제까지 모두 열여섯 곳의 주둔지가 서로 연결되어 있었다. 이들은 모두 산과 바다에 의거하여 성을 쌓고 해자를 파서 오랫동안 머물 계획을 세웠으며 좀처럼 바다를 건너려고 하지 않았다.

명나라에서는 사천 총병 유정에게 복건, 서촉, 남만 등지에서 모집한 군사 5,000명을 딸려 보내 성주, 팔거^{대구시 칠곡동}에서 주둔하도록 하였다. 명나라 남부 출신의 장수 오유충은 선산 봉계에, 이영, 조승훈, 갈봉하는 거창에, 낙상지, 왕필적은 경주에 주둔하도록 하였는데, 이들은

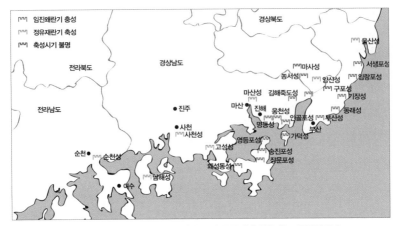

후퇴한 왜군은 울산 서생포에서 거제까지, 열여섯 곳의 주둔지에 성을 쌓고 주둔하였다.

왜군의 진지를 둘러싸고 서로 대치만 하고 있을 뿐 진격하지는 않았다. 이들에게 제공할 군량미는 충청도와 전라도에서 험한 길을 넘으며 가져와 여러 진영에 나누어 공급하였기 때문에 백성들의 생활은 더욱 곤궁해졌다.

제독 이여송은 다시 심유경을 보내 왜군이 바다를 건너가게 권유하도록 하고, 또 서일관, 사용재[17]를 나고야[18]로 보내 관백_{도요토미 히데요시}을 만나보게 하였다. 그리하여 6월에 적은 비로소 두 왕자 임해군과 순화군, 그리고 재신 황정욱과 황혁 등을 돌려보내고 심유경에게 돌아가서 이를 보고하게 하였다.

한편, 왜군은 진군하여 진주성을 포위하고 '작년의 패배에 대한 원

---

17 서일관과 사용재는 송응창 휘하의 부하로, 실제로 명 황제의 칙사가 아닌 가짜 명 사절이었다.

18 규슈 지역 사가 현에 있는 나고야이다. 도요토미 히데요시는 1591년 나고야에 성을 쌓아 전쟁을 위한 기지로 삼았으며 이곳에 머물면서 작전을 지휘하고 있었다.

수를 갚겠다'는 말을 퍼뜨렸다. 임진년에 왜군이 진주를 포위하였을 때 목사 김시민의 훌륭한 방어로 이기지 못하고 물러난 적1차 진주성 전투이 있는 것을 두고 그렇게 말한 것이다.

그런데 이번에 진주성은 포위된 지 여드레 만에 함락되었다. 목사 서예원, 판관 성수경, 창의사 김천일, 경상 우병사 최경회, 충청 군사 황진, 의병 복수장 고종후 등이 모두 이 전투에서 전사하였다. 또 6만여 명의 군사와 백성이 죽었으며, 소, 말, 닭, 개까지 살아남은 것이 없었다. 왜군은 성을 모두 부수고 해자와 우물을 메우며 나무를 베어 지난해의 분통함을 푸니, 이때가 6월 28일이었다2차 진주성 전투.

처음에 조정은 적이 남쪽으로 간다는 소식을 듣고는 잇달아 교지를 내려 여러 장수들에게 적을 추격할 것을 독려하였다. 이에 도원수 김명원과 순찰사 권율 이하 모든 관병과 의병이 의령에 모였다. 권율은 행주산성 전투에서의 승리에 도취되어 기강남강의 하류을 건너 전진하자고 주장하였다. 그러나 곽재우와 고언백이 말렸다.

"지금 적의 세력은 한창 강성한데 우리 군사는 대부분 오합지졸이어서 전쟁을 치를 수 있는 자가 적습니다. 또한 앞길에는 군량미도 없으니 섣불리 진격해서는 안 됩니다."

다른 사람들은 우물쭈물 망설이고만 있었다.

이빈의 종사관 성호선은 어리석어 사태를 알지도 못하면서 팔뚝을 걷어붙이고는 여러 장수들이 진격하지 않고 지체한다며 질책하였다. 그러고는 권율과 의기투합하여 마침내 강을 건너 함안까지 진격하였지만 성이 텅 비어 있어 아무것도 얻지 못하였다. 군사들은 식량이 부족하여 풋감을 따먹기까지 하였으니 의욕이 꺾이고 싸울 마음이 없어졌다.

다음 날, 대규모의 왜군이 김해에서 온다는 첩보가 들어왔다. 이에 어떤 사람들은 함안을 지켜야 한다고 하고, 어떤 사람들은 물러나서 정암진을 지켜야 한다고 하는 등, 의견이 분분하여 결정을 내리지 못하고 있었다. 그러다가 적이 쏘는 화포 소리가 들리자 사람들이 겁을 먹고 어수선해지면서 앞다투어 성을 빠져나가는 통에 출렁다리에서 떨어져 죽은 자가 매우 많았다.

정암진을 도로 건너와 바라보니 왜의 군사들이 수로와 육로를 통해 오는데 그 수가 들판을 뒤덮고 냇물을 메울 정도로 많았다. 여러 장수들은 각기 흩어져 달아났다. 권율, 김명원, 이빈, 최원 등이 먼저 전라도로 향해 갔고, 김천일, 최경회, 황진 등만이 진주성으로 들어가니 적이 뒤따라와 포위하였다. 목사 서예원와 판관 성수경은 명나라 장수의 지대차사원으로 오랫동안 상주에 머무르다가 적이 진주로 향한다는 소식을 듣고 황급하게 진주로 돌아온 지 겨우 이틀 만의 일이었다.

진주성은 원래 사면이 험준한 곳에 위치하고 있었는데 임진년에 동쪽의 평지로 옮겨 쌓았다. 그래서 이번 싸움에서 왜군은 높은 누각 여덟 개를 세워 성안을 내려다볼 수 있게 했다. 또 성 밖 대숲의 대나무를 베어 큰 묶음을 만들고는 이것을 누각 주위에 둘러 세웠다. 이렇게 하니 자신들을 가리면서 화살과 돌의 공격을 피하고, 그 안에서는 조총을 비 오듯 쏘아대니 성안 사람들은 감히 머리를 내놓지 못하였다. 또 김천일이 데리고 온 군사는 모두 한양의 시정에서 모은 자들이었고, 김천일 역시 군사 전략에 관해서 자기 고집대로 하는 것이 매우 심하였다. 또 평소 서예원과 사이가 나빠서 주장主將과 객장客將이 서로 질시하고 반목하니 내리는 명령도 엇갈렸다. 이 때문에 더 크게 진 것이다.

오직 황진만은 동쪽 성을 지키면서 며칠 동안 용감하게 싸우다가 날아오는 총알에 맞아 전사하였다. 군사들의 기세가 꺾였지만 지원병은 오지 않았다. 때마침 비가 내려 성벽이 무너지니 적들이 개미 떼처럼 달라붙어 성안으로 들어왔다. 성안 사람들이 가시나무를 묶어 막고 돌을 던지며 있는 힘을 다해 막아낸 덕분에 왜군은 거의 퇴각을 해야 할 상황이었다. 그런데 성의 북문을 지키고 있던 김천일의 부대는 성이 이미 함락되었다고 착각하고는 먼저 무너져버렸다. 왜군이 산 위에서 김천일의 부대가 무너지는 것을 바라보고는 일제히 성벽을 올라오니 여러 군사들이 큰 혼란에 빠지고 말았다. 김천일은 촉석루에서 최경회와 손을 잡고 통곡하며 강으로 뛰어들어 죽었고, 아수라장에서 빠져나온 군사와 백성은 몇 사람에 불과하였다. 임진왜란이 일어난 이래 이 전투에서처럼 많은 사람이 죽은 경우는 없었다.

조정에서는 김천일이 의롭게 죽었다고 하여 품계를 높여 의정부 우찬성에 추증하였고, 또 권율은 적을 두려워하지 않고 용감하게 싸웠다고 하여 김명원을 대신해 원수에 임명하였다.

총병 유정은 진주가 함락되었다는 소식을 듣고 팔거에서 합천으로 달려왔고, 오유충은 봉계에서 초계로 가서 경상 우도를 지켰다. 왜군도 진주를 함락시킨 뒤에는 다시 부산으로 돌아가 명나라가 화의를 허락하기를 기다렸다가 바다를 건너 돌아가겠다는 말을 퍼뜨렸다.

10월에 어가가 한양으로 돌아왔다. 12월에 명나라 사신 행인사 행인외국과의 사신 왕래를 담당했던 관아의 관리 사헌이 우리나라에 왔다.

이 일이 있기 전이다. 심유경은 왜장 나이토 조안[19]과 함께 관백 도요토미 히데요시의 항복 문서를 가지고 돌아왔다. 그런데 명나라는 그 항복 문서가 관백이 직접 쓴 것이 아니라 고니시 유키나가 등이 거짓으로 만든 것이라고 의심하였다. 또 심유경이 막 돌아오자마자 진주가 함락당하니, 강화하겠다는 왜군의 의사가 진실하지 못하다고 의심하여 나이토 조안을 요동에 머물게 하고 오랫동안 일본에 회답하지 않았다.

당시는 제독을 비롯한 명나라의 장수들이 모두 본국으로 돌아가고 유정, 오유충, 왕필적 등만이 1만여 명의 군사를 거느리고 팔거에 주둔하고 있었다.

전국의 백성들이 굶주림에 시달리고 있었으며, 군량미를 운반하느라 노약자들이 도랑과 골짜기에 쓰러져 있었고, 건강한 사람은 도적이 되었다. 게다가 역병까지 돌아 백성이 모두 다 죽어가고 있었다. 심지어 부모 자식과 부부가 서로 잡아먹어 그 뼈가 잡초처럼 여기저기 흩어져

---

19 고니시 유키나가의 가신으로 가짜 항복 사절이었다.

있었다.

얼마 뒤에 유정의 군대가 팔거에서 남원으로 옮겼다가 다시 남원에서 한양으로 옮기더니 10여 일 동안 우물쭈물하다가 명나라로 돌아갔다. 그러나 왜군은 아직 바닷가에 남아 있었기 때문에 사람들의 두려움은 더욱 커졌다.

이때 명나라 경략 송응창이 탄핵을 받아 돌아가고 새로운 경략 고양겸이 그를 대신하게 되었다. 그는 요동에 도착하여 참장 호택에게 공문을 들려 보내서 우리나라의 여러 신하들을 타일렀다. 그 내용은 대략 다음과 같다.

"왜놈이 아무런 이유도 없이 너희 나라를 침범하여 파죽지세로 왕경王京과 개성 등 세 개 도읍을 점거하고 너희 영토와 인민의 열에 여덟, 아홉을 차지하였으며, 너희 왕자와 신하를 포로로 잡았다. 이에 황제께서 크게 노하여 군대를 일으켜 한 번 싸워 평양을 함락시키고, 두 번 싸워 개성을 찾으니, 왜군이 마침내 한양에서 달아났고 왕자와 신하들을 돌려보냈으며 2,000여 리의 영토를 되찾게 되었다. 이때 소비된 명나라 금고의 돈은 헤아릴 수 없으며, 죽은 군사와 말도 적지 않다. 우리 조정이 속국을 대우한 은의恩義가 이 정도이니, 황제의 망극한 은혜 또한 이미 과분하다고 할 수 있다.

지금 너희 나라는 더 이상 군량미를 운반할 수 없고, 군사들도 더 이상 싸울 수가 없는데, 왜군은 우리의 위세를 두려워하여 항복을 청하고 책봉과 조공을 원하고 있다. 우리 조정은 마땅히 저들의 책봉과 조공을 허락하여 외신外臣이 되는 것을 받아들일 것이다. 그리하여 왜군을 몰아내고 저들이 모두 바다를 건너 다시는 너희를 침범하지 못하게 하여 전쟁을 그치게 할 것이다. 이는 너희 나라를 위한 장구한 계책이다.

지금 너희 나라는 식량이 다 떨어져 사람들이 서로 잡아먹고 있는데 또다시 무엇을 믿고 군대를 요청하는가? 이미 너희 나라의 군대에도 식량을 공급하지 못하는데, 또 왜의 책봉과 봉공을 거절한다면 왜놈은 반드시 너희 나라에 화를 입히고 너희 나라는 망하게 될 것이다. 어째서 스스로를 위한 계책을 속히 세우지 않는가?

옛날 월나라 구천이 회계산에서 곤란에 처하였을 때, 어찌 그가 원수인 부차의 살을 뜯어먹고 싶지 않았겠는가? 그러나 우선 치욕을 참고 부끄러움을 견디었으니, 이는 기다리는 바가 있기 때문이었다. 구천 자신은 부차의 신하가 되고, 아내는 부차의 첩이 되었다. 그런데 지금은 왜놈이 스스로 우리 명나라의 신하와 첩이 되고자 청하고 있으니 너희 나라로서는 훨씬 유리한 상황이다. 이는 구천이 부차의 신하가 되어 때를 기다렸던 상황보다 낫다. 이 정도도 견디지 못한다면 이는 속 좁은 소장부의 견해일 뿐, 복수하여 치욕을 씻으려는 영웅의 태도가 아니다.

너희가 왜를 위하여 명나라에 책봉과 봉공을 청하고, 만약 이 요청이 받아들여진다면 왜는 더욱 명나라에 감동하고 또 조선을 고맙게 여겨 반드시 군사를 철수하여 떠날 것이다. 왜가 떠난 뒤에 너희 나라 군신들이 마침내 노심초사하고 와신상담하여 구천이 하였던 일을 본받는다면, 하늘은 되돌려주는 것을 좋아하니 어찌 너희가 왜에 복수할 날이 없겠는가?"

그 공문은 백 마디 천 마디 말로 자세하게 적혀 있었지만 대략적인 내용은 이와 같았다. 호택이 석 달 동안 객사에 머무르는 동안 조정의 의론은 결정되지 않았다. 임금께서도 명나라의 요구를 난처하게 여기시는 듯하였다. 나는 그때 병으로 휴가 중이었으나 계를 올려 아뢰었다.

"왜국을 대신하여 명나라에 책봉과 조공을 요청하는 것은 이치가 맞지 않는, 절대 할 수 없는 일입니다. 다만 근래의 사정을 상세히 갖추어 보고한 후 명나라의 처분에 따라야 할 것입니다."

여러 번 아뢰어 마침내 윤허를 받았다. 이에 진주사 허욱이 명나라로 떠났다. 이때 경략 고양겸도 다른 사람의 말 때문에 그만두고 떠났고 새로운 경략 손광이 와서 그를 대신하였다.

명나라 병부의 여러 신하들이 황제께 아뢰어 나이토 조안을 북경으로 들어오게 할 것을 청하고, 나이토 조안에게 세 가지 금지 조항을 알렸다.

"첫째, 책봉만 요구하고 조공은 요구하지 말 것. 둘째, 한 명의 왜인도 부산에 남기지 말 것. 셋째, 영원히 조선을 침략하지 말 것. 이 약속을 지키면 책봉할 것이고 지키지 않으면 책봉하지 않을 것이다."

나이토 조안은 하늘을 향하여 약속을 지키겠다고 맹세하였다. 이에 명나라에서는 심유경에게 다시 나이토 조안을 데리고 왜군의 진영으로 가서 이러한 결정 사항을 알리고, 또 이종성과 양방형을 상사와 부사로 임명해 도요토미 히데요시를 일본 국왕으로 책봉하게 하였다. 이종성 일행은 우리나라 한양에 머물러 있으면서 왜군이 모두 철병한 것을 확인하고 일본으로 출발하게 하였다.

을미년1595, 선조28 4월에 한양에 도착한 이종성 일행은 왜군에게 사절을 보내 바다를 건너가도록 종용하였는데 매우 빈번하게 사절이 오고 갔다. 이에 왜군은 먼저 웅천의 몇 개 진영과 거제, 장문, 소진포 등의 진영에서 철군하여 신의를 보이며 말하였다.

"평양성 전투 때처럼 속을까 염려되니, 명나라 사신이 빨리 우리 진영으로 오기를 바랍니다. 그러면 모든 것이 약속대로 될 것입니다."

8월에 양방형이 명나라 병부의 공문에 따라 먼저 부산에 도착하였는데 왜군은 시간을 끌며 즉시 전원 철군하지 않고 상사 이종성도 와달라고 청하니 여러 사람들이 이를 의아하게 생각하였다. 하지만 병부상서 석성은 심유경의 말을 믿고 왜군 측에 다른 뜻이 없다고 생각하였다. 그래서 다시 왜군 측에 철병을 요구하고, 이종성에게 부산으로 나아가라고 여러 차례 재촉하였다. 명나라 조정에는 많은 사람이 이의를 제기했지만 명나라 병부상서 석성은 꿋꿋하게 이 일을 처리하였다.

9월에 이종성이 부산에 도착하였지만 고니시 유키나가는 곧바로 만나지 않고 말하였다.

"장차 이번 사안에 대하여 관백에게 보고한 후 그의 결정이 난 뒤에 명나라 사신을 맞이하겠다."

그러고는 일본으로 갔다가 병신년1596, 선조29 1월에야 돌아왔다. 하지만 여전히 철군하는 문제에 대하여는 분명히 말하지 않았다. 심유경은 사신 둘을 부산에 남겨두고, 장차 "사신을 맞이하는 예절에 대하여 논의하고 정하려 한다"며 고니시 유키나가와 함께 먼저 바다를 건너니 사람들은 그의 진의를 파악할 수 없었다. 심유경은 비단옷을 입고 배에 올라 "두 나라의 관계를 조절하여 편안하게 한다"라는 글자를 크게 쓴 깃발을 뱃전에 세우고 떠났다. 떠난 뒤에는 오랫동안 소식이 없었다.

이종성은 명나라 개국공신 이문충의 후손으로, 그 선조의 공으로 작위를 이어받은 명문가 자제였다. 매우 겁이 많은 성격이었는데 어떤 사람이 이종성에게 이렇게 말하였다.

"왜의 우두머리가 사실은 명나라의 책봉을 받을 뜻이 없고, 장차 이종성 등을 데려다 가두고 욕보이게 하려는 것이다."

그는 몹시 겁을 먹었다. 한밤중에 수수한 옷으로 갈아입고 진영을 빠져나와 와서는 하인, 짐, 사신이 소지하는 도장과 징표까지 모두 버리고 달아났다. 다음 날 아침에 이 사실을 알아챈 왜인들이 길을 나누어 양산의 석교까지 그를 뒤쫓았지만 찾지 못하고 돌아왔다.

양방형은 홀로 왜군의 진영에 남아 여러 왜인들을 달래는 한편, 우리나라에도 놀라지 말라는 내용의 문서를 보냈다. 이종성은 감히 큰길로 가지 못하고 산골짜기로 숨어들어 며칠 동안 아무것도 먹지 못하면서 경주를 거쳐 서쪽으로 갔다.

얼마 뒤에 비로소 심유경과 유키나가가 돌아와서 서생포와 죽도 등지의 진영에 주둔하던 왜군을 철수시켰다. 이제 철수하지 않은 곳은 부산의 네 개 진영뿐이었다.

심유경은 명나라 책봉 부사 양방형을 데리고 다시 바다를 건너려고 하면서 우리나라 사신도 동행할 것을 요청하였다. 우리 조정에 자기 조카 심무시를 보내어 출발을 재촉하였다. 조정은 이를 내켜 하지 않았지만 심무시가 반드시 데리고 가겠다고 하였기 때문에 할 수 없이 무신 이봉춘 등을 수행배신으로 임명하고 요청에 응하기로 하였다. 그런데 어떤 사람이 "무인이 일본에 들어가면 실수와 잘못이 많을 것이니, 마땅히 문관 중에 사리를 잘 아는 자를 보내야 합니다"라고 주장하였다. 마침 심유경의 접반사接伴使로 왜군 진영에 있던 황신에게 따라가도록 하였다.

도요토미 히데요시의
강화 조건과
협상 결렬의 전말

평양성 전투 이후 조명 연합군과 일본군의 전투는 소강상태에 들어갔다. 특히 이여송의 벽제관 전투 이후 명군의 전투 의지는 소멸되었고, 이것은 조선 조정의 조바심으로 이어졌지만, 명군은 강화를 통한 전쟁의 종료만을 기대할 뿐이었다. 그 결과 강화 협상은 계속 진행되었으나 정작 조선은 강화 협상 테이블에서 배제되었다. 또한 명과 일본의 강화 조건은 평행선을 달리는 듯해 협상은 이루어지지 않은 채 기한만 계속 늘어졌다.

명군의 실질적 지휘관인 송응창은 심유경을 내세워 일본군과의 강화 협상을 적극 추진했다. 벽제관 전투 패배 이후 사기가 꺾인 북병 출신 제독 이여송은 와병을 핑계 대며 전투에 소극적이었고, 남쪽 지방 출신의 문관인 송응창은 본격적으로 강화론을 주장하며 목소리를 키웠다. 송응창은 일본과 결전을 벌여야 한다는 선조의 견해를 무시했고, 선조의 명을 받고 자신을 만나러 오는 신하들을 만나주지도 않았으며, 독단적으로 일본군과 강화 협상을 추진했다.

송응창은 양명학자였기 때문에 선조와 조정 대신들은 양명학을 강

일본군 진영을 방문하는 심유경

학한다는 명분으로 송응창을 만나 친해지는 계기로 삼았으며, 그것은 조선에서 양명학이 태동하는 계기가 되기도 했다. 그러나 송응창을 찾아가 양명학을 강학하는 것은 어디까지나 선조의 결전 의지를 보이기 위함이었다. 그러나 조선 조정의 이러한 노력에도 송응창은 일본군과의 강화 협상에만 주력했다.

1593년 4월 송응창은 먼저 심유경을 강화 협상자로 한양에 파견하고, 자신의 휘하에 있던 사용재와 서일관을 가짜 명나라 사신으로 꾸며 한양으로 보냈다. 이들은 4월 17일에 한양에 도착했고, 일본군은 4월 18일에 한양성에서 철수했다. 사실 일본군에게 한양성 철수는 보급품 단절로 인한 불가피한 선택이었지만 명군에게는 무혈입성의 명분을 세우는 일이었다. 따라서 퇴각하는 일본군에 대한 추격은 없었으며, 이때부터 활발한 강화 협상이 진행되었다. 명군 제독 이여송은 이때 일본군을 추격하려는 조선군을 적극 제지하며 일본군의 무사 퇴각을 책임질 정도였다.

이후 강화 사절단은 고니시 유키나가의 인도에 따라 부산에서 배를 타고 5월 15일 규슈의 나고야 성에 도착한 후 본격적인 협상을 시작했다. 그러나 명과 일본은 정작 전쟁의 당사자인 조선의 견해는 무시하고 강화 회담을 벌이는 몰지각한 태도를 보였다. 따라서 명과 일본의 강화는 조선의 동의가 없이는 효력을 발휘하기 어려운 것이었다. 더욱이 명과 일본이 내세우는 강화 조건은 애초부터 협상이 어려운 것이어서 강화 협상은 타결이 불가능했다.

명나라 경략 송응창이 처음 제시한 강화 조건은 일본을 조공 체제로 흡수하여 제후국의 지위를 인정해주고 조공과 책봉을 허락해준다는 것이었다. 본래 명은 일본을 제후국으로 보지 않고 호시互市를 통해 적당히 무역 시장을 열어주는 정도의 대외 관계를 유지하려고 했다. 따라서 일본은 명나라 황제나 황실 일원의 생일, 책봉, 승하, 혼인 같은 중대한 일이 있을 때 축하 사절을 보낼 수 없었고, 주기적으로 안부 인사를 위해 보내는 사신 파견 등의 의무도 없었다.

명나라에 조공을 바치러 가는 제후국은 황제에게 바치는 물품보다 황제로부터 받는 물품이 훨씬 많았고, 개시開市를 통한 무역 활동도 가능했기 때문에 제후국의 조공은 의무보다는 권리에 가까웠다고 할 수 있다. 실제로 조선 전기의 중종은 명나라에 사신 파견의 횟수를 늘려달라고 요청하기도 했다.

따라서 송응창이 제시한 일본과의 강화 조건은 명의 관점에서는 상당히 후한 것이었다.

일본 측에서는 제시한 강화 조건은 명나라와 조선으로서는 도저히 수용할 수 없는 것들이었다. 일본의 강화 조건 일곱 가지는 다음과 같다.

1. 상호 간 화호의 증거로 황제 집안의 여자를 일본의 후비로 보낼 것.

2. 근래 소원해진 관계로 감합 무역명나라 조정에서 무로마치 막부에 부여한 무역권으로 정식 무역선을 보내 명나라와 무역을 하게 했던 것이 단절되었으므로 이후 관선과 상선이 왕래하게 할 것.

3. 대명과 일본의 화호가 변함없을 것이라는 뜻을 양국의 조정 대신들로 하여금 서약하게 할 것.

4. 조선은 지난번1592에 군대를 파견해 정벌했다. 이제 점차 국가를 안정시키고 백성들을 안주하게 하기 위해 장수를 보내려고 했으나 제시한 조건들을 받아들인다면, 조선의 역의逆意를 더 이상 추궁하지 않고 대명과 팔도를 분할하여 그중에서 네 개 도와 한양을 조선 국왕에게 주겠다. 이는 지난번 조선에서 세 명의 사신을 보내어 증물을 교환했던 일을 높게 사는 것이다.

5. 네 개 도를 반환할 것이니 조선 왕자를 인질로 하여 일본으로 보내고, 대신 한두 명도 인질로서 왕자를 호종하게 할 것.

6. 지난해 선봉군이 사로잡은 황태자 두 명은 평범하지 않은 자들로 화친에 방해가 되어서는 안 되므로 네 명은 심유경에게 맡겨 조선으로 돌려보낼 것.

7. 조선의 국왕은 만세토록 서약을 위반하지 않겠다는 서약서를 작성할 것.

일곱 가지의 조건은 대체로 명의 황녀와 조선의 왕자를 인질로 삼겠다는 요구와 조선의 네 개 도를 할양해달라는 요구, 명과의 무역 재개 요구가 주를 이루는 내용이라고 할 수 있다. 또한 일본은 본래 조선을 지배하고 있었는데, 이번 임진년에 조선이 역의를 품고 일본에 반발했기 때문에 징벌했다는 식의 파렴치한 태도를 보인다. 이는 사실 왜곡일 뿐 아니라 조선을 배제한 명과 일본의 강화 협상이 얼마나 위험한지를 보여주는 대목이다. 또한 일본의 야욕이 전란 초기에는 명을 침략하겠다는 허황된 것이었다가 나중에는 조선의 영토를 할양받겠다는 실질적 것으로 바뀐 정황도 알 수 있다. 도요토미 히데요시는 임진왜란을 일본의 승리로 인식했고, 승자의 입장에서 강화 조건을 내걸었다. 그는 조선 정벌 성공의 보상으로 조선의 네 개 도를 할양받아 자신의 수하들에게 실질적인 전리품으로 수여할 심산이었다. 또한 기존의 명과의 관계에 순응하지 않고, 명과 일본을 동등한 외교적 관계에 놓고 황녀를 인질로 삼겠다는 태도를 보였다.

도요토미 히데요시

일본이 제시한 강화 조건은 조선은 물론이고 명으로서도 수용할 수 없었다. 이중 명나라 사절단이 가장 난색을 표한 것은 명의 황녀를 일본의 후비로 시집보낸다는 조건이었다고 한다.

경략 송응창은 히데요시가 제시한 일곱 가지 강화 조건을 명나라 조정에 그대로 보고하지 않고, 책봉과 조공만 요구한다고 거짓 보고했다. 이후 명나라 사신 사헌이 조

고니시 유키나가가 주둔했던 순천 왜성. 강화 협상이 진행되는 동안 왜군은 본국으로 철수하지 않고 남쪽 해안가에 성을 쌓고 주둔하고 있었다.

선에 왔을 때 거짓 보고가 밝혀지자 송응창은 탄핵당하고 명나라로 돌아간다. 송응창의 후임으로는 고양겸이 왔는데 그 역시 상황을 반전시키지 못하고 사직했다. 고양겸의 후임으로 온 경략 손광도 강화를 주장했다. 또 다시 대규모 구원병을 보내주기에 명나라는 재정적인 면에서나 병력 면에서 바닥이 드러나 무력으로는 왜군을 물리칠 수 없었기 때문이었다. 결국 명나라 조정은 강화안을 채택하고 히데요시의 항복 문서를 요구했다.

1594년 고시니 유키나가와 심유경은 모의하여 나이토 조안을 가짜 납관사^{항복 문서를 전달하는 사신}로 꾸며 북경에 보냈다.

가짜 항복 문서를 받은 명나라 황제는 책봉 결정을 내리고 책봉 사절을 시켜 임명장과 관복, 금인을 가지고 전달하도록 했다. 1595년 1월 북경을 출발한 책봉 사절은 1596년 9월 1일 오사카 성에서 도요토미 히데요시를 접견하고 임명장과 금인, 관복을 전달한다. 이때 히데요시는 조선 통신사는 접견하지 않았다. 이틀 후 임명장을 읽은 히데요시는, 임명장에 책봉 사실만 있을 뿐 자신이 제시한 일곱 가지 강화 조건에 대한 내용이 없자 무시당했다고 생각해 격노한다.

이렇게 명나라와 일본 간의 강화 회담은 결렬되었다. 히데요시는 재파병을 결심했고 이듬해인 1597년에 정유재란이 발발했다.

도요토미 히데요시는 조선의 네 개 도를 할양받을 수 없다는 점과 명이 일본을 종속적인 관계에서 대우하려고 한다는 점에 분개해 협상을 결렬시켰다고 볼 수 있다. 실제 강화 협상 과정에서 명나라 군대는 주둔군을 거의 본국으로 돌려보낸 반면, 도요토미 히데요시는 일본군의 주력 부대를 남쪽 해안가에 왜성을 쌓고 계속 주둔하도록 했다. 그는 이미 협상 결렬을 직감하고 무력으로라도 조선의 네 개 도를 경략하려는 속셈을 가지고 강화 회담을 진행시켰던 것이다. 따라서 조선은 물론이고 명으로서도 실패한 회담이었다.

명나라 사신 양방형과 심유경이 일본에서 돌아왔다.

이 일이 있기 전이다. 양방형 등이 일본에 도착하니 관백 도요토미 히데요시는 관사를 화려하고 성대하게 꾸며놓고 그들을 영접하려 하였는데, 마침 어느 날 밤에 지진이 크게 나서 관사가 거의 무너지고 말았다. 그래서 결국 다른 집에서 그들을 맞이하였다. 관백은 두 사신과 한두 번 만났는데, 처음에는 책봉을 받을 것처럼 하더니 갑자기 크게 화를 내며 말하였다.

"내가 조선의 왕자들을 돌려보내주었으니 조선은 마땅히 왕자들을 보낸 것에 감사 인사를 해야 할 것인데 품계가 낮은 사신을 보내다니 이는 나를 업신여기는 것이다."

이에 황신 등은 임금의 명령을 전하지 못하였고, 히데요시는 양방형과 심유경 등을 재촉하여 함께 돌아가게 하였다. 히데요시는 또한 명나라에 사은하는 예절조차 갖추지 않았다. 적장 고니시 유키나가는 부산포로 돌아왔으며, 가토 기요마사도 군대를 이끌고 계속해서 서생포에 주둔하며 이런 말을 퍼뜨렸다.

"왕자가 와서 감사를 표해야만 철병할 것이다."

관백의 요구는 너무 많아서 책봉과 조공에 그치지 않았다. 그러나 명나라는 책봉만 허락하고 조공은 허락하지 않았다. 그런데 심유경과 고니시 유키나가는 서로 친분이 있어서 미봉책을 써서 구차하게 일을 성사시키려고 했던 것이다. 있는 그대로의 실상을 명나라와 우리나라에 알려주지 않아서 결국 일이 틀어져버렸다.

우리나라는 즉시 명나라에 사신을 보내 이 일에 대하여 보고하였다. 이에 석성과 심유경은 모두 죄를 얻었고, 명나라는 조선에 다시 원군을 보냈다.

수군통제사 이순신을 체포하여 옥에 가두었다.

처음에 원균은 이순신이 와서 자신을 구원해준 것을 고맙게 여겨 사이가 매우 좋았지만, 얼마 뒤 서로 공을 다투면서 점점 사이가 나빠졌다. 원균은 성격이 음험하고 바르지 못하였으며, 또 중앙과 지방에 연계가 있는 사람이 많아 이순신을 모함하는 데 온 힘을 다하였다. 그는 항상 말하였다.

"이순신이 처음에는 내가 있는 곳으로 오지 않겠다고 하다가 내가 몇 번이나 청해서 왔으니, 왜군에게 승리한 공은 당연히 내가 첫 번째이다."

이때 조정의 여론은 둘로 나뉘었다. 애당초 이순신을 천거한 사람은 나였기 때문에 나를 좋아하지 않는 사람들은 원균과 합세하여 이순신을 공격하는 데 열심이었다. 오직 우의정 이원익만이 사실이 그렇지 않음을 밝혔고, 또 이렇게 말했다.

"이순신과 원균은 각자 지역을 나누어 지키고 있었으므로 처음에 이순신이 곧장 원균에게 가지 않은 것은 그리 잘못한 일이 아닙니다."

이보다 앞서 적장 고니시 유키나가가 왜군 요시라[20]를 보내 경상 우병사 김응서의 진영을 왕래하며 정성을 보이고 있었다. 이때 가토 기요마사가 다시 출병하려고 하였는데, 요시라가 김응서에게 은밀하게 말하였다.

"우리 장군 고니시 유키나가는 지금 이 화의가 성사되지 못하는 것은 가토 기요마사 때문이라며 장군은 그를 무척 미워한다고 말하였습니다. 아무 날에 가토 기요마사가 바다를 건너올 것인데 조선은 수전에 능하니, 만약 바다에서 기다리고 있으면 그를 죽일 수 있을 것입니다. 부디 이 기회를 놓치지 마십시오."

김응서가 이 말을 위에 알리니 조정에서는 이 말을 믿었다. 해평군 윤근수는 뛸 듯이 기뻐하며 이 기회를 놓칠 수 없다며 여러 차례 임금께 아뢰고 이순신에게는 나가 싸울 것을 재촉하였다. 그러나 이순신은 적의 속임수일지도 모른다고 생각해 며칠 동안 주저하고 있었다. 이 즈음 요시라가 다시 와서 말하였다.

"가토 기요마사가 이미 상륙하였습니다. 조선은 어째서 그들을 공격하지 않았습니까?"

그러고는 매우 안타까워하는 척하였다. 이 일이 조정에 알려지자 조정의 대신들은 모두 이순신이 잘못했다고 말하며 잡아들여 문책을 해야 한다고 주장하였다. 현풍 사람 전 현감 박성도 당시 여론에 기대 상소를 올려서는 이순신을 죽여야 한다고 극언을 하였다.

마침내 의금부 도사를 보내 이순신을 체포해오고 이순신을 대신하

---

20 요시라는 고니시 유키나가 휘하의 통역관인데, 훗날 조선에 거짓으로 투항하여 이중간첩으로 활동했다.

여 원균을 수군통제사에 임명하였다. 그러나 임금은 여전히 소문이 사실이 아닐 것이라고 의심하여 특별히 성균관 사성 남이신을 한산도에 내려보내 사정을 알아보게 하였다. 남이신이 전라도에 들어가자 셀 수 없을 정도로 많은 백성과 군인들이 길을 막고 이순신의 억울함을 호소하였다. 그러나 남이신은 사실대로 보고하지 않았다.

"가토 기요마사가 바다 가운데 섬에 일주일간 머무르고 있었으니 만약 우리 군대가 갔더라면 그들을 잡아 올 수 있었을 것입니다. 그러나 이순신이 주저하고 지체하느라 기회를 잃은 것입니다."

이순신이 옥에 갇히자 임금께서 대신들에게 명하여 그의 죄를 의논하게 하였는데, 오직 판중추부사 정탁만 그를 옹호하며 말하였다.

"이순신은 훌륭한 장군이니 죽여서는 안 됩니다. 군사상의 이롭고 불리함은 먼 곳에서는 헤아리기 어렵고, 그가 진격하지 않은 데에는 분명 다른 생각이 있었을 것입니다. 청컨대 그를 너그러이 용서하여 나중에 공을 이룰 수 있도록 해주십시오."

그리하여 조정에서는 이순신을 한 차례 고문하여 사형을 감해주고, 관직을 삭탈하고 사졸로서 군을 따르게 하였다. 이순신의 노모는 아산에 살고 있었는데 이순신이 옥에 갇혔다는 소식을 듣고 걱정하고 근심하다가 세상을 떠났다. 이순신이 옥에서 나와 아산을 지날 때 상복을 입은 채로 곧장 권율의 휘하로 들어가 종군하니, 사람들이 이를 듣고 슬퍼하였다.

명나라가 병부상서 형개를 총독군문에, 요동 포정사민사를 담당하는 관리 양호를 경리조선군무에, 마귀를 대장에 임명하였다. 양원, 유정, 동일원 등이 잇따라 조선으로 왔다.

정유년1597, 선조30 5월에 양원이 3,000명의 군사를 거느리고 먼저 와서 한양에서 며칠 동안 머무르다가 전라도로 내려가 남원에 주둔하였다. 남원은 전라도와 경상도의 요충지에 자리하고 있으며 성이 제법 견고하고 완전한 데다 이전에 낙상지가 증축하여 지킬 만하였기 때문이다. 성 밖에는 교룡산성이 있었는데, 많은 사람들이 이 산성을 지키고 싶어 하였다. 그러나 양원은 남원 본성을 지켜야 한다며 낮은 담을 증축하고 해자를 팠으며, 해자 안쪽에는 양마장을 설치하였다. 밤낮으로 공사를 독려하여 한 달 남짓에 공사를 대략 마쳤다.

징비록 · 권 4

정유년1597. 선조30 8월 7일에 한산도의 수군이 참패하였다. 통제사 원균과 전라 우수사 이억기는 전사하고, 경상 우수사 배설은 달아나 죽음을 면하였다.

처음에 원균은 한산도에 오자마자 이순신이 정해놓은 규정들을 모두 바꾸고, 군영의 부장이나 군졸들 중에 조금이라도 이순신의 신임을 받았던 자들은 모두 배척하였다. 그중에서도 이영남은 전에 자신이 패하여 도망쳤던 정황을 상세히 알고 있었기 때문에 더욱 미워하였다. 군영에 있던 사람들은 이런 처우를 원통하고 분하게 여겼다.

이순신은 한산도에 있을 때 운주당을 건립하여 아침저녁으로 그곳에 머무르며 여러 장수들과 전쟁 및 군무에 관해 토론하였다. 비록 하급 군사라 하더라도 군무에 관하여 하고 싶은 말이 있으면 자유롭게 말할 수 있게 하여 군영 내의 정황을 잘 파악할 수 있었다. 전투에 임할 때는 부하 장수들을 모두 불러 계략이나 전술을 묻고 전략을 정한 이후에 전투를 벌였기 때문에 패하는 일이 없었다.

그러나 원균은 운주당에 애첩을 데려다 놓고 둘레에는 두꺼운 울타리를 쳐 안과 밖을 격리시켰다. 여러 장수들이 그의 얼굴을 볼 수가 없었다. 또 술을 좋아하여 술주정과 화내기를 일삼았고, 형벌을 집행하는

데에도 일정한 법도가 없었다. 군영의 군사들은 이렇게 말하였다.

"적을 만나면 도망가는 수밖에 없지!"

장수들도 자기들끼리 서로 조롱하고 비웃었으며 원균에게 군사 일을 보고하지도 않았고, 그를 두려워하지도 않았다. 그런 까닭에 원균이 내리는 명령이 제대로 이루어지지 않았다.

이때 왜군은 다시 쳐들어오려고 하고 있었다. 이에 고니시 유키나가가 다시 통역관 요시라를 보내 당시 경상 좌도 병마절도사 김응서에게 거짓으로 말하였다.

"아무 날에 왜의 함대가 추가로 도착할 것이니 조선군은 그때를 기다렸다가 공격하는 것이 좋겠습니다."

도원수 권율은 그 말을 믿었고, 또 이순신이 전에 적과 싸우지 않고 머뭇거리다가 죄를 얻은 일이 있었기 때문에 날마다 원균에게 진격하라고 재촉하였다. 원균도 이순신이 적을 보고도 진격하지 않았다고 모함해서 그의 자리를 꿰찬 것이었기 때문에, 상황이 이렇게 되자 형세가 불리하다는 것을 알면서도 핑계 댈 말이 없었다. 그래서 어쩔 수 없이 모든 함선을 이끌고 진격하였다.

왜군의 군영은 언덕 위에 있었는데 조선 함대가 지나는 것을 내려다보고는 자기들끼리 신호를 보냈다. 원균이 절영도에 이르렀을 때 바람이 불어 파도가 일어나는 데다가 해는 이미 지고 함대를 정박할 장소도 없었다.

멀리서 왜군의 함대가 출몰하는 것을 보고 원균은 군사들에게 나아가 싸우라고 지시하였다. 그러나 배 안에 있던 사람들은 한산도에서부터 종일 노를 저어 오느라 제대로 쉬지 못한 데다가 허기와 갈증까지 심해져 도저히 배를 제대로 움직일 수 없었다. 이에 우리 함대들은 왼쪽으로 갔다가 오른쪽으로 갔다가, 앞으로 갔다가 뒤로 갔다가 하며 잠깐 나아갔는가 싶다가 금세 물러나 있곤 하였다. 왜군은 우리 군사들을 지치게 하려고 우리 함대에 가까이 접근하였다가 갑자기 방향을 돌려 거짓으로 달아나기만 하고 교전하지는 않았다. 밤이 깊어지고 바람이 강해지자 우리 함대는 사방으로 흩어져서 표류하며 어디로 가는지 전혀 방향을 모르고 있었다.

원균은 간신히 남은 배를 수습하여 가덕도로 돌아갔다. 장수들과 군사들은 갈증이 심해서 앞다투어 배에서 내려 물을 찾았다. 이때 왜병들이 갑자기 섬 가운데에서 뛰쳐나와 우리 군사들을 덮치니, 그 와중에 장수와 군사 400명을 잃었다. 원균은 다시 퇴각하여 거제 칠천도에 도착하였다.

권율은 당시 거제 옆 고성에 있었는데, 원균이 아무런 성과를 내지 못하자 격문을 보내 그를 불러 곤장을 치고 다시 나가서 싸우라고 지시하였다. 곤장을 맞고 군영에 돌아온 원균은 몹시 분해 하며 술이 취해서는 드러누웠다. 휘하 장수들이 원균을 만나서 대책을 논의하고자 하였지만 그럴 수 없었다.

그날 밤중에 왜군의 함대가 와서 원균의 부대를 기습하니 원균의 부대는 대패하였다. 원균은 달아나 해변에 도착해서는 배를 버리고 언덕으로 올라가 달아나려고 하였지만 몸이 뚱뚱하고 둔해서 소나무 아래에 앉아 있었다. 그 사이에 측근들은 모두 달아났다. 어떤 사람은 원균이 적에게 살해되었다고 하고, 어떤 사람은 달아나서 목숨을 건졌다고 하는데 무엇이 사실인지는 알 수 없다.

이억기는 배에서 바다로 뛰어들어 죽었다. 배설은 이 일이 있기 전부터 원균에게 이대로는 반드시 질 것이라며 여러 번 간언하였고, 패전한

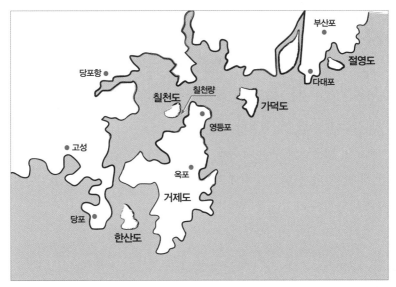

전라 좌수영이 있던 한산도와 원균이 패전한 칠천량. 파직된 이순신 후임으로 삼도 수군통제사가 된 원균은 1597년 7월 칠천량에서 왜군에 패전하고 전사했다.

당일에도 말하였다.

"칠천도는 수심이 얕고 물목이 좁아서 배를 움직이기에 불리하니 반드시 다른 곳으로 진을 옮겨야 합니다."

그러나 원균은 그의 말을 모두 듣지 않았다. 이에 배설은 자신이 거느린 함대에 변란을 대비하여 경계 태세를 유지하라고 미리 일러두었다. 배설은 왜군이 침범하여 급습하는 것을 보고 항구를 빠져나와 먼저 달아났기 때문에 그의 부대만이 온전히 살아남았다.[21] 배설은 한산도로 돌아와 섬에 남은 사람들을 다른 곳으로 옮겨가게 해 왜군을 피하게

---

21 배설은 12척의 배를 거느리고 달아나 살아남았는데, 이 12척의 패전선을 나중에 수군통제사로 재임명된 이순신이 인수하게 된다.

한 후, 막사와 군량, 군기를 태우고 자신도 떠났다.

조선 수군이 한산도에서 패전한 이후 왜군은 승세를 타고 서쪽으로 향하여 남해와 순천을 차례로 함락시켰다. 왜군의 함대는 두치진경남 하동 일대의 나루에 상륙하여 바로 진격하여 남원을 포위하니, 충청도와 전라도가 크게 소란스러워졌다.

왜군이 임진년에 우리 국경에 쳐들어온 이후로 오직 우리 수군에게만 패배하였다. 도요토미 히데요시는 이에 화가 나서 고니시 유키나가에게 반드시 우리 수군을 쳐부수라고 명하였다. 이에 고니시 유키나가는 요시라를 시켜 거짓으로 김응서에게 왜군의 상황을 알려주는 척하면서 이순신이 죄를 얻게 하였고, 또 원균 부대의 실상을 모두 파악한 뒤 원균의 부대를 바다 한가운데로 유인하여 급습하였던 것이다. 적의 교묘한 계략에 우리들이 모두 말려들고 말았으니 참으로 안타깝다.

황석산성이 왜군에게 함락되어 산성을 지키던 안음 현감 곽준과 전
함양 군수 조종도가 전사하였다.

처음에 체찰사 이원익과 도원수 권율이 경상도의 산성들을 보수하
여 적을 막는 것에 대해 논의해 공산, 금오, 용기, 부산 등의 산성을 보
수하였는데, 공산성과 금오산성은 백성의 노동력을 특히 많이 써서
보수하였다. 주변 고을의 군기나 군량을 거두어 산성에 채우고, 수령
들에게 명하여 노인, 어린이, 남자, 여자들을 모두 데리고 성안에 들어
가 지키게 하니, 가깝고 먼 곳의 민심이 소란스러워졌다.

왜군이 다시 움직일 때 가토 기요마사는 서생포에서 서쪽으로 향하
여 전라도로 갔다. 그는 수로로 오는 고니시 유키나가의 수군과 합세
하여 남원을 공격하려고 하였다. 그러자 도원수 이하의 장수와 군사
들은 모두 멀리서 왜군이 오는 것을 보고는 몸을 빼 도망쳤다. 그들은
각처의 산성을 지키는 사람들에게 전령을 보내 각각 흩어져서 적병을
피하라고 알렸다.

오직 의병장 곽재우만이 창녕의 화왕산성에 들어가 죽음을 각오
하고 지켰다. 산 아래에 이른 왜군은 형세가 험준하고 성안이 조용
한 데다 사람들의 움직임도 없는 것을 보고는 공격하지 않고 떠나버

렸다.[22]

안음 현감 곽준이 황석산성에 들어갔고, 전 김해 부사 백사림도 성으로 들어갔다. 백사림은 무관이었기 때문에 많은 사람들이 그에게 크게 의지하였다. 그런데 왜군이 성을 공격한 지 하루 만에 백사림이 먼저 달아나니 여러 군사들도 모두 달아나고 말았다. 적들이 성에 들어오자 곽준은 아들 이상, 이후와 함께 싸우다 전사하였다.

곽준의 딸은 유문호에게 시집갔는데, 유문호가 왜군에게 포로로 잡히고 말았다. 딸 곽씨는 성을 빠져나온 뒤에 그 소식을 듣고는 여종에게 말하였다.

"아버님께서 돌아가셨는데도 내가 죽지 않은 것은 남편이 살아 있기 때문이었다. 그런데 이제 남편까지 적에게 잡혔으니 내가 어떻게 삶을 이어갈 수 있겠느냐?"

그러고는 목을 매어 자결하였다.

조종도는 전에 이렇게 말한 적이 있다.

"내 일찍이 벼슬을 하였던 사람인데 달아나 숨는 무리와 함께 들에서 죽을 수는 없다. 죽으려거든 당당하게 자결해야 마땅하다."

그는 처자식을 데리고 성으로 들어가 시를 지었다.

공동산[23] 밖이라면 사는 것이 오히려 즐겁지만

---

22 이때 곽재우는 화왕산성을 지나쳐 경상 우도로 가던 가토 기요마사 부대의 후미를 공격하여 큰 타격을 입혔다.

23 공동산은 전설 속의 선인 광성자(廣成子)가 도를 닦던 산으로, 공동산 밖에 산다는 것은 은거하며 도를 닦고 장수를 누린다는 것을 말한다.

순원성[24] 안이라면 죽는 것 또한 영예롭도다

이 시를 남기고 그는 곽준과 함께 적에게 살해당하였다.

---

24 당(唐)나라 현종(玄宗) 때 안록산의 난이 일어나 장순(張巡)과 허원(許遠)이 수양성(睢陽城)을 지키다 전사하였다. 그때부터 장순의 '순'과 허원의 '원'을 따서 수양성을 순원성이라 부른다.

칠천량 해전의 참패와
정유재란의 발발

　도요토미 히데요시의 무리한 요구로 강화 협상에 실패한 왜군은 기다렸다는 듯이 재침을 감행했다. 바로 정유재란이다. 정유재란은 임진왜란보다 피해가 적었다고 생각하는 경향이 있지만 사실은 임진왜란 못지않은 참혹한 피해를 입은 전란이었다. 피해는 믿었던 수군의 칠천량 해전 참패에서 비롯되었다.

　칠천량 해전의 참패는 조선의 수군통제사 교체라는 오판과 심기일전한 왜군의 철저한 대비가 가져온 참담한 결과였다. 특히 도요토미 히데요시는 1차 전쟁임진왜란의 실패 요인을 수군의 패전으로 인한 보급로 단절 때문이라고 분석했다. 그래서 이번에는 먼저 조선 수군의 함대를 궤멸시킨 후 전라도와 충청도를 장악하는 이른바 수륙병진 작전을 치밀하게 구상한 다음 침략해온 것이다.

　일본은 2차 전쟁정유재란을 도발하며 임진왜란 때처럼 해전에서의 참패를 되풀이하지 않기 위해 쓰시마와 간토關東지역 등지에서 꾸준히 선박을 건조하면서 수군을 육성했다. 왜군은 수군의 패인을 기동력을 중시하는 작은 선박세키부네에 있었다고 여기고 대형 선박인 안택선아타

케부네을 건조하는 한편, 야간 기습과 포위를 통한 전략을 수립했다.

한편으로 이순신과 원균의 불화를 감지하고 통역관 요시라를 이중 간첩으로 활용해 거짓 정보를 흘리며 이순신을 궁지에 몰았다. 다양한 방법으로 이순신의 힘을 뺀 후에 조선의 수군과 맞서겠다는 전략이었고, 일본의 이러한 전략은 적중했다. 이순신이 수군통제사에서 해임되고 그 자리에 원균이 임명되는 엄청난 결과를 이끌어냈기 때문이다.

철저하게 대비하고 치밀하게 준비한 왜군과는 달리 조선군의 준비 상태는 미흡했다. 특히 수군통제사였던 이순신의 해임은 조선 수군의 사기와 병력에 엄청난 타격을 주었다.

조정은 1594년 9월부터 전개된 거제도 공략 작전에서 이순신이 별다른 전과를 올리지 못하고 원균과 갈등이 심해지자 점차 이순신을 불신하기 시작했다. 게다가 1596년 7월에는 이몽학의 난이 일어나 이반된 민심에 대한 불안감이 증폭된 상태였다. 더군다나 호남 지역의 의병장 김덕령이 난에 연루되었다는 말이 나오자 선조는 의병장들까지 의심하기 시작했다.

전쟁을 피해 도성을 버리고 피난을 갔던 자신과 달리, 여러 전투에 참여해 많은 병력을 지휘하며 신뢰를 얻은 지휘관들이 선조로서는 마음에 들지 않았던 것이다.

그 와중에 왜군을 토벌할 수 있다는 첩보를 듣고도 함대를 출병시키지 않았다며 선조는 이순신을 삼도 수군통제사에서 해임하고 왕명을 거스른 죄를 물어 문책했다. 그 결과 이순신은 권율 부대의 말단 군사로 충군되어 백의종군하는 시련을 겪었다.

한편 이순신이 해임되자 평소 선조에 의해 지나치게 높이 평가되던 원균이 삼도 수군통제사로 임명되어 부임했다. 임진왜란 발발 당시 원균은 경상 우도의 수군을 책임지는 경상 우수사였다. 개전 초기 원균은 진격해오는 왜군의 규모에 겁을 먹고 아군의 배를 침몰시키고 무기를 바다에 버리는 어처구니없는 오류를 저질렀다. 당시 경상도의 수군이 전라도의 수군보다 전력의 규모가 컸다는 것을 고려하면, 개전 초기 원균이 저지른 수군 전력의 상실은 비난받아 마땅한 무책임한 행동이었다. 그럼에도 선조는 원균이 이후 전라 좌수사 이순신과 협력해 큰 공을 세웠다고 치켜세웠다. 이순신의 전공을 평가절하하기 위해서라도 원균의 공을 부풀릴 수밖에 없었던 것이다. 결과적으로 원균을 새로운 수군통제사로 임명한 것은 정유재란 시기 조선 조정의 가장 큰 오판이었다.

정유재란 발발 이전에 선조와 조정 중신들은 강화 협상 과정에서 왜성을 쌓고 해안가에서 버티고 있는 왜군을 과감하게 몰아내지 않고 소극적으로 대응하고 있는 이순신을 못마땅하게 여기고 있었다. 류성룡조차 선조가 이순신의 소극적인 자세에 대해 신랄하게 비판하자 어느 정도 동의했을 정도였다.

한편 당시 충청 군사로 재직하고 있던 원균은 이순신의 잘못을 들춰내며 이순신의 소극적 전략을 앞장서서 비판하는 상소를 올리기도 했다. 선조의 마음은 점점 이순신한테서 떠나게 되었고, 급기야 원균을 이순신의 대안으로 생각하는 오판을 저지르고 말았다. 그러나 이는 약 5년 동안 제해권을 장악한 이순신의 경험을 무시한 어리석은 처사였고, 이순신을 중심으로 조직적으로 구성된 수군을 와해시키는 위험한 처사였다.

원균이 갑작스럽게 통제사로 부임하자 이순신 휘하 장수들의 불만이 커졌다. 원균은 군영의 부하 장수들을 제대로 장악하지도 못하고 본이 되는 몸가짐을 보이지도 못했다. 게다가 상사들과의 관계도 원만하지 못해 체찰사 이원익과 도원수 권율의 신임을 얻지도 못했다. 설상가상으로 선조는 원균으로부터 군 통제권을 빼앗아 체찰사와 도원수에게 넘겨주니, 원균은 사실상 지휘통제권이 없는 이름뿐인 삼도 수군통제사였다. 이것은 칠천량 해전에서의 참담한 패배를 야기한 단초가 되었다.

통제사로 부임한 원균은 왜군의 형세와 조선 수군의 실정을 알게 되자, 지금껏 자신만만하게 왜놈들을 쓸어버리겠다고 큰소리치던 기백이 사라지고 말았다. 조선 수군의 모자란 병력과 전선戰船으로는 적의 주둔지인 안골포와 가덕도를 공격할 수 없다고 판단했는데, 이것은 선조의 명령을 거스르는 것이었다. 결국 체찰사와 도원수는 왜군의 수로 차단을 위해 출정할 것을 종용했고, 원균이 머뭇거리자 소환해 곤장을 때

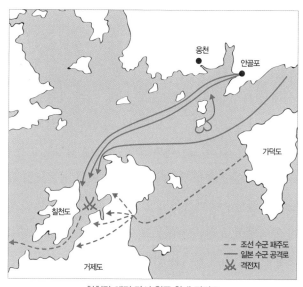

칠천량 해전 당시 원균 함대 진격로

렸다. 자존심에 상처를 입은 원균은 울분에 차서 칠천량으로 진군하는 우를 범하고 말았다.

　당시 조선 수군의 전력은 전선이 134척, 병력이 1만 3,200명에 불과했다. 이 규모로는 도저히 부산 앞바다를 장악할 수 없었다. 수군의 구성도 영호남의 공사노비와 제석산성에 있던 5,000여 병력을 합친 것이었기 때문에 전투 능력도 떨어졌다. 따라서 체찰사와 도원수가 주장한 수로 차단 전략은 처음부터 실현 불가능한 일이었다. 그런데도 상부의 압박을 이기지 못해 제대로 된 전략을 세우지도 않은 채 대규모 출정을 단행했으니 패전은 명약관화한 것이었다.

　원균의 함대는 7월 14일에 처음 부산 앞바다에 도착한 일본 함대와 해전을 시도했다. 이때 일본 함대는 전면전을 회피하며 도망쳤다. 원균 함대는 왜군 함대를 추격했고, 부산 앞바다의 물마루를 지나 좁은 지점에 이르렀다. 그때 원균의 함대는 불운하게도 풍랑을 만나 표류하게 된다. 물의 형세와 지형의 특징을 이용하며 전투를 이끌던 이순신과 달리, 원균의 함대는 도리어 왜군의 작전에 휘말려 풍랑을 만난 것이다.

　우여곡절 끝에 가덕도에 이르러 겨우 함대를 수습한 원균은 군사들을 시켜 섬에 상륙해 물을 구해오도록 했다. 이때 가덕도에 매복해 있던 왜군에게 조선 수군은 맥없이 도륙당하고 만다. 피로와 갈증에 지쳐 있던 우리 군사들은 갑작스런 적의 출몰에 크게 당황했고 우왕좌왕하다가 많은 병력을 잃고 도망치듯이 가덕도를 떠나 영등포로 갔다. 그러나 영등포에도 일본군이 매복하고 있었다. 적의 근거지에서 원균의 함대는 이미 포위당했고 적은 재빠르고 기민하게 원균의 함대를 조여온 것이다. 원균은 허겁지겁 퇴각을 명령했다.

　이튿날인 15일은 기상이 나빴다. 원균 함대는 풍랑을 무릅쓰고 칠천량으로 물러나 바다에 표류하고 있었다.

그러나 이미 원균 함대의 이동 경로를 파악한 일본의 수군은 칠천량 주변을 에워쌌다. 칠천량의 비극이 시작되고 있었다. 정유재란을 계획할 당시 일본 수군은 조선의 판옥선에 대항하기 위해 기습 작전과 포위 공격 전술을 세워놓은 상태였다. 왜군은 이러한 전술에 따라 16일 새벽에 원균 함대를 기습적으로 포위했다.

반면 원균의 함대는 피로에 지쳐 경계를 서지 않는 실수를 범했고, 왜군의 급습에 속수무책으로 당할 수밖에 없었다. 이미 조선군은 왜군의 육박전에 말려들고 말았다.

일본 수군은 본래 상대방의 배를 여러 척의 배로 둘러싼 후 범주帆柱를 눕혀 사다리로 삼고 상대방의 배로 넘어가 육박전을 벌이는 데 능했다. 이에 반해 조선의 판옥선은 사거리와 정확성이 우수한 함포와 활

칠천량해전도. 칠천량 해전에서 승리한 왜군은 전라도로 밀고 들어가 더욱 가혹한 약탈을 자행했다.

을 이용한 공격에 능했다. 따라서 전투의 결과는 불을 보듯 뻔한 것이었다.

새벽부터 시작된 전투는 오전 8시경 더욱 치열해졌다. 겨우 탈출한 원균의 함대 중 한산도를 향해 나아간 배설과 원균의 함대도 추격에서 벗어나지 못했다. 결국 원균은 고성의 추원포까지 쫓기다가 육지에서 적병에 의해 살해당했다. 한편 《선조수정실록宣祖修正實錄》에는 원균이 혼자서도 끝까지 죽기를 각오하고 싸우다가 전사했다고 기록되어 있다. 아마도 임진왜란 후 선무 일등 공신에 녹훈된 원균의 최후를 부정적으로 묘사하고 싶지 않았던 게 아닐까?

적의 함대는 이렇다 할 전술을 쓰지도 않고 풍랑과 표류, 피로에 지친 조선 수군을 손쉽게 궤멸시켰다. 무패의 신화에 빛나던 조선 수군과 전선이 제대로 힘 한번 써보지도 못하고 칠천량 앞바다에 수장되고 만 것이다.

칠천량 해전의 참패는 그 결과가 매우 참담했다. 제해권을 상실한 조선 수군은 왜군의 전라도 진격을 막아내지 못했고, 왜군은 경상도는 물론이고 전라도로 밀고 들어가 남원성까지 진출해 더욱 가혹한 약탈에 나섰다. 보급로가 생기면서 왜군의 침략과 침투 범위는 더욱 광범위해지고 용이해졌다. 전황은 조선에게 더욱 불리하게 작용했으며 민간인이 입은 피해는 임진왜란 때보다 더 심했다.

나름의 군공을 세우고 맹장으로 평가받던 원균의 처참한 패배와 수군의 궤멸 소식은 조정으로서는 큰 충격이었다. 백의종군 중에 모친상을 당한 이순신에게도 칠천량 해전의 참패는 크나큰 충격이었다. 이순신과 함께했던 역전의 장수인 이억기, 최호 등은 물에 뛰어들어 죽고, 전쟁 경험이 풍부한 군사들도 모두 죽고 말았다.

명량해전도. 명량 해협은 좁고 소용돌이가 많이 일어 적은 군사로 큰 부대를 상대하기에 용이했다.

이후 선조는 다시 이순신을 삼도 수군통제사로 임명했으나, 이순신에게 이 임명장이 결코 달가울 리 없었다. 이순신은 통곡을 금치 못했다. 과연 그 통곡에 담긴 이순신의 심사는 무엇이었을까? 어쩌면 그 통곡 속에는 조정의 잘못된 판단으로 무고한 부하들을 희생시킨 데 대한 원망과 그 책임을 다시 자신에게 전가하고자 하는 조정의 처사에 대한 울분도 담겨 있지 않았을까?

이순신이 다시 수군통제사에 부임했을 때 강력한 조선의 수군은 온데간데없고 칠천량 해전에서 도망쳐 나온 배설의 함대 12척만 남아 있을 뿐이었다. 급기야 수군 폐지론까지 거론되는 상황이었다. 그럼에도 이순신은 수군이 무너지면 호남이 무너지고, 호남이 무너지면 조선이 무너진다는 논리의 상소를 올려 수군을 보전시키고 이후 명량 해전에서 빛나는 전공을 세우게 된다.

명량 해전은 세계 해전사에 길이 빛나는 전투로 평가받는다. 부족한 병력, 턱도 없이 모자란 선박과 물자, 사기는 떨어지고 공포에 시달리는 아군, 이 모두가 이순신을 괴롭히는 악재였다. 그러나 이순신은 명량 해전을 승리로 이끌면서 다시 수군을 재건할 수 있는 교두보를 마련했다.

명량 해전은 칠천량 전투의 패전으로 호남이 뚫리면서 다시 한양이 무너질 뻔한 절체절명의 위기에서 또 한번 조선을 구해낸, 이순신의 영웅적 활약상이 농축된 전투라고 할 수 있다. 명량 해협에서 이순신은 아군 12척의 배로 왜군의 배 120여 척을 섬멸하는 데 성공했고, 이 전투의 승리로 다시 왜군을 교착 상태에 빠뜨려 더 이상의 진군을 막아낼 수 있었다.

이순신을 다시 기용하여 삼도 수군통제사로 삼았다.

한산도에서의 패전보가 도착하자 조정과 백성들이 모두 놀라고 두려워하였다. 임금께서 비변사의 신하들을 불러 여러 가지를 물으셨지만, 신하들도 당혹스러워 뭐라 대답해야 할지를 몰랐다. 경림군 김명원, 병조판서 이항복이 조용히 아뢰었다.

"이 패배는 원균의 죄입니다. 이순신을 다시 기용하여 통제사로 삼으셔야만 합니다."

임금께서 허락하였다. 이미 권율은 원균이 패배하였다는 소식을 듣고 이순신을 보내 남아 있는 군사들을 수습하게 하였다. 그때 왜군이 가득 몰려오고 있었기 때문에 이순신은 군관 한 사람과 함께 경상도에서 전라도로 들어갔다. 이순신은 몰래 숨어 다니며 길을 돌고 돌아 진도에 도착하였고, 군사들을 모아 적을 막고자 하였다.

왜군이 남원부를 함락시켰다.

이 남원성 전투[25]에서 명나라 원병의 장수 양원은 달아나 돌아가고, 전라도 병마절도사 이복남, 남원 부사 임현, 조방장 김경로, 광양 현감 이춘원, 접반사 정기원 등은 모두 전사하였다.[26] 군기시의 파진군화약이나 화포를 사용하던 특수부대 열두 명이 양원을 따라 남원성에 들어왔는데, 이들도 모두 적병에게 살해당하였다. 오직 김효의만 탈출하여 남원성이 어떻게 함락되었는지 자세히 알려주었다.

부총병 양원이 남원성에 처음 도착하였을 때 그는 성을 한 치나 증축하였고, 성 밖 양마장에 화포 구멍을 많이 뚫어두었으며, 성문에 대포 세 대를 설치하였다. 또 해자를 한두 길 더 깊게 팠다. 한산도가 이미 함락되고 적들이 수로와 육로 양쪽으로 들이닥친다는 보고가 아주 급하게 전해지니, 성안의 인심이 흉흉해지고 사람들이 흩어져 달아났다. 오직 부총병 양원이 거느린 요동 기마병 3,000명

---

25 1597년 8월 13일부터 사흘 동안 전라도 남원성에서 좌군 대장 우키다 히데이에, 선봉장 고니시 유키나가 등이 이끄는 5만 6,000여 명의 병력과 조명 연합군이 남원성에 벌인 전투. 이 전투에서 조명 연합군은 대패한다.

26 류성룡의 기록과는 달리 광양 현감 이춘원은 이때 전사하지 않았다.

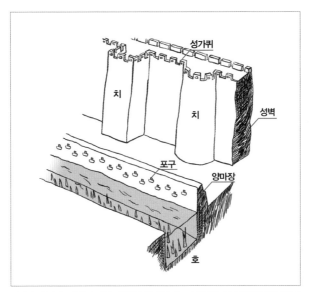

성곽과 양마장. 명나라 장수 양원은 양마장에 포구를 뚫어 남원성을 방어했다.

만이 성안에 있었다. 양원은 전라도 병마절도사 이복남에게 격문을 보내 함께 성을 지키자고 하였으나, 이복남은 머뭇거리며 도착하지 않았다. 양원이 야불수급한 전보를 전하는 파발군를 연이어 보내 재촉하자 이복남이 어쩔 수 없이 왔다. 그러나 그가 거느린 군사는 겨우 수백 명뿐이었다. 광양 현감 이춘원과 조방장 김경로도 차례로 도착하였다.

8월 13일에 왜군의 선봉 100여 명이 성 아래에서 조총을 쏘다가 잠시 멈추고는 모두 밭고랑 사이에 흩어져 엎드렸다. 그러고는 다시 삼삼오오 무리를 지어 다가왔다가 도로 물러나곤 하였다. 성 위에 있는 군사들은 승자소포로 응전하였다. 왜군의 큰 진영은 먼 곳에 있으면서 유격병을 보내 교전하였다. 유격병들은 듬성듬성 간격을 두고 번갈아가며 보냈기 때문에 아군이 화포를 쏘아도 적중시킬 수 없었지만 성을 지키던 아군 군졸들은 종종 왜군이 쏘는 탄환에 맞아 쓰러졌다.

얼마 뒤에 왜군이 성 아래에 접근하여 성 위의 사람에게 함께 이야기하자고 소리쳤다. 부총병 양원은 가정 한 명을 통역관과 함께 왜군 진영으로 보냈다.

가정이 왜군에게 받아온 것은 공격을 예고하는 서신이었다.

14일에 왜군은 성 주위를 삼면으로 에워싸 진을 치고는 전날처럼 번갈아가면서 조총을 쏘아댔다.

이보다 앞서 남원성 남문 밖에 민가가 빽빽하게 있었는데, 왜병이 가까이 접근해오자 양원은 민가를 모두 불태웠다. 그러나 돌담과 흙벽은 여전히 남아 있어서 왜병들이 담과 벽 사이에 몸을 숨기고 조총을 쏘니, 성 위에 있는 아군을 많이 맞히었다.

15일, 멀리 바라보니 왜병들이 성 밖의 잡초들과 논의 벼를 베어서 큰 묶음을 무수히 만들고 담과 벽 사이에 쌓아두었다. 성안에 있는 우리 아군들은 왜 그러는지 알 수 없었다.

이때 명나라 유격장군 진우충이 3,000명의 병력을 거느리고 전주에 있었다. 남원의 군사들은 날마다 진우충이 와서 도와주기를 바랐지만 오랫동안 오지 않아 군사들의 두려움이 더 커졌다. 이날 저녁 무렵에 성가퀴를 지키던 군사들이 종종 머리를 맞대고 귓속말을 하고 말안장을 준비하는 등 도망치려는 기색을 보였다.

일경밤 7시~9시에 왜군의 진영에서 시끄러운 소리가 나고 그 소리에 맞춰 물건을 옮기는 것 같았다. 한편, 성의 한쪽 면에서는 왜병들이 성을 향해 마구 조총을 쏘아대 날아든 탄환이 성 위로 우박처럼 쏟아졌다. 성 위에 있던 사람들은 머리를 움츠리느라 감히 밖을 내다보지 못하였다. 한두 시간이 지나자 시끄러운 소리가 그쳤는데, 잡초 묶음이 이미 해자를 평평하게 메웠고 또 양마장 안팎에 잡초 묶음을 쌓아서 순식간에 성과 같은 높이가 되었다. 왜병들이 잡초 더미를 밟고 성을 올라오니, 이 소식을 들은 성안 사람들은 크게 혼란에 빠져서 왜병이 성안으로 들어왔다고 떠들어댔다.

김효의는 남문 밖 양마장을 지키고 있다가 놀라서 허둥지둥 성에 들어왔더니 성 위에는 사람이 없고, 성안 곳곳에 불길이 활활 타오르는 것만 보여 북문으로 달려갔다. 명나라 원군은 모두 말을 타고 성 밖으로 나가려고 하였는데 문이 굳게 닫혀 있어서 쉽게 열 수 없었다. 그들이 타고 있던 말의 다리가 마치 한데 묶어놓은 것처럼 길을 가득 메우고 있었다. 얼마 후에 문이 열리자 군사들과 말이 다투어 빠져나갔다.

왜병들은 성 밖에서 성을 삼중으로 에워싸고 주요 도로를 지키고 있다가 긴 칼을 휘두르며 도망치는 아군을 베었다. 명나라 원군들은 머리를 구부린 채로 칼을 받을 뿐이었다. 마침 달이 밝은 날이라 탈출에 성공한 군사가 많지 않았다. 부총병 양원과 가정 몇 사람은 순식간에 말을 몰아 달아나 간신히 목숨을 부지하였다. 혹자는 왜병이 그가 부총병인 것을 알았기 때문에 도망가도록 놓아주었다고도 했다. 김효의는 동료 한 명과 함께 문을 나갔는데 동료는 왜군을 만나 죽고, 김효의는 논에 들어가 수풀 사이에 엎드려 왜군이 돌아갈 때까지 기다린 후에 몸을 빼서 달아났다고 하였다.

양원은 요동 지방의 장수로 북쪽 오랑캐여진인를 막는 법만 알았지, 왜군을 막는 법은 몰랐기 때문에 패배한 것이다. 이 전투로써 평지에 있는 성을 지키는 것이 아주 어렵다는 것을 알게 되었다.

김효의에게 들은 말을 상세히 기록하여 훗날 성을 지키고 방어하는 사람들이 경계해야 할 것을 알리고자 한다.[27]

남원이 함락되자 전주 북쪽 지역도 와해되어 손쓸 도리가 없었다. 훗날 양원은 이 전투 패전의 책임을 물어 참수당하고 그의 목은 여러 곳을 돌며 사람들에게 보였다.

---

27 남원성을 함락시킨 왜군은 전주로 진격했다. 전주는 명나라 유격장군 진우충이 지키고 있었는데 그도 도망가고 없어 왜군은 무혈로 전주를 점령한다. 그러나 왜군은 남원성 전투에 시간을 많이 들였다. 그러는 동안 조명 연합군은 왜군의 북상에 대비할 시간을 벌 수 있었고, 7월 22일에 수군통제사로 재임명된 이순신은 일본 수군의 추격을 받지 않으면서 패전함을 수습해 재정비할 시간을 벌었다. 남원성 전투는 패전이었지만, 결과적으로 조선에 측에 유리한 결과를 가져다주었다.

통제사 이순신이 진도 벽파정 아래에서 왜병을 격파하고 왜장 마다시를 죽였다.

이순신은 진도에 도착해 10여 척의 병선을 수습하여 얻었다. 이때 바닷가 지역에는 배를 타고 피난해 있는 사람들이 무수히 많았는데, 이순신이 도착하였다는 소식을 듣고는 모두 기뻐하였다. 이순신이 여러 방면에서 이들을 부르니 멀고 가까운 지역에서 사람들이 구름처럼 모여들었다. 이순신은 이들에게 우리 군대의 후방에 있으면서 주력 부대의 군세를 돕게 하였다.

왜장 마다시는 해전에 능하다고 평판이 난 장수이다. 그는 서해를 침범할 계획으로 배 200여 척을 이끌고 와서 우리 군대와 벽파정 아래에서 만났다. 이순신은 12척의 배에 대포를 싣고 바닷물의 흐름을 타며 적을 공격하니 적이 패하여 달아났고 우리 군대의 명성이 크게 떨치게 되었다.

이때 이순신은 이미 8,000여 명의 군사를 데리고 고금도에서 주둔하고 있었는데 군량미가 부족한 게 염려되었다. 그래서 해로 통행첩을 만들고 군중에 명령하였다.

"이 통행첩 없이 전라, 경상, 충청 삼도의 바다 근처를 오가는 모든 공선과 사선은 간첩으로 간주하여 통행하지 못하게 할 것이다."

그러자 배에서 피난생활을 하던 자들이 모두 와서 통행첩을 받아갔다. 이순신은 그들이 탔던 배의 크기에 따라 차등을 두어 곡식을 바치고 통행첩을 받아가게 하였다. 큰 배는 석 섬, 중간 배는 두 섬, 작은 배는 한 섬이었다. 배에서 피난하던 사람들은 재물과 곡식을 모두 싣고 바다로 들어왔기 때문에 곡식 바치는 것을 어렵게 여기지 않았고, 통행이 금지되지 않은 것을 기뻐하였다.

그리하여 열흘 만에 군량미 1만여 석을 얻을 수 있었다. 또 백성들이 모아 온 구리와 쇠를 운반하여 대포를 주조하고 나무를 베어 배를 만들어 모든 일이 갖추어지니 멀고 가까운 지역으로 피난을 갔던 사람들도 돌아와서 이순신에게 의지하였다. 그들이 집을 짓고 움막을 세워 장사를 하며 먹고사니, 고금도에서 그들을 다 수용할 수 없을 정도였다.

얼마 후 명나라에서 수병 도독 진린이 우리나라에 들어와 남쪽의 고금도에서 이순신과 병력을 합쳤다. 진린은 성품이 사나워서 사람들과 부딪치는 경우가 많았기 때문에 사람들은 그를 두려워하였다. 임금께서는 청파서울 청파동 들판에서 남쪽으로 떠나는 진린을 위해 잔치를 열어주셨다.

나는 진린 부대의 군사가 거리낌 없이 수령을 때리고 욕을 하며, 찰방 이상규의 목에 밧줄을 매서 끌고 다녀 얼굴 한가득 피가 흘러내리는 모습을 보았다. 그래서 역관을 시켜 그를 풀어주도록 청하였지만 듣지 않았다. 내가 함께 앉아 있던 재신들에게 말하였다.

"안타깝지만 이순신의 군대가 장차 또 왜군에게 질 것입니다. 진린과 같은 부대에 있으면 진린이 사사건건 간섭하면서 서로 의견이 맞지 않으면 장수의 권한을 빼앗고 군사들에게 포악하게 굴 것입니다. 만약 그를 거스른다면 더욱 화를 낼 것이고, 그를 따른다면 더욱 거리낌 없이 행동할 것이니, 군대가 어찌 패하지 않을 수 있겠습니까?"

여러 사람이 내 의견에 동의하며 서로 탄식만 할 뿐이었다.

이순신은 진린이 곧 도착한다는 소식을 듣고 군사들에게 대대적으로 사냥하고 고기를 잡게 하여 매우 많은 사슴, 돼지, 해산물을 마련하고 술과 안주를 성대하게 준비하여 그를 기다렸다. 진린의 배가 바다에서 들어오자 이순신은 군대의 법식을 갖추고 멀리까지 나가 그를 맞이하였고, 도착한 뒤에는 그의 부대를 위해 크게 잔치를 베풀었다. 이에 명나라의 여러 장수들과 군사들이 모두 흥건하게 취하였다. 사졸들은 과연 이순신은 훌륭한 장수라는 말을 주고받았고, 진린도 매우 기분이 좋았다.

오래지 않아 왜군의 배가 섬 근처까지 침범해오자 이순신이 군대를 보내 무찌르고 왜군의 머리 40개를 베어 모두 진린에게 주며 그의 공으로 돌렸다. 진린은 기대 이상의 대우에 기뻐하였다. 이후 진린은 모든 일을 하나하나 이순신에게 물었고, 외출할 때에도 이순신과 가마를 나란히 하며 결코 앞서 나가지 않았다.

이순신은 마침내 명나라 군대와 우리 군대에 차별을 두지 말 것을 진린과 약속하였다. 실오라기 하나라도 백성의 물건을 빼앗은 군사는 잡아다가 곤장을 때리니 감히 명령을 위반하는 자가 없어 섬이 평안하였다. 진린은 임금께 글을 올렸다.

"통제사는 천하를 경영할 만한 재주와 나라의 어려움을 해결할 만한 공을 지니고 있습니다."

이는 진심으로 이순신에게 감복한 것이다.

왜군이 후퇴하였다.

왜군은 전라, 경상, 충청 삼도를 무참하게 짓밟고 지나는 곳마다 집을 불태우고 우리 백성들을 죽였으며, 우리 백성의 코를 베어 자기 군대의 공을 과시했다. 왜군이 충청도 직산에 이르자 한양 사람들이 모두 흩어져 달아났다.

9월 9일에 중전께서 적을 피해 서쪽으로 내려가셨다. 경리 양호와 제독 마귀는 한양에 있었는데 평안도 군사 5,000여 명과 황해도, 경기도의 군사 수천 명을 징발하여 한강 여울을 나누어 지키고 창고를 경비하게 하였다.

왜군은 경기도 경계까지 왔다가 다시 물러났다. 가토 기요마사는 다시 울산에, 고니시 유키나가는 순천에, 시마즈 요시히로는 사천에 주둔하니, 왜군의 진영은 선두에서 후미까지가 700~800리나 되었다.

이때 한양을 거의 지킬 수 없는 상황이 되니 조정의 신하들이 다투어 피난할 계책을 올렸다. 지사 신잡이 아뢰었다.

"어가는 마땅히 영변으로 행차하여야 합니다. 신이 일찍이 그곳의 병마절도사로 있었기 때문에 영변의 상황을 소상히 알고 있습니다. 다만 걱정되는 점은 바로 장醬이 없다는 것입니다. 만약 장을 미리 준비해놓지 않으면 계속해서 쓸 수 없을 것입니다."

이를 들은 사람들은 서로 말을 전하며 말하였다.

"신일辛日에는 장을 담그지 않는 것이라 하였소."[28]

한 대신이 조당에서 말하였다.

"왜군을 두려워할 것이 무어 있겠소? 시간이 지나면 왜군은 저절로 사라질 것이니, 응당 어가를 모시고 편안하고 안전한 곳으로 가면 될 일입니다."

도원수 권율이 한양으로 달려오니 임금께서 그를 불러 대책을 물으셨다. 권율이 대답하였다.

"애당초 어가가 급히 한양으로 돌아와서는 안 되는 것이었습니다. 마땅히 서쪽에 계시면서 적의 형세가 어떠한지를 살펴야 하였습니다."

얼마 뒤에 적들이 물러났다는 소식을 듣고 권율이 다시 경상도로 내려갔다. 대간은 권율이 계략이 없고 겁이 많으니 도원수를 맡겨서는 안 된다고 건의하였으나 임금께서는 이 의견을 들어주지 않았다.

---

28 신잡이 영변에는 장(醬)이 부족한 것이 걱정이 된다고 하자, 한 대신이 신잡을 합장사(合醬使)로 삼아 먼저 영변으로 가게 하려고 하였다. 그러자 다른 대신이 말하기를, "신일(辛日)에는 장을 담그지 않는 법이오"라며 반대하였다. 이는 신(辛)이 신(申)과 음이 같기 때문에 신잡을 놀리는 말이었다. 예부터 신일(辛日)은 '시다'라는 발음과 비슷하여 이날 장을 담그면 시어질 수도 있다고 여겨 장 담그는 장 담그는 것을 꺼려하였다.

12월에 경리 양호와 제독 마귀가 기병과 보병 수만 명을 이끌고 경상도로 내려가 울산에 있던 왜군의 진영을 공격하였다.

이때 왜장 가토 기요마사는 울산군 동쪽 바닷가의 험준한 곳에 성을 쌓았다. 경리 양호와 제독 마귀는 왜군이 방심한 틈을 타서 습격하기 위해 철갑을 입은 기병들에게 달려가 공격하게 하였다. 적은 버티지 못하고 맥없이 무너졌고, 명나라 군대가 적의 외성을 빼앗으니 적은 내성으로 달아나 들어갔다. 명나라 군사들은 노획품을 챙기느라 즉시 진격하지 않았다. 적이 성문을 닫고 굳게 지키니 명나라 군대가 공격하여도 이기지 못하였다. 명나라 군대의 여러 진영은 성 아래에 진을 치고 13일 동안 포위하였지만 적은 나오지 않았다.

29일, 경주에 있던 나는 경리 양호와 제독 마귀를 만나러 갔다. 멀리서 적의 진영을 바라보니 매우 조용하고 한적하여 사람 소리도 들리지 않았다. 성 위에는 성가퀴를 세우지 않고 성의 사방을 빙 둘러서 긴 통로를 만들어놓았는데, 수비병이 모두 그 안에 있다가 우리 군사가 성 아래에 접근하면 총알을 비 오듯 쏘아댔다. 날마다 교전하니 명나라 군사와 우리 군사가 죽어 성 아래에 시체가 쌓여갔다. 그러는 중에 왜군의 배가 서생포에서 울산을 구하러 오니 물가의 기러기나 오리 떼처럼 배를 댔다.

도산성에는 물이 없어서 왜군은 매일 밤마다 성 밖으로 물을 길으러 나왔다. 이에 경리 양호가 김응서에게 명하여 군사들을 거느리고 성 밖의 우물가에 매복해 있도록 하였다. 그렇게 하여 매일 밤마다 왜군을 100여 명씩 사로잡았는데 모두 굶주리고 지쳐서 말소리와 얼굴빛만 간신히 남아 있는 상태였다. 이를 본 여러 장군들이 말하였다.

"성안에 식량이 떨어졌으니 오랫동안 포위하고 있으면 저들이 스스로 무너질 것이다."

이때 날씨가 매우 춥고 계속해서 비가 내려 군사들은 손발에 동상이 걸렸다.

얼마 후에 왜군이 또 육로를 통해 구원하러 오자 경리 양호는 왜군에게 공격당할 것이 두려워 갑자기 군사를 돌렸고, 이듬해 1월에 명나라 군대는 모두 한양으로 돌아와서 다시 공격할 계획을 세웠다.

무술년1598, 선조31 7월에 경리 양호가 파직되고 새로운 경리 만세덕이 그를 대신하였다.

명나라 군문 형개의 참모관인 병부 주사 정응태는 양호가 황제를 기만하고 일을 망치게 했다며 20여 가지 죄를 들어 탄핵하였다. 결국 양호는 파면되어 명나라로 돌아갔다.

임금께서는 양호가 여러 경리들 중에서 적을 토벌하는 데 가장 열심이었다고 여겨, 즉시 좌의정 이원익에게 그를 변호하는 주문奏文을 가지고 명나라에 가게 하셨다.

8월에 양호가 서쪽으로 떠나가니 임금께서는 홍제원 동쪽까지 그를 배웅하시고 눈물을 흘리며 작별하셨다. 만세덕이 우리나라로 온다고 하였는데 이때까지 도착하지 않았다.

9월에 형개가 다시 군대를 배치하였다. 이에 마귀는 울산을, 동일원은 사천을, 유정은 순천을, 진린은 바다를 맡아 동시에 진격하여 공격하였지만 모두 승리하지 못하였고, 특히 동일원의 부대는 적에게 패하여 죽은 군사가 매우 많았다.

10월에 명나라 제독 유정이 다시 순천의 적진을 공격하였다.

통제사 이순신은 수군을 이끌고 바다에서 왜군의 구원병을 크게 격파하였지만, 이 싸움에서 전사하였다. 적장 고니시 유키나가는 성을 버리고 달아났고, 부산, 울산, 하동 등 해안가에 주둔하고 있던 적들이 모두 물러났다.

이때 고니시 유키나가는 순천 예교에 성을 쌓고 굳게 지키고 있었다. 제독 유정이 대군을 이끌고 나아가 공격하였으나 이기지 못하고 순천으로 돌아왔다.

얼마 후 다시 진격하여 성을 공격하였는데, 이순신과 명나라 도독 진린은 바다 어귀를 끼고 접근하였다. 고니시 유키나가가 사천에 있던 왜장 시마즈 요시히로에게 구원을 요청하니, 시마즈 요시히로가 뱃길을 따라 구원하러 왔다. 이순신이 진격하여 시마즈의 군대를 크게 격파하고 적의 배 200여 척을 불태웠으며, 수많은 왜군을 죽이거나 사로잡았다.

달아나는 왜군을 추격하여 남해의 경계에 이르렀을 때 이순신은 왜군의 화살과 돌을 무릅쓰고 직접 힘을 다해 싸웠다. 그때 날아오는 총알이 이순신의 가슴을 뚫고 등 뒤로 나가니 주변에 있던 사람들이 그를 부축하여 장막 안으로 들어갔다. 이순신이 말하였다.

"전투가 급박하니 나의 죽음을 말하지 말라."

그리고 나서 숨을 거두었다. 이순신의 조카 이완은 평소 담력과 기량을 갖추고 있었다. 이순신의 죽음을 비밀로 하고 이순신의 명령이라며 더욱 강하게 싸움을 독려하니 군사들은 그의 죽음을 알지 못하였다.

진린이 탄 배가 적에게 포위당하자 이완이 멀리서 이를 보고는 군사들을 지휘하여 그를 구원하니, 적들이 흩어져 달아났다. 진린은 자기를 구원해준 것에 감사를 표시하기 위해 이순신에게 사람을 보냈다가 그제야 이순신의 죽음을 알게 되었다. 의자에 앉아 있던 진린이 땅바닥에 주저앉으며 말하였다.

"나는 영감께서 나를 구원하러 오셔서 살아계신 줄로만 알았는데, 어째서 돌아가셨습니까?"

진린은 가슴을 치며 크게 통곡하였다. 온 군대가 모두 통곡하니 그 소리가 바다를 흔들었다.

고니시 유키나가는 우리 수군이 시마즈의 군대를 추격하느라 자기 진영을 앞질러 간 틈을 타서 뒤로 빠져 달아났다. 이보다 앞선 7월에 왜의 우두머리인 도요토미 히데요시가 이미 죽었기[29] 때문에 바닷가에 주둔하고 있던 왜군들이 모두 물러난 것이다.

이순신이 죽었다는 소식을 들은 우리 군대와 명나라 군대는 잇닿아 있는 진영마다 모두 통곡하여 마치 친부모가 죽었을 때처럼 슬퍼하였다. 또 이순신의 관이 지나는 곳마다 사람들이 곳곳에 제단을 설치하고, 상여를 붙잡고 통곡하며 말하였다.

---

29 조정과 류성룡은 7월에 사망한 것으로 알고 있었으나, 실제로 도요토미 히데요시가 사망한 날은 8월 18일이다.

"공께서는 실로 우리를 살려주신 분인데, 지금 공은 우리를 버리고 어디로 간단 말입니까?"

통곡하는 사람들로 길이 막혀 상여가 앞으로 나가지 못하였고, 지나가는 사람들도 모두 눈물을 흘리며 길을 갔다.

조정에서는 이순신을 의정부 우의정에 추증하였다. 명나라 총독군문 형개는 마땅히 바다에 사당을 세워 이순신의 충성스러운 넋을 기려야 한다고 하였지만 그 일은 결국 성사되지 않았다. 이에 바닷가 사람들이 서로 협력하여 사당을 세우고 '민충사愍忠祠'라는 이름을 지어 때마다 제사를 지냈다. 사당 아래를 오가는 상선商船과 어선魚船에 탄 사람들도 모두 이순신에게 제사를 지냈다고 한다.

최후의 전투 노량 해전과
이순신의 죽음

    1598년^{선조31} 11월 18일과 19일에 걸쳐 벌어진 노량 해전은 조명
연합군이 참전한 임진왜란 최대 규모의 해전이자 최후의 전투였다. 또
한 이 전투는 이순신 스스로도 마지막 전투라고 직감한 전투였다.

    이순신은 명나라 도독 진린의 만류를 뿌리치고 끝까지 적을 추격해
왜군의 조선 재침 의지를 완전히 꺾고자 했다. 당시 이순신의 개인적인
신변은 매우 비통한 상황이었기 때문에, 마지막 승전보를 알리고 극적
으로 전사한 이순신의 운명은 많은 추측과 의구심을 자아냈다.

    명량 해전 이후 이순신 함대는 전라 우수영으로 귀환해 월동할 곳을
찾다가 10월 29일에 나주의 보화도^{목포 고하도}로 진영을 옮긴다. 그러나
보화도는 서해 쪽으로 치우쳐 있어 남해에 출몰하는 적을 섬멸하기에
적절하지 않았다. 이듬해 2월 17일, 이순신은 완도 동북쪽에 위치한 고
금도로 진을 옮겼다.

    이순신의 장계에 의하면 고금도는 한산도보다 형세가 좋은 곳이다.
남쪽에는 지도, 서쪽에는 조약도가 있으며 농장과 농사 인력도 많아 주
둔하기에도 적합한 곳이었다. 당시 이순신의 병력은 8,000명이었고 최

소 80여 척의 배를 소유하고 있었다고 한다.

칠천량 해전의 패배로 왜군이 전라도 지역으로 진출하자 명은 위기의식을 갖고 더욱 적극적으로 참전에 임했다. 양호의 수군을 서둘러 파병하는 한편, 적극적인 해로 방어 의지를 표명했다. 특히 사로병진四路並進 작전을 써서 왜성을 쌓고 항전하는 왜군을 압박하고자 했다. 7월 16일, 수병 도독 진린은 1만 3,000여 명의 병력을 이끌고 고금도 진영에 합류했다.

진린은 성품이 사납고 무례해 수군의 통솔권을 갖게 되면 조선군이 따르기 어려워할 인물이었다. 하지만 이순신은 진린의 성향을 잘 파악하고 우호적인 관계를 유지하면서 사로병진 작전에 적극적으로 동참했다.

10월 2일 육군과 수륙 연합 작전을 벌인 조명 연합군은 일본의 끈질긴 항전에 고전하고 있었다. 그 와중에 진린의 함대가 바닷물이 빠지는 시간을 제대로 파악하지 못한 채 공격하다가 왜군에게 포위되어 전선 20여 척을 잃고 말았다. 결국 유정이 이끄는 육군이 순천 예교성에 대한 포위를 풀고 퇴각하면서 사로병진 작전은 실패로 끝이 났다.

이순신은 수군 단독 작전을 펴는 방향으로 전술을 바꾸고자 했다. 그러나 진린은 수군 단독 작전에 의욕적이지 않았다. 게다가 1598년 8월 18일 도요토미 히데요시가 사망하고 조선에 주둔해 있던 왜군의 철군이 결정되자, 공격 의지는 더욱 약화됐다. 반면 수군의 독자적인 공격이 필요하다고 판단한 이순신 함대는 해로를 차단하고 왜교성순천왜성을 압박하는 한편, 사천 남해 지역의 왜군 함대를 견제했다.

11월 13일 독자적인 선단을 보유한 왜교성의 고니시 유키나가는 명나라 장수 유정과 화의를 진행하는 한편, 선발 함대를 보내 철수를 시도했으나 묘도에 주둔 중인 연합 함대에게 격퇴당하고 말았다. 결국 고니시 유키나가는 진린에게 뇌물을 써가며 퇴로를 열어줄 것을 간절하게 청했다. 결국 진린의 묵인하에 고니시 부대는 해상 구원군을 요청하는 데 성공했다.

한편 이 소식을 들은 이순신 함대는 일본의 해상 구원군을 선공하는 작전을 세우고 노량 근처로 이동했다. 진린 함대도 구원군의 협공을 우려하여 합류했다.

1598년 11월 18일 당시 고니시의 구원군으로 나선 왜군의 함대는 500여 척에 달하는 대규모 병력이었고, 조명 연합 함대도 400여 척에 달해 건곤일척의 전투가 될 것이 분명해 보였다.

11월 18일 밤, 이순신 함대는 묘도에서 노량 해협으로 함대를 이동시켰다. 이때 진린의 함대는 곤양의 죽도에 대기했고, 이순신의 함대는 해협 우측인 관음포 위쪽에 포진하고 있었다.

11월 19일 새벽 2시경 양측 함대는 이순신의 예측대로 노량 해협에서 조우했다. 어스름한 새벽 일본 함대의 조총이 불을 뿜으면서 전투는 시작되었다. 이에 조명 연합 함대는 화공火攻으로 대응했고, 화공 전략이 적중하면서 전세는 연합군에게 유리하게 작용했다. 겨울철 북서풍을 이용한 화공은 이순신의 절묘한 계책으로 바람을 등진 연합 함대에게 매우 효과적인 전술이었다.

접전 끝에 큰 타격을 입은 일본 함대는 퇴로를 찾아 남해도 연안 관음포 쪽으로 이동했다. 현재 관음포는 간척 사업으로 인해 포구가 깊지 않지만, 당시에는 포구 안쪽까지의 거리가 매우 멀어 수평선과 지평선이 혼동될 정도였다고 한다. 이를 알지 못한 일본 함대는 이 포구를 남해도를 돌아나가는 해로로 착각하고 진입했다. 그리하여 다음 날 아침,

관음포에 간히는 신세가 되고 말았다.

당황한 왜군의 일부는 남해도에 상륙하고, 일부는 연합 함대에 맞서는 등 우왕좌왕했다. 그러나 불리한 상황에 처한 일본 함대는 더욱 필사적으로 전투에 임했고, 전투는 혼전 양상이었다. 격렬한 전투 중에 명의 장수인 등자룡이 살해되는 등 연합 함대가 수세에 몰렸고, 이순신 또한 이러한 격전 상황에서 탄환을 맞았다. 《연려실기술燃藜室記述》은 당시의 치열한 전투 상황을 이렇게 기록했다.

이순신은 진린이 포위당한 것을 멀리서 바라보고 또한 포위를 꿰뚫고 전진하여 힘을 합쳐 혈전을 했다. 그러다 총병 등자룡이 탄 배에 불이 나서 온 군사가 놀라 불을 피하느라고 시끄러운 틈을 타 왜군은 등자룡을 죽이고 그 배를 불살랐다. 이때 순신은 적선 가운데 한 척의 가장 높은 곳 붉은색 장막 아래에 금갑옷을 입은 장수 하나가 싸움을 감독하고 있는 것을 보고 군사들의 힘을 합쳐 공격해 금갑옷 입은 자를 화살로 쏘아 적중시키니 적이 진린을 버리고 와서 구원하고 진린의 배는 포위에서 풀려났는데 조금 뒤에 순신이 탄환에 맞았다.

― 《연려실기술》에서

이순신은 명나라 도독 진린의 배가 위험에 처하자 적의 예봉을 자신의 함대 쪽으로 향하게 해 치열한 전투를 치룬 끝에 탄환을 맞은 것으로 보인다. 이때 탄환을 맞은 이순신은 자신의 죽음이 임박했음을 깨닫고 "전투가 급박하니 나의 죽음을 말하지 말라"는 말을 남기고 숨을 거두었다.

전투의 결과는 조명 연합군의 대승이었지만, 임진왜란의 종결과 더불어 조선에서 가장 빛나는 별이 떨어지는 순간이기도 했다.

전투의 과정과 결과를 이덕형은 장계를 통해 아래와 같이 전했다.

좌의정 이덕형이 장계를 보내었다.

"금월 19일 사천, 남해, 고성에 있던 왜군의 배 300여 척이 합세하여 노량도에 도착하자, 통제사 이순신이 수군을 거느리고 곧바로 나아가 맞이해 싸우고 중국 군사도 합세하여 진격하니, 왜군이 대패하여 물에 빠져 죽은 자는 이루 헤아릴 수 없고, 왜선 200여 척이 부서졌으며, 죽고 부상당한 자가 수천여 명입니다. 왜군의 시체와 부서진 배의 나무판자, 무기나 의복 등이 바다를 뒤덮고 떠 있어 물이 흐르지 못했고 바닷물이 온통 붉었습니다. 통제사 이순신과 가리포 첨사 이영남, 낙안 군수 방덕룡, 흥양 현감 고득장 등 10여 명이 탄환에 맞아 죽었습니다. 남은 왜선 100여 척은 남해로 도망쳤고, 소굴에 머물러 있던 왜군은 왜선이 대패하는 것을 보고는 소굴을 버리고 왜교로 도망쳤으며, 남해의 강언덕에 쌓아놓았던 식량도 모두 버리고 도망쳤습니다. 고니시 유키나가도 왜선이 대패하는 것을 바라보고는 먼바다로 도망쳤습니다."

– 《선조실록》 31년 11월 27일

이덕형의 보고에서도 알 수 있듯 이순신은 이때 적의 탄환에 맞아 전사했다. 이순신의 시신은 급히 선실로 옮겨졌고, 이순신을 대신해 부장 송희립, 아들 이회, 조카 이완, 항왜 손문욱 등이 5, 6시간 동안 더 진행된 전투를 지휘해 마침내 승리로 이끌었다고 한다. 다만 이때 이순신의 죽음이 너무나 드라마틱해서인지, 이순신의 죽음에 관련해 다른 관점의 주장이 제기되기 시작했다.

숙종 때 이민서는 이순신이 일부러 죽을 장소를 노량으로 정하고 갑옷을 벗고 적의 총탄에 맞아 죽었다며 자살설을 제기했다. 이민서에 따르면 의병장 김덕령의 억울한 옥사 이후 곽재우 같은 의병장도 은둔할 곳을 찾아야 했으니, 이순신 역시 자신의 운명을 알고 미리 죽음을 맞이했다는 것이다. 이후 많은 학자들이 이순신의 죽음과 관련해 자살설에 무게를 실어주었다.

숙종 때 학자인 이여와 영조 때 학자인 이이명은 모두 이순신이 점차 자신의 공로가 커지는 것을 두려워해 작정하고 죽음을 선택했다고 서술했다. 이순신의 죽음과 함께 전란이 종식되었고, 그 죽음 때문이었는지 이순신은 선무 일등 공신에 녹훈된 후, 정조 대에는 충신으로 길이 남게 되었다.

정유재란 발발 후의 상황은 인간 이순신에게 있어 가장 가혹한 시기였던 게 분명하다. 그는 노량 해전 이전에 원균 등의 모함과 선조의 의심으로 통제사에서 해임된 후 문초를 받았고, 그 와중에 모친상을 겪었다. 그러나 죄인의 신분이었기에 모친의 임종을 보지도 못했고, 겨우 성빈成殯만 치룬 채 돌아왔을 뿐이었다. 당시 그의 심정은 《난중일기》를 통해 짐작할 수 있다.

"궂은 비가 내렸다. 배를 끌어 중방포에 옮겨 대놓고, 영구를 상여에 싣고 집으로 돌아왔다. (…) 비가 억수같이 쏟아지고 나는 맥이 다 빠진 데다가 남쪽으로 내려갈 길이 다급하니 부르짖으며 울었다. 다만 빨리 죽기를 기다릴 따름이다."

– 《난중일기》 1597년 4월 16일

이미 이순신의 심리 상태는 지칠 대로 지쳐 있었다. 충성을 다 바친 자신에게 돌아온 것은 문초와 백의종군, 모친상도 제대로 치르지 못하는 현실이었다면 그의 슬픔과 통분이 어느 정도일지 짐작할 수 있다. 그런데 얼마 지나지 않아 칠천량에서 자신이 아끼던 함대와 부하 장수들이 수장되었다는 소식을 듣는다. 여기에 12척뿐인 패전함을 가지고 수군을 다시 재건하는 책임을 지게 하니 그의 통곡이 결코 이상하지 않다.

정유재란 발발 후 이순신은 수군의 재건을 위해 신경이 과민해진 나머지 식사도 제대로 하지 못하고 변비에 시달리는 등 건강에도 이상 신호가 왔다. 이러한 극도의 긴장과 스트레스를 극복하고 명량 해전에서 승리하지만 얼마 지나지 않아 셋째 아들 이면이 전사하는 불행을 맞게 되니, 이순신의 슬픔은 절정에 이르렀다.

겉봉을 대강 뜯어서 열둘째 아들의 편지를 보니 겉면에 '통곡痛哭' 두 자가 쓰여 있어, 면이 전사했음을 알고 간담이 떨어져 목 놓아 통곡하고 또 통곡했다. 하늘은 어찌 이다지도 어질지 못한고.

– 《난중일기》 1597년 10월 14일

당시 이순신의 상황은 고통의 크기를 짐작할 수 없을 정도였다. 1년도 안 되는 사이에 어머니, 아들, 친구, 부하 장수를 잃고 자신이 쌓아온 모든 업적을 잃어버리게 된 고통스러운 상황 속에서도 이순신은 두 번의 큰 전투를 치른 것이다. 비록 전투에서는 승리했어도 인간 이순신의 고뇌와 슬픔은 가시지 않았을 것이다. 빛나는 승전 뒤에 가려진 이순신 개인의 슬픔은 짐작할 수 있는 정도를 넘는 것이었다.

이순신 영정

추측해보면 노량 해전 당시에도 이순신의 마음은 가시밭길을 걷고 있는 상황이었다. 그래서인지 이순신은 측근인 유형과 명나라 도독 진린에게 "한번 죽음 밖에는 남은 것이 없다"라든가, "적이 물러가는 날에 죽는다면 유감이 없을 것이다"라는 식의 혼잣말을 했다고 한다. 이순신의 죽음이 정말로 자살인지 아닌지는 알 수 없지만, 당시 그의 심경은 죽음을 목전에 둔 것이나 다름없었다는 것만큼은 확실해 보인다.

최후의 전투 노량 해전은 전쟁사에 길이 남을 이순신의 마지막 전투이자, 임진왜란을 종식시켰다는 점에서 의미가 크다. 더불어 인간 이순신의 고뇌가 절정에 이른 상태에서도 불굴의 의지로 승전을 이끌어냈다는 점에서 더욱 그 숭고한 가치를 새기게 하는 전투였다.

이순신의 자는 여해이고, 본관은 덕수이다. 그의 선조 중에 이변이
라는 사람이 있는데, 관직이 판중추부사까지 올랐으며 올곧은 사람으
로 명성이 자자하였다. 이순신의 증조 이거는 성종成宗을 모셨다. 연산
군이 세자의 신분일 때 이거가 강관경연 때 경서를 강론하던 문관이 되었는
데 엄격하게 가르치니 세자가 그를 꺼려하였다. 일찍이 장령으로 있을
때는 거리낌 없이 관원들을 탄핵하여 모든 관리들이 그를 두려워하며,
'호랑이 장령'이라고 불렀다. 조부 이백복은 음서공신이나 전현직 고관의 자제
를 채용하던 제도를 통해 벼슬하였고, 아버지 이정은 벼슬하지 않았다.

　이순신은 어렸을 때 영특하고 강직하여 무엇에도 얽매이지 않았다.
여러 아이들과 놀 때 나무를 깎아 활과 화살을 만들어 마을에서 놀면
서 자신의 뜻과 맞지 않는 사람을 만나면 그 사람의 눈에 활을 쏘려고
하였다. 그래서 장로들 중에서도 그를 두려워하여 감히 그의 집 문 앞
을 지나지 못하는 이도 있었다.

　자라서는 활쏘기를 잘하여 무과로 출세하였다. 이씨 집안은 대대로
유학을 공부하였는데 이순신이 처음으로 무과에 급제하여 권지 훈련
원 봉사에 보직되었다.

　병조 판서 김귀영은 자신의 서녀를 이순신의 첩으로 보내려고 하였

지만 이순신은 이를 거절하였다. 사람들이 그 까닭을 묻자 이순신은 이렇게 답하였다.

"내가 처음으로 벼슬길에 나갔는데 어찌 감히 권세가의 힘에 의탁하여 승진을 도모하겠는가?"

병조정랑 서익이 자신과 친분이 있는 훈련원 사람을 차례를 앞질러 승진시키려고 천거하였으나, 훈련원의 장무관이었던 이순신이 안 된다며 버티었다. 이에 서익이 공문을 보내 이순신을 부른 다음 그가 뜰 앞에 이르자 따져 물었다. 그러나 이순신은 말투와 얼굴빛도 변하지 않고 솔직하게 사실을 말하며 흔들리지 않았다. 서익은 더욱 화가 나서 기승을 부리며 이순신을 다그쳤지만 이순신은 조용히 대답하며 끝내 조금도 꺾이지 않았다.

서익은 본래 기질이 강하고 사람들에게 무례하여 동료들도 그를 꺼려하며 그와 말다툼하는 것을 어려워하였다. 그래서 이날 섬돌 아래에 있던 하급 관리들은 모두 서로를 쳐다보며 "이분이 감히 병조정랑에게 맞서다니, 앞날을 생각하지 않는 것인가?"라며 혀를 찼다고 한다. 해가 저물자 서익은 자신의 행동을 창피해하며 기세가 한풀 꺾여 이순신을 보내주었다. 이 일을 통해서 식자識者들은 이순신의 인품을 조금 알게 되었다.

이순신이 옥에 갇혔을 때, 장차 무슨 변고를 당하게 될지 알 수 없었다. 그때 옥리 한 사람이 이순신의 조카 이분에게 은밀하게 말하였다.

"뇌물을 쓰면 풀려날 수 있습니다."

이순신이 이를 듣고 이분에게 화를 내며 말하였다.

"죽으면 죽었지, 어떻게 도리를 어기면서까지 살아남기를 바란단 말이냐?"

그의 곧은 지조가 이와 같았다.

이순신은 말과 웃음이 적었으며 용모가 단정하고 성품이 조심스러워서 마치 몸을 닦고 언행을 삼가는 선비와 같았다. 그러나 내면에 담력을 가지고 있어 자기 자신을 잊고 나라를 위해 죽었으니, 이는 바로 평소에 그가 자신을 함양하였기 때문에 가능한 일이었다.

그의 형 이희신과 이요신이 모두 먼저 죽자, 이순신은 조카들을 친자식처럼 돌보았다. 결혼을 시킬 때에도 반드시 조카들을 먼저 보낸 뒤에 자식들을 보냈다. 훌륭한 재주가 있었지만 명운이 없어 가진 것의 백분의 일도 펼쳐보지 못하고 죽었으니, 아! 참으로 애석하다.

통제사 이순신은 전쟁터에 있을 때 밤낮으로 엄하게 경계하여 갑옷을 벗은 적이 없었다.

견내량에서 왜군과 대치하고 있을 때, 배들은 이미 닻을 내렸고 밤중에 달빛이 매우 밝았다. 이순신은 갑옷을 입은 채 북을 베고 누워 있다가 갑자기 일어나 앉으며 주위의 사람을 불러 소주를 가져오게 하였다. 이순신은 소주를 한 잔 마시더니 여러 장수들을 불러 앞으로 오게 하고는 말하였다.

"오늘 밤은 달이 매우 밝다. 왜군은 속임수를 잘 써서 달빛이 없을 때도 우리를 습격할 수 있지만, 달빛이 환할 때도 우리를 습격할 수 있다. 그러니 엄중하게 경계하고 대비해야만 한다."

그러고는 마침내 명령을 알리는 나팔을 불어 모든 배의 닻을 올리게 하고, 또 척후선에 명령을 전하여 한창 깊은 잠에 빠져 있던 척후병들을 깨워 변고에 대비하게 하였다.

한참 뒤에 척후병이 달려와 적들이 온다고 보고하였다. 이때 달이 서쪽 산에 걸려 있고 산 그림자가 바다에 드리워져서 바다의 반쪽이 희미하게 어두웠다. 수많은 왜군의 배가 이 그림자를 따라와서 우리 배에 접근하려고 하였다. 이에 중군中軍이 대포를 쏘고 함성을 지르니 나머지 여러 배들도 모두 이에 응하였다. 적은 우리가 대비하고 있다는 것을 알고는 일제히 조총을 쏘아댔는데 총소리가 바다를 진동하고 총알이 비가 쏟아지듯 물속으로 떨어졌다.

적은 결국 우리 군대를 침범하지 못하고 후퇴하여 달아나니, 여러 장수들이 이순신을 신으로 여겼다.

징비록 · 녹후잡기

전란의 조짐

무인년1578, 선조11 가을에 장성長星[30]이 나타나 서쪽 하늘부터 동쪽 하늘에 흰 비단 모양으로 펼쳐져 있다가 몇 달 만에 사라진 적이 있었다.

무자년1588, 선조21에는 한강 물이 사흘 동안이나 붉게 변하기도 하였다.

신묘년1591, 선조24에는 죽산 대평원 뒤에 있는 바윗돌이 저절로 일어섰다. 통진현에서는 쓰러졌던 버드나무가 다시 일어났다. 민간에서는 장차 한양을 옮길 것이라는 소문이 떠돌았다.

또 동해의 물고기가 서해에서 나더니 점차 이동하여 한강에서도 잡혔다.

해주에서는 본래 청어를 잡았는데 최근 10여 년 동안 청어가 끊겨져 잡히지 않았다. 청어는 요해渤海만로 옮겨갔다. 그래서 요동 사람들은 청어를 신어新魚라 했다.

또 요동의 팔참에 거주하는 주민이 하루는 까닭 없이 놀라며 수군거렸다.

"조선에서 도적 떼가 몰려오고 조선의 왕자가 십정교자가마의 일종를

---

30 혜성의 일종. 이 별이 나타나면 전란이 일어난다고 보았다.

타고 압록강까지 온다."

이런 얘기가 전해지자 노약자들은 산으로 피신했는데 며칠이 지나서야 진정이 되었다.

또 우리나라 사신이 북경에서 돌아오면서 금석산의 하씨 성을 가진 사람의 집에 묵은 적이 있는데, 그 집의 주인이 이런 말을 하였다.

"조선의 역관들이, '당신에게 3년 묵은 술, 5년 묵은 술이 있으면 아끼지 말고 즐겁게 드시오. 오래지 않아 병란이 일어나면 당신에게 술이 있다 한들 누가 그 술을 마시겠소?'라고 하였다네. 이 말 때문에 요동 사람들은 조선이 중국에 대해 다른 뜻을 품고 있다고 의심하고 많은 사람이 놀라고 당혹스러워한다네."

사신이 돌아와서 그 일을 아뢰자 조정에서는 역관 중 반드시 말을 만들어내고 사건을 일으켜 나라를 모함하려는 자가 있다고 판단했다. 여러 역관들을 잡아다가 인정전 뜰에서 국문하며 압슬과 단근질까지 하였으나 모두 인정하지 않고 죽어버렸다.

이는 신묘년에 일어난 일로, 이듬해인 임진년1592에 과연 왜변이 일어났다.

이것으로 장차 나라에 큰 난리가 일어날 것을 알 수 있었다. 사람들은 비록 깨닫지 못했지만 각 조짐들은 여러가지 형상으로 나타났다.

흰 무지개가 해를 꿰뚫는다든가, 태백성이 하늘을 지난다든가 하는 현상은 해마다 있는 일이어서 사람들은 예삿일로 보아 넘겼을 정도다.

또 도성 안에는 항상 연기도 아니고 안개도 아닌 검은 기운이 땅에 깔리었다가 하늘로 퍼져 올라갔는데 이런 현상이 거의 10여 년이나 계속되었다. 그 밖의 변괴는 이루 다 적기가 어려울 정도였다. 하늘이 사람에게 고하는 것이 가히 깊고 절절하였으나, 사람들은 그것을 능히 혜

아려 깨닫지 못하였을 따름이다.

이것은 두보의 시이다.

장안성 위의 머리 흰 까마귀,
밤이면 연추문 위로 날아와 우네
또 인가로 날아가 큰 저택 지붕을 쪼아대니
그 지붕 밑 고관대작은 오랑캐 피해 달아나네

이 구절은 괴이한 일을 시로 읊은 것이다.

임진년 4월 17일 왜군의 침범에 대한 보고가 조정에 도착하자 조정과 백성들이 놀라서 허둥댔다. 그런데 홀연히 괴상한 새가 후원에서 울다가 공중으로 날아올라 가까이 혹은 멀리 날아다니며 울었다. 새는 한 마리뿐이었는데 새소리가 온 성안에 가득 울려 퍼져 듣지 못한 사람이 없었다. 이 새는 종일토록 잠시도 쉬지 않고 울었다. 이렇게 새가 운 지 열흘 남짓 만에 어가가 난을 피해 떠나게 되었다. 왜군이 도성으로 들어와 궁궐과 묘사, 공관과 사가가 모두 텅 비게 되었으니 이 또한 매우 괴이한 일이다.

또 5월에 내가 어가를 따라서 평양에 당도하여 김내진의 집에 머물렀는데, 그때 김내진이 내게 말하였다.

"예전에 승냥이가 몇 번이나 평양성 안에 들어왔습니다. 또 대동강 물이 붉게 변하였는데 동쪽 강변은 물이 아주 탁해지고 서쪽 강변은 물이 맑아지더니 지금 과연 이런 변고가 일어나고 말았습니다."

당시 왜군은 아직 평양까지 오지 않았으나, 나는 이 말을 듣고 대꾸하지 않고 오랫동안 잠자코 있었다. 그러나 마음속으로는 불길하였는데 얼마 지나지 않아 평양이 또 함락되었다.

승냥이는 야생 짐승이라 사람이 많이 사는 성과 도시에는 들어오지 않는다. 《춘추春秋》에서 말한 "구욕새가 와서 둥우리를 튼다", "여섯 마리 익새가 큰 바람에 밀려 날아간다", "겨울에 큰 사슴이 많이 나타난다", "가을에 물여우가 나타난다"와 같은 경우로 드물게 일어나지만 그러한 징조가 맞지 않는 경우는 거의 없다. 하늘의 계시는 뚜렷하게 드러나고 성인은 또 그것을 기록하여 경계하였는데, 어찌 두려워하지 않으며 조심하지 않겠는가.

또 임진년 봄과 여름 사이에 세성木星이 미尾와 기箕의 별자리에 머물렀다. 미와 기의 별자리는 바로 중국의 연나라에 해당하는 자리인데 예부터 우리나라는 연과 같은 지역에 있다고 보았다. 당시 왜군이 날로 가까워오니 인심은 불안에 떨고 어찌할 바를 몰랐다. 하루는 임금께서 말씀하셨다.

"복을 부르는 좋은 별이 지금 우리나라에 있으니 적을 두려워할 것이 없다."

성상의 말씀은 별을 빌려서라도 인심을 진정시키고자 한 의도였을 것이다. 그 뒤에 비록 도성이 함락되기는 했지만 끝내는 회복되었고 임금께서는 한양으로 돌아오시게 되었다. 왜의 장수 도요토미 히데요시도 그 흉악한 성질을 끝내 이기지 못하고 죽어버렸다. 이 어찌 우연이겠는가. 모두가 하늘의 뜻 아닌 것이 없다.

괴상한 징조인가,
정책적 무지인가?

류성룡이 언급하고 있는 임진왜란을 암시하는 흉조, 그중에서도 청어의 생산과 관련된 이야기는 당시의 공납 제도를 알고 이해하면 더욱 흥미롭다. 잡히지도 않는 청어를 10년 동안이나 공납 물품으로 받아온 조선 조정의 무지와 이에 대처하는 조선 백성들의 애환을 알 수 있기 때문이다.

조선 시대에는 각 고을에서 나는 특산물을 왕에게 진상하는 이른바 공납貢納이 백성들의 주요한 부세 조항이었다. 따라서 백성들은 공물을 바치는 시기가 오면 진상 물품을 구하느라 상당한 경제적 압박을 받았다. 흉년이 들거나 날씨가 나빠 특산물의 소출이 줄어들면 비싼 가격에 특산물을 구매해서 바쳐야 하는 상황이 생겨났기 때문이다.

특히 조선 시대의 대표적 폭군으로 일컬어지는 연산군은 각 지역의 공물안을 개정했는데, 가짓수와 양을 대폭 늘려 수취에 열을 올렸다. 더군다나 각지의 특산물을 정확히 인지한 상태에서 만든 공물안이 아니었기 때문에 공물 수취는 점차 가혹한 부세 수단으로 변질되고 말았다.

조선 시대의 공물 개정안은 경제 정책의 화두였다고 해도 과언이 아니다. 선조 대의 사림 정치는 이를 주요한 현안으로 삼았다. 대표적으로 당대의 천재 학자이자 경세가인 이이율곡의 공물 개정안 논의는 당시의 시대적 고민을 보여주는 것이다.

그럼에도 공물 개정 논의는 제대로 진전을 보지 못하다가 임진왜란이 발발했고, 전란이 휩쓸고 간 조선에 공물 납부에 대한 백성의 부담은 더욱 깊어졌다. 현실과 동떨어진 공물 수취는 제대로 된 개혁안을 제시하지도 못한 채, 아예 특산물을 공동구매하여 납부하는 방납防納의 공공연한 정착을 초래하여 건전한 공물 납부는 요원해지고 말았다. 이에 조정에서도 방납의 심각성을 깨닫고 방납 과정에서 이뤄지는 부당한 공물가 수취와 횡령, 세목의 증가 등의 폐단을 없애기 위해 방납을 공식화하는 대동법을 추진하게 된 것이다.

따라서 《징비록》에 등장하는 특산물 청어가 갑자기 잡히지 않게 되었다고 언급하는 대목도 이러한 맥락에서 살펴볼 필요가 있다. 실제로 《조선왕조실록》을 보면 청어는 함경도와 경상도 지방에서 나는 특산물이었음을 알 수 있다. 그래서 함경도의 특산물로 청어가 지정되어 오랫동안 공물로 바쳐온 것이다. 그러나 16세기에 이르러서는 류성룡도 《징비록》에서 언급했듯이, 청어가 함경도 지방에서 잡히지 않게 된다. 공물로 진상하기가 어려운 물품이 된 것이다.

임진왜란 발발 후 피난길에 오른 선조는 해주 사람들이 특산물에서 청어를 제외해달라고 청원하자, 그때서야 실상을 알고 청어를 제외해주는 은전을 베풀었다. 청어가 사라진 원인은 알 수 없지만 조류의 흐름이나 해수의 온도 변화로 청어가 중국 쪽으로 옮겨갔을 거라고 짐작할 뿐이다. 다만 조정에서는 환경 변화에 따른 특산물의 생산량 변화를 제대로 파악하지 못한 채 이런 상황을 괴이한 징조라고만 여겼으니 참으로 웃지 못할 일이다. 특히 류성룡처럼 민생에 민감해야 하는 경세가마저 청어가 옮겨간 정황을 16세기 말에야 깨달았다는 사실은 당대의 현실 파악과 정책적 대안이 그만큼 미흡했음을 보여준다.

더욱이 임진왜란이 끝나고 얼마 지나지 않은 1603년^{선조36}에 조정의 당권자들은 청어를 다시 함경도의 공물 항목으로 제정해, 민생을 외면하는 무지한 정책 발의가 재현되었다. 이는 다시 함경도에서 청어가 많이 잡히게 되었다는 것을 뜻하는 것이 아니라, 조정의 대신들이 여전히 정확한 사정을 파악하지 않고 잘못된 정책을 제시했다고 볼 수 있기 때문이다. 청어가 함경도에서 잡히지 않는다는 사실을 조정은 17세기에 이르러서야 알게 된다. 청어 어획에 관한 실태 파악이 60여 년 만에 비로소 이루어진 셈이다.

한편, 청어가 잡히지 않던 임진왜란기에 대한 기억은 청어의 어획이 곧 평화로운 시대라는 인상을 남기게 되었다. 이후로 청어가 잡혔다는 소식은 평화로운 시대가 왔다는 것을 알려주는 소식이 되었기 때문이다.

왜군의 전략 실패

왜군은 매우 간교해서 그들의 군사 작전은 요사한 술법에서 나오지 않은 것이 하나도 없다. 그러나 임진년의 일만 두고 본다면 한양을 공략할 때는 교묘하였고 평양에서는 졸렬하였다고 하겠다.

우리나라는 태평성대를 누린 지 100여 년 이상 되었기 때문에 백성들은 전쟁을 모르고 지내왔다. 그러다 갑자기 왜군이 쳐들어왔다는 소식이 전해지자 사람들은 급해서 넘어지고 쓰러지며 모두 넋을 잃었다.

왜군은 파죽지세로 진격해와 불과 열흘 만에 한양에 당도하니, 지혜가 있어도 대책을 강구할 겨를이 없고, 용기가 있어도 결단을 내릴 겨를이 없어 인심을 수습할 수 없게 되었다. 이것은 뛰어난 군사 전략이었고, 왜군의 교묘한 계략이었다. 그래서 그들이 "한양 공략에는 교묘하였다"라고 하는 것이다.

그러나 왜군은 번번이 스스로 이긴 위세를 믿고서 뒷일을 돌아보지 않은 채 전국 각도에 흩어져 횡포를 부렸다. 병력이 분산되면 세력이 약화될 수밖에 없는 법이다. 그런데 그들은 1,000리에 이르는 광범한 지역에 병력을 흩어놓고 오랜 시일을 끌었으니, 이른바 '강한 쇠뇌로 쏜 화살도 끝에서는 얇디얇은 명주 비단을 뚫지 못하는 이치'와 같다. 송나라의 장수 장숙야는 여진을 다음과 같이 평가하였다.

"여진은 병법을 모른다. 지원 부대도 없이 적진으로 깊이 들어가니 어찌 멀쩡하게 돌아갈 수 있는 자가 있겠는가?"

이는 왜군의 작전과 거의 같다. 이런 까닭으로 명나라 원군이 4만의 병력으로 평양을 공격하여 탈환하였고, 평양이 이미 함락되자 각 도에 흩어져 있던 왜군은 기세를 잃게 되어 한양을 근거지로 하면서도 세력은 이미 약화되었다. 우리나라 백성들이 사방 곳곳에서 왜군을 요격하자 적의 앞뒤가 서로 구원할 수 없게 되어 결국엔 달아날 수밖에 없었다. 그래서 그들이 "평양에서는 졸책이었다"라고 하는 것이다.

아아! 적의 전략 실패는 우리에게 다행이었다. 진실로 우리나라에 장수 한 사람만 있었어도 군사 수만 명을 거느리고 그때그때 적절한 작전을 써서 긴 뱀의 허리를 자르듯 적의 중부를 잘라낼 수 있었을 것이다. 평양에서 왜군이 패배했을 때 이 작전을 썼다면 왜군의 우두머리 장수까지도 앉아서 사로잡을 수 있었을 것이고, 한양 이남에서 그렇게 하였더라면 왜군은 수레 한 척도 돌아가지 못하였을 것이다. 이렇게 했어야 왜의 마음이 놀라고 담력이 깨져서 이후 수백 년간 감히 우리를 넘보지 못하고 다시 후환이 없었을 것이다. 그러나 당시 우리는 쇠약할 대로 쇠약해져서 힘을 내지 못하였으며, 명나라의 장수들은 또 그런 계책을 낼 줄을 몰라 왜군이 제멋대로 오고 가게 하였다. 그리하여 왜군은 두려움 없이 온갖 것을 요구하였고, 이에 결국 수준 낮은 방법을 써서 책봉과 조공을 허락해 그들을 타일러 다스리려 하였으니, 어찌 다 한탄하며 어찌 다 애석해 할 수 있겠는가! 지금도 이것을 생각하면 저절로 주먹이 쥐어진다.

지형

옛날에 조조가 군사에 대해 임금^{한문제}에게 상언하였다.

"군사를 동원하여 전투를 할 때에 꼭 필요한 계책이 세 가지가 있는데 그중 첫째는 지형^{地形}의 이점을 활용할 것, 둘째는 군사들을 복종시키고 훈련시킬 것, 셋째는 무기를 잘 쓸 수 있도록 정비해둘 것입니다. 이 세 가지는 용병술에서 가장 핵심적인 요소이며 승부를 결정짓는 관건으로, 장수라면 꼭 알아두어야 할 것입니다."

왜군은 공격 전술에 익숙하고 무기도 잘 준비하였다. 예전에는 조총이 없었는데 지금은 그것을 가지고 먼 거리까지 정확히 명중시키는데 명중률이 활의 몇 갑절이나 되었다. 만약 우리가 그들과 서로 평원과 광야 지대에서 맞닥뜨려 진을 치고 병법대로 싸운다면 대적하기가 극히 어려울 것이다. 대개 활은 적을 맞힐 수 있는 거리가 백 걸음에 불과하지만 조총은 수백 걸음 밖에서도 적을 맞힐 수 있어서 바람이 우박을 몰아오듯 하니 상대가 되지 않는 것은 자명한 일이다.

그러나 우리가 먼저 지형을 골라, 나무가 빽빽이 우거진 험한 산속에 사수들을 나누어 매복시켜 적들이 매복한 군사들을 못 보게 하고서 좌우에서 함께 활을 쏘아대면 적이 비록 조총과 창칼을 가졌더라도 그 힘을 발휘할 수가 없어서 대승할 수 있을 것이다. 이제 한 가지 실례를 들어 이를 증명해 보겠다.

　임진년1592에 왜군은 한양에 들어온 뒤 날마다 성 밖에 나가 노략질을 하였다. 급기야 왕릉까지 침범했는데 보호하지 못하였다.

　이때 고양에 사는 진사 이로李櫓란 사람은 활을 조금 쏠 줄 알고 담력이 있었다. 하루는 동료 두 사람과 함께 활과 화살을 가지고 창릉昌陵과 경릉敬陵으로 들어갔는데 갑자기 왜군이 큰 무리로 나타나 골짜기를 빽빽이 메우는 상황에 처하였다. 이에 이로 등은 계획하지 않고 덩굴이 빽빽하게 뒤엉킨 수풀 속으로 도망쳐 들어갔다.

　왜군은 근처를 배회하며 이들을 찾으려고 수풀 속을 샅샅이 수색하였다. 이로 등은 풀 속에 숨어서 왜군을 보는 족족 활을 쏘았고 쏘는 족족 거꾸러뜨렸다. 또 재빨리 장소를 옮겨 다니며 활을 쏘아대니 왜군은 더욱 헤아리지 못하였다. 이런 뒤로 왜군은 수풀만 보면, 더 멀리 피해 달아나고 감히 접근하지 못해, 창릉과 경릉 두 능이 보전될 수 있었다.

　이런 예를 보더라도 어떤 지형을 얻느냐에 따라 승패가 달라진다는 것을 알 수 있다.

　왜군이 상주에 있을 때에 신립과 이일 등이 만약 이런 계책을 생각해낼 줄 알아서, 먼저 토천경북 문경과 조령 30여 리 사이에 사수 수천 명을 매복시켜놓아 적이 병력의 정도를 짐작할 수 없게 하였더라면 적을 제압할 수 있었을 것이다. 그런데 그들은 훈련도 제대로 받지 않은 오합지졸들을 데리고, 그 천험의 요새를 버리고 평지에서 대치하였으니 패배할 수밖에 없었다.

　내가 군사 전략에 대해 말한 바 있으나 여기에 다시 특별히 기록하여두는 것은 훗날 경계로 삼게 하려는 것이다.

선릉과 정릉 도굴 사건과
중종의 시신 처리 문제

임진왜란의 최대 피해자는 누구보다도 일반 백성들이었다. 특히 도성의 방비를 포기하고 도망치듯 한양을 빠져나간 조정의 무책임한 행보로 인해 왜군의 약탈과 만행을 온몸으로 겪어야 했던 백성들의 피해는 실로 엄청났다.

선조에 이어 임금이 된 광해군은 임진왜란 이후의 효자, 충신, 열녀 등에 관련된 사실을 모아 수록, 충의와 절개를 강조하고 흩어진 민심을 다잡고자 《동국신속삼강행실도》를 발행했다. 이 책에서도 조선의 백성들이 임진왜란 기간 동안 겪은 고초를 엿볼 수 있다. 왜군은 민간인을 약탈하고 살인하며 불까지 지르는 등 무자비하고 잔인무도한 만행을 저질렀다.

왜군은 살아 있는 백성에 대한 약탈과 살인은 물론이고, 조상의 무덤을 도굴하는 일도 적지 않았다. 유교 사회인 조선에서 백성들을 조상의 분묘를 조상의 체백體魄이 담긴 매우 중요한 존재로 보았다. 따라서 후손들은 전란의 와중에도 죽음을 불사하고 조상의 분묘를 지키고자 했다.

《동국신속삼강행실도》 중 경명충렬(敬命忠烈).
성을 지키던 고경명이 왜군의 칼을 맞고 전사하
는 모습.

《동국신속삼강행실도》 중 최금타적(崔今打賊).
최금이라는 여자가 지아비와 자식들을 죽인 왜
군을 돌로 쳐 죽이고 자신도 결국 왜군의 칼에
죽는 모습.

　도성과 가까운 곳에 있는 조선 왕릉도 왜군의 약탈 대상에서 빠질
수 없었다. 임진왜란을 통해 일본은 각종 도서, 도자기와 금, 은 같은 금
속 세공품을 약탈해갔다. 무덤의 도굴 역시 그 일환이었으며 조선 왕릉
은 주요 표적이었다.

　류성룡의 《징비록》에도 고양군의 서오릉 일대에서 왜군이 도굴을
시도하다가 매복한 민병에 의해 격퇴당한 일화가 소개되어 있다. 그 밖
에도 문정왕후의 태릉과 명종의 강릉에 왜군이 출몰해 도굴했다는 소
문이 돌았다. 강릉은 50여 명의 왜군에 의해 파헤쳐질 위기였으나, 다
행히 매우 단단한 회격묘로 조성되어 있어 도굴이 불가능했다.

　그런데 조선의 왕릉이 도굴되는 과정에서 조선의 하층민이 상당히
주도적인 역할을 했다는 점이 확인되어 당시의 시대적 아픔을 상기하
게 한다. 김천일의 보고에 의하면 사포서궁중의 밭이나 채소를 맡아보는 관아의
종 효인은 왜군에게 '능침 속에 금은을 넣어 간직하였다'고 사주해 능

침의 도굴을 부추겼고, 사헌부의 서리 최업은 왜의 서원書員이 되어 능을 파는 일을 관장하고 앞장서기도 했다고 한다. 두 사람 다 조정의 녹을 받는 하급 관인이었는데 이들이 왕릉의 도굴을 조장했다는 점은, 그만큼 해이해진 공직 윤리와 백성을 버리고 도망간 임금에 대한 백성들의 배신감이 컸다는 것을 반영한다.

태릉과 강릉은 도굴되지 않고 보존할 수 있었던 반면, 지금의 강남구 삼성동에 있는 선릉과 정릉은 도굴을 피하지 못했다. 왜군이 침범해 도굴을 한 것이다. 이 사건은 선조와 왕실, 중신들에게 경악할 만한 사건이었다. 왜군에 대한 적개심과 분노는 극에 달했고, 당장 도성을 수복하러 진격하자는 얘기가 나올 정도였다.

당시 체찰사였던 류성룡은 자신의 군관인 수문장 이홍국에게 군사들을 이끌고 선릉과 정릉으로 침투해 변고를 조사하도록 했다.

이홍국이 조사하러 갔을 때, 선릉은 재궁임금의 시신을 담은 관이 파괴되지 않았지만, 정릉은 능침이 파헤쳐져 재궁은 불에 탔으며 시신은 광재궁을 묻기 위한 판 구덩이 밖에 있었다. 이홍국은 광 밖에 있던 시신을 광 안에 넣고 돌아와 이 사실을 류성룡에게 보고했다.

류성룡은 일본군이 다시 능침을 침범할 것을 우려해 박유인과 이홍국을 보내 시신을 송산에 있는 인가에 안치시키도록 했다. 이후에 류성룡과 성혼 등 조정 대신들은 송산으로 가서 시체를 살펴보았다.

이른바 '송산의 시체'라고 하는 이 시신은 정릉 광 밖에서 관도 없이 발견된 시체로 중종의 생전 체격과 비슷했고, 시신의 부패 상태가 심하지 않았다. 류성룡은 이 시신을 중종의 시신으로 보았다. 그런데 성혼은 중종이 아니라는 확고한 입장이었다. 서인의 거두인 성혼과 남인의 거두인 류성룡이 송산의 시체가 중종의 시신이 맞는지 아닌지를 두고 대립한 것이다.

결론은 성혼의 승리였다. 성혼은 자신의 저서인 《우계집牛溪集》에서 이 시체는 중종의 시체가 아닐 가능성이 크다는 것을 논리적으로 설명해놓았다. 왜군은 선릉과 정릉을 모두 불태웠는데 정릉의 시체만 온전하게 남아 있다는 것은 말이 안 된다는 점과 정릉의 광이 좁은데 재궁에서 시신만 꺼내 재궁만 불태우고 시신을 다시 광 안에 넣어둘 리가 없다는 지적이었다.

이에 대해 류성룡은 사람들이 성혼의 눈치를 살피느라 중종의 체모體貌에 대한 조사가 제대로 이루어지지 못한 점을 아쉬워했다. 중종은 등에 큰 종기가 있었는데 송산의 시체 역시 등에 종기 자국이 있어, 전에 내시로 일하던 사람을 불러 확인시키려 하였으나 무위로 돌아갔기 때문이었다.

또 류성룡은 "대개 사람의 시체는 가장 잘 썩는 것이어서 막 죽은 시체도 수일이 지나면 부패하는데, 지금 이 시체는 바깥에 둔 지가 몇 달이나 되었고, 한창 더운 여름인데도 냄새도 없고 벌레도 없으니, 깊이 묻었던 것이거나 지극히 오래된 것이 아니면 이럴 수 없다"라고 하면서 송산의 시체가 중종의 시체일 수 있는 가능성을 제기하였다.

그러나 대신들의 여론이 중종의 시신이 아니라고 보는 견해가 대세였기 때문에 선조는 이 시체를 중종이 아니라고 결론 내렸고, 화장하여 인근에 매장한 후에 위안제를 지냈다. 정릉은 절차에 따라 다시 능침을 정비해 의식을 치루는 선에서 마무리했다.

이에 대해 류성룡은 성혼이 자신을 견제하기 위해 광 안의 시체를 중종이 아니라고 단언하고 자신의 군관 이홍국에게 죄를 물으려 했다며 불쾌감을 감추지 않았다. 사실 이홍국이 선릉과 정릉의 훼손 상태를 조사하러 갔을 때 정릉의 시신을 광 안에 아무렇게나 넣은 것과 조사 과정에서 자꾸 말을 바꾼 것이 문제의 발단이었다.

성혼은 이홍국이 다른 사람의 시체를 가져와 옥체라 주장하며 공을 세우려고 했다고 비방했고, 류성룡은 이는 자신을 모함하고자 날조한 것이라고 반박했다. 그러면서 성혼은 잔인한 사람이라고 평하기도 했다. 류성룡은 정릉의 변고에 대해 자신의 문집《운암잡록雲巖雜錄》에 상세하게 적어놓았다.

이 사건은 본래 왕실의 존엄과 직결되는 문제로 임진왜란이 선조에게 남긴 가장 큰 상처이기도 했다. 그러나 사건의 처리 과정은 결국 서인과 남인의 권력 다툼으로 이어졌으니 씁쓸하고 안타까울 뿐이다.

성

성이란 사나운 적을 막고 백성을 보호하기 위한 곳이므로 마땅히 견고하게 짓는 것이 가장 중요하다.

옛날 사람들은 성 쌓는 법을 말할 때 모두 '치雉'라는 말을 썼다. 이른 바 '1,000개의 치', '100개의 치'라 말한 것이 그것이다. 나는 평소에 책을 많이 읽지 못하여 '치'가 무엇을 뜻하는지 몰라 성가퀴가 '치'에 해당한다고 생각하였다.

일찍이 나는 성가퀴가 겨우 1,000개나 100개 정도가 있는 성이라면 지극히 작아서 많은 인원을 수용할 수 없을 텐데, 장차 어떻게 할 것인지 의심하였다. 그러던 중 왜란이 일어난 뒤에 척계광이 쓴 《기효신서紀效新書》를 얻어 읽고서야 비로소 치는 성가퀴가 아니라, 이른바 '곡성' 또는 '옹성'을 뜻한다는 것을 알았다.

대개 성에 곡성이나 옹성이 없으면 비록 성가퀴 하나를 한 사람이 맡아서 성가퀴 사이에 방패를 세워 지킨다고 해도 외부로부터 날아오는 돌과 화살은 막을 수 있을지언정 적이 성벽에 달라붙어 오르면 볼 수 없기 때문에 막을 수가 없게 된다. 《기효신서》에서는 50개의 성가퀴마다 하나의 치를 두되 성벽에서 2~3장6~9미터 정도 밖으로 튀어나가게 설치한다고 하였다. 그래서 두 치 사이에는 50개의 성가퀴가 있게 되고, 하나의 치가 각 지점에서 양쪽으로 25개의 성가퀴를 맡게 되니 화살의 힘이 강해지고 좌우로 돌아보며 활을 쏘기에도 편리해 적이 성 밑에 와서 달라붙을 수 없게 된다.

임진년 가을에 나는 오랫동안 안주에 머무르면서 평양에 있는 왜군이 서쪽으로 진격해 내려오면, 행재소 전방에 한 군데도 이를 막을 곳이 없다는 것을 염려하였다. 그래서 역량을 헤아리지도 않고 안주성을 수리해 지키고자 하였다. 중양일음력 9월 9일에 우연히 청천강 가에 나가 안주성을 바라보고 조용히 앉아서 깊이 궁리하고 있자니 문득 한 가지 방책이 떠올랐다.

성 밖에 지세를 이용해 치제雉制처럼 불쑥 튀어나온 성을 쌓아서, 가운데는 비워서 사람들이 들어갈 수 있게 한다. 그 앞쪽과 양옆에는 화포 구멍을 뚫어서 포를 쏠 수 있게 하고, 위에는 1,000걸음 이상의 간격을 둔 누대를 설치한다. 포 속에는 새알 같은 철환을 2, 3말씩 담아두었다가 적이 성 밖에 몰려왔을 때 양쪽에서 포탄을 교차시켜 쏘아대면, 사람이나 말은 말할 것도 없고 쇳덩이라도 부서지지 않을 리 없다. 만약 이렇게 한다면 다른 성가퀴에는 비록 지키는 군사가 없더라도 단지 수십 명으로 포루를 지키게 하면 적이 감히 접근하지 못할 것이다.

이는 사실 수비를 하는 데 묘책으로, 제도는 비록 치제를 모방하였으나 효과는 치제보다 훨씬 우수한 것이다. 대개 적이 1,000걸음 안으로 접근하지 못한다면 성을 공격하는 데 쓰는 운제나 충차 같은 장비도 모두 쓸모없는 것이 되고 만다.

나는 우연히 이를 생각해내고는 그때 즉시 행재소의 임금께 아뢰고 이후 경연에서도 여러 번 말하였다. 또 사람들에게 그것이 틀림없이 유용하다는 것을 보여주고자 병신년1596, 선조29 봄에는 한양성의 동쪽 수

구문水口門 바깥 적당한 곳에서 돌을 모으고 성을 쌓기 시작하였다. 그러나 채 완성되기도 전에 반대 의견이 일어나 결국 계책을 폐하고 성도 수리하지 않았다.

훗날에 만약 멀리 바라보고 생각하는 자가 있거든 나 같은 사람이 한 말이라고 소홀히 하지 말고, 이 제도를 잘 손보아 성을 쌓는다면 적을 막아내는 방법으로 적잖이 효과가 있을 것이다.

진주성과 포루

내가 안주에 있을 때 경상 우도 관찰사로 있던 나의 벗 사순 김성일이 편지를 보내왔다.

"진주성을 정비하여 죽을 각오로 지킬 생각이네."

전에 한번 왜군이 먼저 진주성을 공격하였다가 패배하고 물러난 적이 있었으므로 나는 사순에게 이렇게 회답하였다.

"적이 조만간 반드시 보복하러 올 것이고, 온다면 분명히 대규모의 병력을 동원할 것이네. 성을 지키기가 전보다 훨씬 어려울 터이니 마땅히 포루를 세워 대비해야 우환이 없을 것이네."

그리고 편지에 포루의 제도를 상세히 적어주었다.

계사년1593, 선조26 6월에 나는 적이 다시 진주성을 공격한다는 소식을 듣고 종사관 신경진에게 이렇게 말했다.

"진주성이 매우 위태롭게 되었는데, 다행히 포루가 있으면 버틸 수 있겠지만 그렇지 않으면 지키기 어려울 것이야."

얼마 뒤 합천에 내려갔는데 진주성이 이미 함락되었다는 소식을 들었다.

단성 현감 조종도 역시 김성일의 친구인데 그가 나에게 말하였다.

"작년에 김성일과 함께 진주성에 있었는데, 김성일이 그대류성룡의 편지를 읽고서 아주 기가 막힌 계책이라고 감탄하며 즉시 진영에 있던 친구 몇 사람과 성을 둘러보고 지형에 맞추어 여덟 곳에 포루를 세우기로 하였다네. 군령을 내려 나무를 베어 강물에 띄워 내려오게 하였는데 주민들이 그 노역을 꺼려하며 불평하였지. 전에는 포루가 없어도 성을 지키고 적을 물리쳤는데 지금 뭣 때문에 사람들을 괴롭히냐는 것이었네. 그러나 김성일은 이런 말을 듣지 않았다네. 그런데 자재 준비가 끝나고 공사를 시작한 지 얼마 지나지 않아 그가 그만 병들어서 일어나지 못하고 말았지. 결국 공사도 중단되고 말았다네."

나와 조종도는 함께 통곡하고 헤어졌다.

아아! 김성일의 불행은 곧 진주성 온 백성의 불행이었다. 이는 진실로 운명이니 사람의 힘으로 어찌할 수 있는 일이 아니었다.

군사 전략과 장수

임진년1592, 선조25 4월에 왜군은 내륙의 고을을 연달아 함락시키고 아군은 풍문만 듣고도 무너져버리니 감히 왜군의 예봉을 꺾을 자가 없었다. 비변사의 신료들은 매일같이 대궐에 모여 왜군을 막을 방법을 의논하였으나 계책이 나오지 않았다. 어떤 사람이 이런 건의를 하였다.

"왜군은 창과 칼을 잘 쓰는데 우리는 이를 막을 만한 견고한 갑옷이 없으니 대적할 수 없습니다. 마땅히 두꺼운 쇠로 온몸을 감쌀 수 있는 갑옷을 만들어 입고 적진에 들어간다면 적이 찌를 틈이 없을 것이니, 우리가 이길 수 있습니다."

모두 그 말이 옳다고 하였다. 그래서 대대적으로 공장工匠을 모아서 밤낮으로 쉬지 않고 쇠를 두들겨 갑옷을 만들었다. 오로지 나만 갑옷을 만들어 입는 것이 옳지 않다고 말하였다.

"적과 전투를 할 때는 구름처럼 모였다가 새처럼 가볍게 흩어져야 하므로 민첩한 것이 중요합니다. 온몸에 두꺼운 쇠 갑옷을 두르고서는 그 무게를 이기지도 못하고 몸도 제대로 가눌 수 없을 것입니다. 그런데 어떻게 적을 죽일 수 있기를 바라겠습니까?"

며칠 후에 그런 갑옷은 사용하기 어렵다는 것을 알고서 마침내 그 안을 폐지하였다.

또 대간들이, 임금에게 대신들을 접견하여 계책을 말하게 하도록 건의하자, 그 가운데 한 사람이 몹시 흥분하여 대신들은 아무런 계책도 없다고 하면서 배척하였다.

자리에 있던 사람들이 그럼 어떤 계책이 있느냐고 물으니 그 사람이 대답하였다.

"한강 가에 높직한 누각을 많이 설치해 적이 올라오지 못하도록 한 다음, 그 위에서 아래를 향해 활을 쏘면 안 될 게 뭐 있느냐?"

이에 어떤 사람이 물었다.

"적의 총알도 올라오지 못하게 할 수 있는가?"

그 사람은 아무 말도 못하고 물러났다. 이 이야기를 들은 사람들은 말을 전해가며 웃음거리로 삼았다.

아! 전쟁의 판세는 일정하지 않고, 전투에는 정해진 전법이 없다. 그러므로 상황에 따라 그때그때 알맞은 전법을 구사하여, 때로는 전진하고, 때로는 후퇴하며, 한꺼번에 들이치기도 하고, 흩어져 싸우기도 해야 한다. 적절한 전략을 끝없이 구사하는 것은 오직 장수에게 달린 일이다. 그런즉 천 마디 말이나 만 가지 계획이 다 소용없고, 오로지 뛰어난 장수 한 사람을 얻는 것이 중요하다. 조조가 베푼 세 가지 계책은 더욱 중요해서 한 가지도 빠뜨릴 수 없다. 나머지 이런 저런 의견들이야 무슨 도움이 되겠는가.

무릇 국가에서는 평상시에 장수를 선발해두었다가 유사시에는 그에게 임무를 맡겨야 한다. 장수를 선발할 때에는 잘 골라서 뽑는 것이 중요하고, 장수에게 임무를 맡길 때에는 전적인 권한을 주는 것이 중요하다. 그러나 당시에는 경상도의 수군 장수가 박홍과 원균이었고 육군의 장수는 이각과 조대곤이었는데 이들은 애당초 장수감이 아니었다. 왜란이 일어나자 순변사, 방어사, 조방장 등이 모두 조정에서 직접 명을 받고 왔기 때문에 그들 각자가 결정권을 가지고 있었다. 저마다 군사들을 제멋대로 전진시키기도 하고 후퇴시키기도 하며 서로 간에 전혀 통일을 이루지 못하였다. 그리하여 전쟁 중에 반드시 피해야 할 금기[31]를 범하였으니 일이 어떻게 제대로 되었겠는가?

또 자기가 키운 군사는 자기가 실제 쓰는 군사가 아니고, 자기가 실제 쓰는 군사는 자기가 키운 군사가 아니니, 장군과 군사들이 서로 간에 알지 못하였다. 이것은 모두 병가에서 크게 꺼리는 일이다. 어찌하여 앞 수레가 넘어진 것을 보고도 고칠 줄을 모르고 지금도 앞 수레의 바퀴 자국을 그대로 따르고 있는가? 이렇게 하고서도 무사하기를 바란다면 단지 요행을 바라는 것일 뿐이다. 말을 하자면 얘기가 매우 길어서 한두 대목으로 다 할 수 없으니, 아! 위태롭도다.

---

31 전쟁에 패하여 시체를 수레에 싣고 돌아오는 것에 대한 경계를 말한다.

부교

계사년1593, 선조26 1월에 명나라 군사가 평양을 출발하였고, 나는 그 행군 대열을 앞질러 왔다. 당시 임진강의 얼음이 녹아서 건널 수가 없었는데, 제독 이여송이 연달아 사람을 보내 부교를 만들어놓으라고 독촉하였다.

내가 금교역에 이르러 보니 황해도의 수령들이 수많은 백성을 거느리고 명나라 군사의 식사를 준비하기 위해 대기하고 있었다. 나는 우봉 현령 이희원을 불러서 거느리고 있는 백성이 몇 명이나 되느냐고 물었다. 이희원은 거의 수백 명이 된다고 대답하였다. 그래서 내가 그에게 분부하였다.

"빨리 고을 사람들을 거느리고 산에 올라 칡을 캐서 내일 임진강 어귀로 오게. 늦어서는 안 되네."

내 말을 듣고 이희원은 떠났다.

다음 날 나는 개성부에서 묵은 뒤 새벽에 임진강 북쪽 나루터의 덕진당에 달려가보니 강의 얼음이 아직 완전히 녹지 않았는데, 얼음 위로 성엣장이 하반신에 찰 정도로 흐르고 있어, 하류의 배들이 올라오지 못하고 있었다. 경기 순찰사 권징과 수사 이빈, 장단 부사 한덕원과, 창의 추의군 1,000명이 강에 모여 있었으나 모두 속수무책이었다.

나는 우봉현 사람들을 불러 준비해온 칡을 가지고 2위약 32센티미터 정도 되는 굵기로 강을 가로지를 수 있을 만큼 긴 동아줄을 꼬도록 명령하였다. 그러고 나서 강의 남북 양쪽 기슭에 기둥을 두 개씩 마주 보게 세우고, 그 안에 한 개의 가로대를 질러놓고서 칡 동아줄 열다섯 가닥을 강에 가로질러 펴고, 두 끝을 양쪽 강기슭의 가로대에 각각 묶었다. 그러나 강이 워낙 넓어서 동아줄이 팽팽히 당겨지지 않고 반 정도가 물에 잠겼다. 이를 보고 사람들은 쓸데없이 힘만 뺐다고 말하였다.

나는 1,000여 명에게 각자 두세 자 정도 되는 짧은 막대기에 동아줄을 감아 몇 바퀴씩 단단하게 돌린 다음 양쪽에서 힘껏 잡아당기라고 하였다. 그러자 동아줄이 빗질을 한 것처럼 고르게 쫙 일어나면서 팽팽하게 당겨져서 아주 그럴싸한 다리 꼴을 갖추게 되었다. 가는 버들을 베어다가 그 위에 깔고, 두껍게 풀을 덮고 나서 위에 흙을 더 덮었다.

명나라 군사들이 이를 보고 매우 기뻐하면서 모두 채찍을 휘두르며 말을 달려 통과하고 포차砲車와 군기軍器도 모두 이 다리로 건넜다. 그런데 건너는 사람들이 많아질수록 동아줄이 늘어져 강물에 닿으려 하자, 나머지 대군은 얕은 여울을 통해 강을 건넜다. 그러나 제독은 별달리 책망하지 않았다.

내가 그때를 생각해보니, 갑자기 만드느라 칡을 많이 준비하지 못하였는데, 그보다 배로 준비해서 동아줄을 서른 가닥쯤 만들었더라면 훨씬 더 팽팽해서 늘어지지 않았을 것이다.

나중에《남북사南北史》를 읽어보니 내가 고안해낸 방법과 똑같은 방법으로 다리를 놓았다는 기록이 있었다. 북제의 군사가 후량을 침공하였을 때 소규가 북주의 총관 육등과 함께 이를 막았다. 그때 북주 사람들이 좁은 강어귀에 안촉성을 쌓고, 강 위로 동아줄을 가로지르고 갈대를 얽어 다리를 만들어서 군량을 수송하였다는 것이다. 나는 우연히 이 방식을 떠올렸는데 옛 사람은 이미 이 방식을 썼다는 것을 알지 못하였다고 혼잣말하며 한번 웃었다.

　그때 그 일을 기록해두어 다음에 갑작스러운 난관이 생겼을 때 대응하는 데 도움이 되었으면 하는 바이다.

군사 훈련

계사년1593 여름에 나는 병이 들어 한양 묵시동성북동에 누워 있었다. 하루는 명나라 장수 낙상지가 나에게 찾아와 문병하고는 간곡하게 권유하였다.

"조선은 지금 힘이 미약한데 왜군은 아직도 국경 안에 있으니, 군사를 훈련시켜 왜군을 막는 것이 가장 급선무일 것이오. 마땅히 우리 명나라 군사가 본국으로 돌아가지 않고 있는 동안 군사 훈련법을 배우는 게 좋겠소. 한 사람이 열 사람에게 가르치고, 배운 열 사람이 다시 백사람을 가르친다면 수년 사이에 모두 잘 훈련된 병졸이 되어 나라를 지킬 수 있을 것이오."

나는 이 말에 느낀 바가 있어서 즉시 행재소로 장계를 올려 보고하고는 곁에 있던 금군 한사립을 보내 한양에서 군사를 모으게 하니 70여 명이 되었다. 이들은 낙상지의 처소를 찾아가서 가르침을 청하였고 낙상지는 휘하의 장졸 중에서 진법陣法을 잘 아는 장육삼 등 열 명을 뽑아 교사로 삼아주었다. 그들은 밤낮으로 창검과 낭선 등의 무기 쓰는 기법을 훈련시켰는데, 얼마 뒤에 내가 남쪽으로 내려가게 되자 그 일도 곧 흐지부지되어버렸다.

그런데 임금께서 내가 올린 장계를 보시고는 비변사에 명하여 별도

낭선을 들고 훈련하는 모습

로 도감을 설치해 군사들을 훈련시키게 하고 좌의정 윤두수에게 그 일
을 맡겼다. 그해 9월에 나는 남쪽에서 부름을 받고 행재소로 가다가 해
주에서 어가를 만나 호종하여 함께 한양으로 돌아왔다. 연안에 이르렀
을 때, 다시 나에게 윤두수 대신 도감의 일을 맡아보라는 명령이 내려
졌다.

당시 한양은 기근이 극심하였다. 나는 용산창龍山倉의 좁쌀과 쌀
1,000섬을 풀고 훈련을 받을 경우, 매일 한 사람에게 2되씩 지급하겠다
고 하였다. 그러자 응모자가 사방에서 모여들었다. 이에 도감 당상 조
경이 말하였다.

"곡식이 적어 다 지급할 수 없으니 법을 정해서 제한하는 것이 좋겠
습니다."

그래서 큰 돌을 두고 응모자들에게 먼저 큼직한 돌덩이를 들게 하여
체력을 시험하고, 다시 한 길 높이의 흙담을 뛰어넘게 하여 통과하는
자만 훈련을 받게 하고, 그러지 못한 자는 떨어뜨렸다. 그런데 사람들

이 굶주리고 지쳐 기운이 없으니 시험에 합격하는 자는 불과 열에 한둘 정도였다. 더러는 시험을 보러 왔다가 미처 응시하기도 전에 도감의 문 밖에서 쓰러져 죽어가기도 하였다. 오래지 않아 수천 명에 가까운 인원을 선발하여 파총과 초관을 세워 부部를 나누어 통솔하게 하였다.

한편, 조총 쏘는 법도 가르치려 하였으나 화약이 없었다. 마침 군기시 소속의 장인 대풍손이라는 자가, 왜군 진영에 들어가 왜군을 위해 화약을 제조해준 죄로 왜군 포로와 함께 강화에 갇혀 곧 사형당할 처지에 있었다. 나는 특별히 그의 죄를 용서해주고 그로 하여금 화약을 제조하여 속죄하게 하였다. 그는 감격스럽기도 하고 겁도 나서 힘껏 화약을 만드니, 하루에 몇십 근이나 되는 화약을 만들었다. 이것을 매일 각 부에 나누어주어 아침저녁으로 발사 연습을 시키고 성적에 따라서는 상과 벌도 주었다. 훈련이 한 달 남짓 지속되자 날아가는 새도 적중시킬 수 있게 되었고 몇 달 뒤에는 투항한 왜군과 중국 남병 출신의 군사들 중 조총을 잘 다루는 자들과 상대하게 하여 견주어도 그들에 뒤지지 않을 뿐 아니라, 더러는 그들보다 뛰어난 자도 있었다.

나는 간략한 상소문을 올려 임금께 다음과 같이 요청하였다.

"군량을 마련하여 군사 1만 명을 모집하고 다섯 개 영으로 나누어 각 영에 2,000명씩 배속시키되, 절반은 한양에 남아서 훈련을 받고, 남은 절반은 성 밖의 놀리고 있는 널찍하고 기름진 땅을 골라 둔전을 하여 곡식을 비축하게 하소서. 이렇게 해마다 번갈아가며 훈련과 농사를 교대하게 하면 수년 뒤에는 군사들의 식량 자원이 두터워지고 근본이 견고해질 것입니다."

임금께서는 나의 건의를 병조에 하달하였으나 병조에서는 즉시 시행하지 않아 결국 결과를 보지는 못하였다.

심유경의 편지

심유경은 평양에서 적진을 오가며 적지 않게 애를 썼다. 그러나 그는 강화를 명분으로 삼았기 때문에 우리나라 사람들은 그를 좋아하지 않았다.

최후에 왜군은 오랫동안 부산에 머무르며 바다를 건너가지 않았다. 그때 명나라 책봉 사절 이종성이 적진에서 도망쳐서 돌아갔다. 그러자 명나라 조정에서는 심유경을 부사로 삼아서 정사 양방형과 함께 왜국으로 들어가게 하였으나 끝내 성과를 얻지 못하고 돌아왔다. 고니시 유키나가와 가토 기요마사 등도 돌아와 해안 지방에 주둔하였다.

이에 명나라와 우리나라에서는 논의가 자자하게 일어나고 그 책임이 모두 심유경에게 돌아갔다. 심지어는 심유경이 왜군과 공모해서 배반할 것 같다는 말까지 나올 정도였다.

우리나라의 승려 송운^{사명대사}이 서생포의 적진에 들어가 가토 기요마사를 만나고 돌아오더니 이렇게 말하였다.

"왜군은 명나라를 침범하려 하고 있으며 도리에 맞지 않는 흉악한 말을 하였다."

이에 즉시 그 내용을 명나라 조정에 자세히 아뢰었다. 이 소식을 들은 명나라 사람들은 더욱 분노하였다.

심유경은 자신이 화를 입을까 두려워 어찌할 바를 몰랐다. 그는 곧 김명원에게 편지를 써서 자초지종을 설명함으로써 자신을 변호하고자 하였다. 그 편지의 내용은 다음과 같았다.

세월이 빨리 흘러 지나간 일들이 마치 어제 일과 같습니다. 생각해 보면, 예전에 왜군이 귀국의 국경을 침범하여 바로 평양까지 쳐들 어왔으니 그들의 안중에는 원래 조선 팔도는 없었던 것입니다. 노 후심유경 자신는 황제의 어명을 받아 왜군의 정태를 살피고 기미를 엿 보아 그들을 제어하려고 하였습니다. 귀하김명원와 체찰사 이원익을 만난 것도 이 전란이 있던 때였습니다. 당시 평양 서쪽 일대의 백성 들이 정처 없이 떠돌고 바늘방석에 앉은 것처럼 괴로워하며, 아침 에 저녁 일을 예측할 수 없는 상황이었던 것을 목도하고 저는 마음 이 너무 아팠습니다. 귀하께서는 몸소 이 전란을 겪으셨으니 제 구 구절절한 설명이 필요 없을 줄로 압니다.

저는 고니시 유키나가에게 격문을 보내 그를 불러내어 건복산에서 만나 서쪽으로 침범하지 않겠다는 약속을 받았습니다. 그들은 약속 대로 몇 달 동안 감히 서쪽을 넘어 침범하지 않았습니다. 이에 명나 라 대군이 도착하여 평양성 전투에서 승리를 이뤄냈습니다. 만약 그때 제가 오지 않았더라면 왜군은 그 전에 조승훈의 부대를 무찔 렀던 기세를 몰아 의주까지 쳐들어왔을지도 모를 일입니다. 이로써 평양 지역 주민들은 전란의 심한 고통을 받지 않게 되었으니 이는 귀국의 크나큰 행운입니다.

얼마 후에 왜장 고니시 유키나가는 한양으로 퇴각하여 성을 지켰 습니다. 총병 우키타 히데이에와 부장附將 이시다 미쓰나리, 마시타

나가모리 등 30여 명의 장수들은 군사를 합하고 진영을 붙여서 험준한 지역과 요충지를 지켰기 때문에 그 견고한 수비를 무너뜨릴 수 없었습니다. 이여송의 벽제관 전투 패배 이후에는 아군이 진군하기가 더욱 어려워졌습니다. 그때 판서 이덕형이란 자가 개성으로 저를 보러 와서 말하였습니다.

"적의 세력이 이미 장대한데 명나라 대군이 또한 물러가니 한양은 가망이 없겠지요."

그리고 눈물을 흘리며 또 제게 말하였습니다.

"한양은 나라의 근본이 되는 땅으로 이곳을 되찾으면 여러 도에서 군사를 불러 모을 수 있습니다. 그런데 지금의 형세가 이런 지경에 이르렀으니 장차 어쩌면 좋겠습니까?"

그래서 제가 말하였습니다.

"한양을 되찾는다고 해도 한강 이남의 여러 도道를 되찾지 못하면 형세를 또한 더 진전시키기 어렵다고 할 수 있소."

그러자 이덕형이 말하였습니다.

"만약 한양만 회복해도 기대 이상의 성과이니 한강 남쪽 지역은 우리나라 군신들이 스스로 조금씩 지켜나가는 것이 어렵지 않을 것입니다."

제가 다시 말하였습니다.

"제가 당신 나라와 함께 일을 도모해보겠소. 한양을 되찾고 아울러 한강 남쪽 지역의 여러 도를 되찾는 데에 힘쓰며, 적에게 잡힌 왕자와 신하들을 되찾아 나라가 온전히 보전되게 하겠소."

이덕형이 이 말을 듣고 눈물을 흘리고 머리를 조아리며 감사함을 표시하였습니다. 그리고 말하였습니다.

"만약 이렇게만 된다면 나리께서 우리나라를 다시 일으켜 세워준 공덕이 결코 적지 않을 것입니다."

얼마 후에 저는 배를 타고 한강에 도착하였는데, 사로잡힌 왕자 임해군 등이 가토 기요마사의 군영에서 사람을 보내니 그가 달려와 다음과 같이 전해왔습니다.[32]

"만일 사로잡힌 우리를 본국으로 돌아가게만 해준다면 한강 남쪽의 땅은 가리지 않고 어디든지 마음대로 왜군에게 주겠습니다."

저는 그들의 조건을 들어주지 않고 왜장과 다음과 같이 서약하였습니다.

"왕자들을 돌려보내려거든 돌려보내고, 그러지 않으려면 너희 마음대로 죽여라. 다른 것은 더 말할 필요가 없다."

왕자들은 귀국의 황태자 자리를 이을 자들인데 제가 어찌 감히 그들이 중요한 사람이라는 것을 모르겠습니까? 그때는 차라리 '죽일 테면 죽여라'라고 말할지언정 한강 남쪽 땅을 넘기는 일만은 허락하고 싶지 않았습니다.

왜군이 부산에 도착하였을 때에는 재물과 예를 다하여 다방면으로 왕자들을 극진히 대하였다고 합니다. 전에는 거만하였다가 부산에 도착한 이후에는 공경하게 된 것입니다. 시기에는 완급이 있고, 일에는 경중이 있어서 부득이하게 죽일 테면 죽이라고 한 것입니다.

저의 서너 마디 말에 왜군들이 한양에서 퇴각하였습니다. 길을 따라 잇따라 있던 왜군의 병영에 남겨진 군량미가 셀 수 없이 많았고 한강 남쪽의 여러 도들을 모두 되찾을 수 있었습니다. 왕자와 신하들

---

32 당시 가토 기요마사는 임해군과 순화군을 포로로 잡고 있었다.

도 왜군에게 풀려나 돌아왔습니다. 마침내 도요토미 히데요시를 일본의 국왕으로 책봉한다는 조건을 걸고, 여러 왜장들을 구슬려 부산이라는 궁벽한 바닷가에 그들을 손을 묶어두고 3년간 책봉의 명을 기다리며 감히 경거망동하지 않도록 하였습니다. 이어서 책봉에 대한 논의가 결정되자 저는 명을 받들고 한양에서 양국 간의 화의를 돕고, 귀하와 이덕형 등을 다시 만나 다음과 같이 말하였습니다.

"지금 왜국에 가서 도요토미 히데요시를 책봉할 것입니다. 어쩌면 그들이 물러날지 모르겠습니다. 귀하의 나라에서는 뒷수습을 잘 할 계획이 있습니까?"

이덕형은 바로 대답하였습니다.

"뒷수습을 잘 하는 계획은 우리나라 군신들의 책임입니다. 나리께서는 염려하지 않으셔도 됩니다."

저는 처음에 그의 말을 듣고 그가 큰 역량과 큰 견식을 가진 탁월한 나라의 주춧돌임을 보았습니다. 그런데 지금 그 사실을 조사해보니 문장과 업적이 서로 부합하지 않은 것으로 드러난 듯합니다. 이러하니 저는 이덕형에 대해 아쉽게 생각하지 않을 수 없습니다.

또 부산과 죽도에 있던 적의 여러 군영이 즉시 철수하였다는 소식이 들려오지 않은 것은 저의 책임입니다. 그러나 기장과 서생포 등 여러 곳에서 왜군이 모두 바다를 건너 돌아갔고 군영이 모두 불탔으며, 지방관에게 수복한 땅을 나누어주고 또 관련 공문서까지 내려보냈습니다. 그런데도 어찌 가토 기요마사가 다시 돌아왔을 때 한번 싸우지도 않고, 화살 한 발도 쏘지 않았습니까? 지방관들은 몸을 빼서 땅을 도로 내주니 이는 어찌된 영문입니까? 한강 남쪽 땅은 스스로 조금씩 지키겠다고 하시고서, 어찌 회복한 영토를 이

처럼 다시 잃은 것입니까? 또 뒷수습을 잘 하는 일은 귀국의 책임
이라고 하시고서, 어찌 원대한 계획은 들려오지 않고 황제의 궁궐
아래에서 우는 계획만 있을 뿐입니까? 병서에서 말하길, 약자는 강
자에 맞설 수 없고, 적은 수로 많은 수를 당해낼 수 없다고 하였습
니다. 저는 귀국의 관련 당사자들에게 감당하기 어려운 일을 부탁
하는 것이 아닙니다. 다만, "여유가 있을 때에 근본을 다스리고, 급
할 때에는 말단을 다스린다"라는 말이 있듯이, 군사를 훈련시키고
수비할 방도를 잘 마련하며 때를 살펴 적들을 잘 달래는 것은 귀국
의 현명한 당사자들이 또한 방치해서는 안 되는 일로써 다시 물을
필요가 없습니다. 바다를 건너 일본에 다녀온 이후로 저는 네 차례
귀국의 임금을 만나서 서로 간에 가슴속에 있는 말을 묻고 대답하
였습니다. 우리의 대화는 시의적절했고 둘러댐이 없었으며 조금의
거짓도 없었습니다. 임금의 마음과 저의 마음은 깨끗한 거울처럼
서로를 비추는 것 같았습니다. 그래서 저는 성심으로 임금께 아뢰
길, "동쪽 나라일본의 일은 이렇게 되었으니 달리 염려할 것이 없습
니다"라고 한 것입니다.

저는 귀국의 모신謀臣과 책사들이 다방면으로 이간질하고 소문을
내어, 안으로는 위태로운 말로 우리 조정의 분노를 사고, 밖으로는
약한 군졸들로 하여금 일본을 도발하게 하리라고는 생각하지 못하
였습니다.

송운사명대사의 한 차례 발언 또한 예법에서 벗어났습니다. 송운의
말에, 가토 기요마사가 "조선을 앞세워 명나라를 치겠다"라고 하
였다느니, "조선 팔도를 분할하고 국왕이 친히 일본에 와서 복속하
라"라고 하였다느니, 송운은 잠깐 사이에 두세 번 말을 바꾸었습니

다. 그는 다만 이런 말이 임금의 생각을 움직이게 하고 명나라로 하여금 원병을 보내게 할 줄만 알았지, 귀국의 국토가 팔도뿐이라는 것은 생각하지 못하였습니다. 만약 팔도를 내줄 것을 허락하고 또 국왕이 친히 바다를 건너 일본에 복속할 것을 허락하면, 귀국의 종묘, 사직, 신하, 백성은 모두 일본의 것이 되고 맙니다. 그러면 또 어찌 두 왕자를 돌려받을 수 있었겠습니까? 저는 송운의 이 말이 삼척동자도 하지 않을 실언이라고 생각하였습니다. 가토 기요마사가 비록 제멋대로인 사람이기는 해도 그렇게 방자하지는 않습니다. 또 송운이 미처 생각하지 못한 것이 있습니다. 즉, 우리 당당한 명나라가 제후국을 거느리고 통솔하는 데에는 본래 큰 원칙이 있습니다. 은혜를 베풀거나 위엄으로 누르는 것 모두 시기에 맞게 하는 것이고, 수백 년을 서로 오고간 속국을 결코 도외시하지 않으며, 또 약속을 지키지 않는 역적이 우리 제후국의 경계를 침범해 노략질하는 것을 결코 허락하지 않는 것은 당연한 이치입니다.

저는 지극히 사안을 잘 살피지 못하는 사람입니다. 그러나 안과 밖, 친함과 소원함, 따르거나 거스름, 뜻을 같이 하거나 등지는 것 같은 사정은 사람이면 누구나 쉽게 알 수 있습니다. 하물며 칙명을 받아 조선의 일을 잘 마무리하러 온 저에게 일의 성공과 실패, 여러 나라의 안정과 근심과 관계된 일은 가벼이 여길 수 없는 것입니다. 제가 어찌 감히 귀국의 일을 업신여겨 소홀히 할 수 있겠습니까? 또 제가 어찌 감히 일본의 방자한 요구를 숨기고는 알리지 않을 수 있겠습니까? 귀하께서는 일의 큰 맥락을 이해하시고 국사도 상세히 파악하고 계시니 이렇게 서신을 보냅니다.

바라건대, 귀하께서 저의 진심을 이해하셨다면 귀국의 임금께 아뢰어주시고, 또 관계된 여러 관료들에게도 이 일의 대강을 알려주십시오.

'우리 명나라를 우러러보고 명나라에 의지하는 것을 만전지계萬全之計로 여기고, 마땅히 명나라의 명을 따르고 처분을 기다림으로써 무한한 복을 받기를 바랍니다'라고 말하였으니, 부디 잘못된 계책을 써서 날마다 고생만 하고 졸렬한 결과를 맞이하는 일은 없어야겠습니다. 지극히 부탁드리며, 할 말을 다 하지 못하고 이만 줄입니다."

이 서신을 보면 한양을 되찾기 이전의 일은 자세히 고증할 수 있지만 왜군이 부산으로 퇴각한 이후의 일은 지루하고 숨기는 말이 많다. 그러나 공과 죄는 서로 덮고 가릴 수 있는 것이 아니다. 훗날 심유경을 논하는 자들은 이 서신을 가지고 판단할 수 있으니, 여기에 이렇게 적어둔다.

선조의 재조지은 강조와
의병장들에 대한
차가운 시선

임진왜란을 전체적으로 조망할 때 조선이 왜군을 물리칠 수 있었던 가장 큰 원동력은 해전에서 이순신의 존재와 육전에서 의병의 활약이었다고 할 수 있다. 관군이 맥없이 궤멸당하고 왜군의 선봉장인 고니시 유키나가와 가토 기요마사의 북진이 속도를 내고 있을 때, 이순신의 수군이 왜군의 보급로를 막아 보급품 연결을 끊었다면, 의병들은 북상하는 왜군의 후미를 괴롭히며 북진에 제동을 걸었다.

그러나 대부분의 의병장들은 활약한 만큼의 대우를 받지 못했다. 이는 속수무책으로 무너진 관군과 무책임하게 피난길에 오른 선조와 권세가들에게 의병의 활약이 달갑지만은 않았기 때문일 것이다. 실제로 선조는 임진왜란이 끝난 후 공신 책봉을 할 때, 전투에서 전공을 세운 공신인 선무공신宣武功臣보다 피난길을 수행하고 호위한 호성공신扈聖功臣의 규모를 몇 배 넘게 선정했다. 또한 선무공신 명단에 의병장의 이름은 없었으며, 일등 공신에 이순신, 원균, 권율 같은 관군의 장수들만 선정되었을 뿐이다. 특히 칠천량 해전의 패장인 원균을 일등 공신으로 책봉한 것은 선조와 조정의 대신들의 선무공신 선정이 얼마나 불공평

선무공신첩. 선무공신 명단에 의병장의 이름은 없었으며 이순신, 원균, 권율만 일등 공신으로 선정했다.

했는지를 보여준다.

원균은 칠천량 해전에서 우리 수군의 완패를 초래하였음에도 전투에서 전사했다고 일등 공신에 책봉된 반면, 수많은 전투에서 승리를 이끌어낸 곽재우, 고경명, 김천일, 김덕령 같은 의병장들이 선무공신에 선정되지 못한 점은 선무공신의 선정 과정에 의구심이 들게 하는 대목이다. 그중에서도 김덕령 같은 의병장은 선무공신에 선정되기는커녕 역모 죄로 몰려 고문을 받다가 죽기까지 했다.

선조는 전란 초기 호남 지역의 전투에서 가장 뚜렷한 전공을 세운 의병장 김덕령을 1596년선조29에 발생한 이몽학의 난에 연루시켰다. 김덕령은 국문 중 정강이뼈가 부러지는 등 고초를 당했고, 끝내 고문으로 죽고 말았다.

김덕령은 모친상 중이던 1593년, 담양에서 의병 수천 명을 규합하여 가는 곳마다 승리하니 왜군의 간담을 서늘하게 하였다. 그러나 1596년 7월에 일어난 충청도 서산 출신의 이몽학이 이끄는 역모에 개입하였다는 고변을 이유로 김덕령은 죄를 받았다. 이는 선조와 사대부 계층이 김덕령을 견제한 결과였다.

임진왜란이 일어나기 전인 1589년선조22에 정여립의 난이 일어났을 때에도 호남 출신의 많은 유생과 학인들이 역모 죄에 연루되어 목숨을 잃었기 때문에 호남 출신 의병장은 부담스러운 존재였다. 호남은 반역의 고장으로 인식되었고, 의병장 김덕령을 중심으로 역모를 일으키지는 않을지 의심했던 것이다.

왜군을 공포에 떨게 한 홍의장군 곽재우 역시 조정의 지나친 견제가 낳은 희생자라 할 수 있다. 곽재우는 본래 과거에 급제하였으나 조정의 분열과 당쟁에 회의를 느끼고 고향에서 은거해 살았다. 임진왜란이 발발하자 분연히 일어나 의성의 요충지인 정암나루를 지키고 곳곳에서 적들을 괴롭혀, 붉은 옷을 입은 홍의장군으로 널리 알려졌다. 이후 곽재우의 휘하에는 수많은 의병들이 모여들어 그 세력이 자못 컸다.

그러나 곽재우는 경상도 관찰사 김수 등의 관군과 빈번히 다투었고, 이는 곽재우의 독자적 지휘권 행사로 이어졌다. 그래서 조정은 곽재우를 위험인물로 분류했고 이는 전란 직후의 논공행상에서 곽재우를 배제하는 원인이 되었다. 그 결과 곽재우도 선무공신 명단에서 빠지게 되었다. 이후 곽재우는 비슬산으로 들어가 도인이 되었다는 전설을 남겼다.

결과적으로 선조는 전란의 와중에도 무책임했던 기득권 인사들의 행동을 미화하고, 구원병을 보내준 명나라와 자신을 호종하며 국체를 지켜낸 사대부의 공로를 강조했다. 선조는 명나라 군대를 "나라를 다시 세운 은혜再造之恩"를 베풀어준 은인이라고 포장했고, 조정 중신들은 선조가 전란을 극복하고 나라를 지킨 임금이라고 치켜세우며 묘호에 '조祖[33]'를 붙일 것을 건의했다. 자신들의 무책임한 몽진과 파천의 책임

---

[33] 묘호에 '조(祖)'는, 나라를 세운 공이 있거나 국난을 극복해 나라의 전통을 다시 세웠다고 평가되는 임금에게 붙였다.

으로부터 벗어나고자 한 것이다. 그 결과 명나라는 조선을 살려준 은인의 나라가 되었고, 이는 이후로도 변화하는 국제 관계에 유연하게 대처하지 못하고 고집스럽게 친명배금^{親明背金} 정책을 유지하는 단초가 되었다.

심유경은 유세하는 선비이다

평양성 전투1593 이후에 다시 적진에 들어가는 일을 사람들은 모두 어렵게 여겼다. 심유경이 마침내 무기나 군사가 아닌 언변으로써 많은 왜군들을 몰아내고 수천 리의 땅을 되찾았다. 그런데 마지막 하나의 일이 잘못되어 큰 화를 면하지 못하였으니 애석하도다.

고니시 유키나가는 심유경을 믿었다. 고니시 유키나가가 한양에 있을 때 심유경이 비밀리에 그를 찾아가 말하였다.

"너희 무리가 오랫동안 이곳에 머물며 떠나지 않아 명나라가 다시 대군을 보냈다. 서해를 통해 충청도로 들어와 너희의 퇴각로를 끊을 것이다. 그때에는 비록 물러나고자 하여도 그럴 수 없을 것이다. 내가 평양에서부터 너와 친분을 쌓았기 때문에 차마 말하지 않을 수가 없다."

이에 고니시 유키나가는 두려워하며 마침내 한양성에서 나왔다.

이 일은 심유경 자신이 우의정 김명원에게 해준 말이고, 김명원이 다시 내게 이처럼 이야기해주었다.

징비록 · 부록

류성룡 · 임진왜란 · 징비록 연표

왕력	서기	연령	류성룡	임진왜란 · 징비록
중종 37	1542	1	10월, 경상도 의성현 사촌리에서 황해도 관찰사 류중영과 안동 김씨 사이에서 태어나다.	
명종 12	1557	16	가을, 향시에 합격하다.	
명종 13	1558	17	광평대군의 5세손 이경의 딸과 혼인하다.	
명종 17	1562	21	안동 도산서당에 가서 퇴계 이황의 제자가 되다. 퇴계는 "이 젊은이는 하늘이 내린 사람이다[此人天所生也]"라고 하여 류성룡이 대성할 인물임을 예언하였다.	
명종 21	1566	25	문과에 급제하다.	
선조 2	1569	28	사헌부 감찰로서 성절사의 서장관이 되어 정사 이후백 등과 함께 명나라 북경에 다녀오다.	
선조 6	1573	32	7월, 부친상을 당하다.	
선조 16	1583	42	2월, 여진인 이탕개가 조선 국경을 침범하여 난을 일으키자 "북방 변란에 대한 방책을 드리는 의논[北邊獻策議]"을 올리다. 10월, 경상도 관찰사가 되다.	
선조 17	1584	43	예조판서 겸 동지경연춘추관사 홍문관 부제학이 되다.	
선조 20	1587	46	임금이 여러 번 불렀으나 나아가지 않고, 퇴계 문집을 편찬하다.	2월, 녹도, 가리포에 왜구가 침입하다. 9월, 왜국 사신 다치바나 야스히로가 와서 통신사 파견을 요청하다.
선조 21	1588	47	10월, 형조판서 겸 양관 대제학이 되다.	2월, 왜국 사신 소 요시토시, 겐소 등이 와서 통신사 파견을 요청하다.
선조 22	1589	48	봄에 대사헌, 병조판서, 지중추부사를 거쳐 다시 대사헌이 되다. 7월, 부인 이씨의 상을 당하다. 9월, 일본 사신이 요구하는 통신사 파견에 대한 논의로 인해 휴가를 얻지 못하고, 안동으로 가는 상여를 신천까지만 전송하고 돌아오다.	6월, 소 요시토시 등이 다시 오다. 9월, 왜국으로 통신사 파견을 결정하다. 11월, 황윤길, 김성일, 허성 등이 통신사에 임명되다.

왕력	서기	연령	류성룡	임진왜란·징비록
선조 22	1589	48	예조판서가 되다. 일본에 통신사를 파견하는 일로 선조가 류성룡을 인견하다. 10월, 특별히 이조판서에 임명되다.	
선조 23	1590	49	5월, 우의정이 되다.	2월, 일본 측이 왜구에 편입되어 있던 반민 사을배동을 조선에 보내다. 3월, 통신사 일행이 소 요시토시 등과 함께 왜국으로 떠나다. 11월, 통신사 일행이 도요토미 히데요시를 만나 답서를 받다.
선조 24	1591	50	2월, 좌의정이 되고 이조판서를 겸하다. 형조 정랑 권율을 의주 목사로, 정읍 현감 이순신을 전라 좌수사로 천거하다. 이일을 경상 병사 조대곤의 후임으로 청하였으나 허락받지 못하다. 조선의 국방 체제를 제승방략 체제에서 진관제로 바꿀 것을 건의하였으나 실현되지 못하다.	1월, 통신사 일행이 소 요시토시 등과 함께 부산포에 도착하다. 2월, 이순신이 전라 좌수사에 임명되다. 10월, 일본이 대륙을 침략하려는 사정을 명나라에 보고하다.
선조 25	1592	51	4월, 임진왜란이 발발하여 신립과 병사를 논하다. 특명으로 병조판서를 겸하고 도체찰사가 되다. 광해군을 왕세자로 책봉하도록 계청하다. 경상 우병사 김성일의 사면을 청하여 허락받다. 5월, 개성에서 영의정에 임명되었으나 곧 파직되다. 동파역에 이르렀을 때 "사태가 위급하면 국경을 넘어 명나라로 가자"는 공론이 나오자 "나라를 버리는 계책"이라고 극력 반대하여 국내 항전 태세를 굳히다. 6월, 복직되어 풍원부원군에 봉해지다. 이즈음부터 명나라 원군 파병과 접대에 관계된 업무를 맡다. 평양을 고수하자는 주장이 받아들여지지 않았으며, 함경도로 피하자는 공론을 극력 반대하여 의주로 향하도록 하다. 평양까지 침공한 왜군의 전진을 막고 후방을 차단하여 포위하는 유격전을 지령하다. 건주위(建州衛, 청 태조 누르하치)가 구원병을 보내주겠다는 제의를 거절하도록 계청하다. 12월, 평안도 도체찰사가 되다. 왜군의 간첩 김순량 등을 잡아 처단하여 군기 누설을 예방하다.	1월, 도요토미 히데요시가 침략을 위한 부대 편성 등 제반 명령을 내리다. 2월, 신립과 이일을 나누어 파견하여 변방의 수비를 순시하도록 하다. 4월, 임진왜란이 일어나다. 고니시 유키나가의 군대(1군)가 부산에 상륙하다. 부산진 전투에서 첨사 정발이 전사하다. 동래진이 함락되고 부사 송상현이 전사하다. 고니시 유키나가 등이 작원을 함락하다. 가토 기요마사의 군대(2군)가 부산에 상륙하다. 구로다 나가마사의 군대(3군)가 김해성을 점령하다. 신립이 삼도 순변사에 임명되다. 가토 기요마사가 경주를 함락시키다. 김성일이 의병 초유사가 되다. 곽재우가 의병을 일으키다. 이일이 상주에서 고니시 유키나가 군대와 싸움에서 패하다. 문경 싸움에서 조령이 점령당하다. 신립이 충주 탄금대에서 고니시 유키나가 군대와 싸움에서 패하고 전사하다. 충주에서의 패전 소식이 한양에 알려지다. 고니시 유키나가와 가토 기요마사가 충주에서 만나다. 선조가 한양을 떠나 개성으로 피난하다.

왕력	서기	연령	류성룡	임진왜란 · 징비록
선조 25	1592	51	명나라 제독 이여송과 평양 수복을 의논하다.	5월, 선조가 개성에 도착하다. 고니시 유키나가와 가토 기요마사의 군대가 한강을 건너 한양에 침입하다. 선조가 평양으로 향하다. 김천일이 의병을 일으키다. 한응인, 김명원의 군대가 임진강에서 고니시 유키나가 등에게 패전하다. 왜군이 개성에 침입하다. 이순신이 원균과 함께 사천에서 왜 수군의 배 13척을 불태우다. 고경명이 의병을 일으키다. 신각이 양주 해유령에서 왜군을 격파하다. 6월, 이순신이 당포 해전에서 왜 수군을 격파하다. 이순신이 율포에서 승전하다. 고니시 유키나가 등이 대동강에 이르다. 선조가 평양성을 떠나 영변으로 향하다. 고니시 유키나가의 군대가 대동강을 건너다. 평양성이 함락되다. 명나라 참장 대조변과 유격장군 사유 등이 의주에 이르다. 선조가 의주에 이르다. 왕세자가 분조(分朝)에 분비변사(分備邊司)를 세우다. 여러 지방에서 의병이 일어나다. 7월, 조헌이 의병을 일으키다. 이순신이 한산도에서 대승을 거두다. 정잠, 변응정 등이 웅령을 고수하다가 전사하다. 고경명이 금산의 전투에서 패하여 전사하다. 이순신이 한산도 앞바다에서 왜의 군함 73척을 격파하고 안골포의 왜 수군을 격파하다. 이정란이 전주를 고수하여 왜군을 물리치다. 명나라 장수 조승훈이 평양성 탈환에 실패하고 사유가 전사하다. 김면이 우지현에서 왜군을 물리치다. 임해군, 순화군이 회령에서 가토 기요마사에게 사로잡히다. 권응수, 정대 등이 영천을 수복하다. 최경회, 홍계남, 박춘무, 임계영, 이봉과 승려 휴정 등이 의병을 일으키다. 8월, 조헌이 청주성을 수복하다. 조헌과 승장 영규 등이 금산 싸움에 패하여 전사하다.

왕력	서기	연령	류성룡	임진왜란 · 징비록
선조 25	1592	51		이정란이 연안성을 고수, 왜군을 물리치다. 유격장군 심유경이 평양에서 고니시 유키나가와 회담하다. 9월, 이순신이 부산의 왜 수군을 무찌르다. 박진이 비격진천뢰로 경주성을 수복하다. 가토 기요마사가 함경도 경성에서 북청, 함흥을 거쳐 안변으로 되돌아가다. 의병장 정문부가 경성을 수복하다. 10월, 김시민 등이 진주성을 굳게 지켜 왜군을 격퇴하다. 정문부가 명천성을 수복하다. 11월, 권율이 삼도의 의병을 통솔하다. 이일이 평안도 순변사가 되다. 선조가 심유경을 인견하다. 12월, 심유경이 평양성에서 고니시 유키나가, 겐소 등과 회담하다. 명나라 제독 이여송이 명군을 거느리고 압록강을 건너다. 이여송이 의주에서 남하하다.
선조 26	1593	52	1월, 호서, 호남, 영남 삼도 도체찰사가 되다. 명군과 협력하여 평양성을 수복하다. 명군의 진로를 예비하고 군량미를 조달하는 데 진력하였으며, 강화를 주장하는 명나라 측에 대해 전쟁을 주장하여 대립하다. 호남에서 운송되어 온 곡식으로 기민을 구제할 것을 계청하여 시행하다. 임진강에 부교를 놓아 대군을 건너게 하다. 충청, 전라, 경상 삼도 도체찰사가 되다. 4월, 이여송에게 일본과의 강화를 반대하는 글을 보낸다. 명군의 일방적인 정전 협정으로 왜군이 철수하자 명군과 함께 한양을 수복하다. 한양으로 돌아와 병을 앓다. 10월, 임금을 모시고 환도하다. 훈련도감 설치를 청하다. 다시 영의정이 되다.	1월, 조선군과 명군이 평양성을 포위하다. 고니시 유키나가 등이 평양에서 패하여 남으로 달아나다. 성주성을 수복하다. 고니시 유키나가 등이 한양으로 되돌아가다. 파주에 집결한 왜군이 한양으로 퇴각하다. 이여송이 벽제관에서 패전하다. 정문부 등이 길주성을 수복하다. 2월, 권율 등이 행주산성의 왜군을 크게 무찌르다. 가토 기요마사 등이 한양으로 되돌아가다. 4월, 심유경, 사용재, 서일관 등의 강화 협상단이 용산에서 고니시 유키나가와 회담하다. 왜군이 한양에서 나와 남쪽으로 퇴거하다. 5월, 도요토미 히데요시가 나고야 성에서 심유경, 사용재, 서일관 등의 강화 협상단과 만나다. 6월, 2차 진주성 전투에서 조선군이 패하여 진주성이 함락되고, 황진, 김천일, 최경회, 서예원, 성수경, 고종후 등이 전사하다. 사용재, 서일관 등의 강화 협상단 등이 귀국하다.

왕력	서기	연령	류성룡	임진왜란 · 징비록
선조 26	1593	52		7월, 심유경이 일본에서 한양으로 돌아오다. 왜군이 부산, 웅천, 김해 등지에 나누어 주둔하고 왜성 축성을 시작하다. 임해군과 순화군이 풀려나다. 8월, 이순신이 삼도 수군통제사에 임명되다. 9월, 곽재우가 경상 우도 조방장에 임명되다. 10월, 선조가 한양으로 돌아오다. 11월, 명나라 사신 사헌이 한양에 와서 선조에게, 류성룡으로 하여금 국사를 전관하도록 맡기라고 강권하다.
선조 27	1594	53	3월, 진관법 실시를 재청하다. 6월, 대신을 명나라로 보내 왜군의 동정을 알리고 대책을 협의하도록 하다. 〈전수기의 10조(戰守機宜十條)〉를 올리다. 겨울, 〈군국기무 10조(軍國機務十條)〉를 올리다.	2월, 훈련도감을 설치하다. 3월, 이순신이 진해, 고성의 왜 수군을 공격하다. 4월, 승장 유정이 서생포에서 가토 기요마사와 만나다. 11월, 김응서가 고니시 유키나가와 만나 강화를 논의하다. 12월, 왜장 나이토 조안이 납관사로 북경에 이르러 화의를 청하다.
선조 28	1595	54	1월, 한강 유역에 둔보를 구축하고, 둔전병 제도 실시를 건의하다. 기축년(1589)의 정여립 옥사 때 억울하게 죽은 이의 신원(伸冤)을 청하다. 10월, 경기, 황해, 평안, 함경 사도 도체찰사가 되다.	1월, 명나라 유격 진운홍이 고니시 유키나가와 강화를 논의하다. 3월, 명나라 도사 위응룡 등이 서생포에서 가토 기요마사와 만나다. 4월, 고니시 유키나가가 명나라 책봉 사절의 일본 방문을 보고하기 위해 일본으로 돌아가다. 6월, 고니시 유키나가가 웅천의 진영으로 다시 돌아오다. 11월, 명나라 책봉 사절 이종성이 부산의 왜영(倭營)으로 들어가다.
선조 29	1596	55	1월, 병사 훈련의 규칙을 정하여 각 도에 반포하여 시행하게 하다. 2월, 건주위의 침입에 대비하여 북변의 방위를 강화하도록 평안도와 함경도의 순찰사에게 지령하다. 7월, 위관이 되어 이몽학의 옥사를 다스리다. 9월, 이순신에게 죄를 묻자는 의견에 반대하여 사직소를 올리다. 11월, 청야책을 채용하여 왜적의 재침에 대비하도록 하다.	1월, 심유경이 고니시 유키나가와 함께 일본으로 건너가다. 4월, 이종성이 왜군의 진영을 탈출, 도피하다. 고니시 유키나가가 다시 부산으로 돌아오다. 5월, 명의 책봉 사절 양방형 일행이 일본으로 건너가다. 8월, 통신사 황신 일행이 일본으로 건너가다. 윤8월, 황신이 양방형 일행과 일본의 사카이에 도착하다.

왕력	서기	연령	류성룡	임진왜란·징비록
선조 29	1596	55		9월, 도요토미 히데요시가 명의 책봉 사절을 접견하고 임명장을 받다. 책봉만 되고 자신이 제시한 강화조약에 대한 명 측의 입장이 없자 격노하여 강화 회담이 결렬되다. 11월, 황신이 양방형 일행과 부산으로 돌아오다. 12월, 황신 일행이 서울에 와서 보고하다.
선조 30	1597	56	1월, 왕명으로 경기 지방을 순시하다. 3월, 이순신이 파면될 때 그 부당함을 극력 진언했으나 받아들여지지 않자, 그를 천거한 책임을 지고 재차 사직소를 올렸으나 윤허받지 못하다. 9월, 왕명으로 경기와 호서 지방을 순시하다.	1월, 도요토미 히데요시가 조선 재침략을 명령하다. 이순신이 하옥되고, 원균이 경상 우수사 겸 통제사에 임명되다. 2월, 도요토미 히데요시가 재침략을 위한 부대 편성을 하다. 6월, 명나라 장군 양원이 남원성에 들어가다. 6,7월, 왜군이 현해탄을 건너 재차 침입하다. 7월, 원균이 가덕도에서 왜 수군에 패전하다. 원균이 칠천도에서 크게 패전하고 전사하다. 이순신이 삼도 수군통제사에 다시 기용되다. 명나라 도독 마귀가 조선으로 나오다. 8월, 남원성이 함락되고 이복남, 임현, 김경로, 이춘원, 정기원 등이 전사하다. 전주성이 함락되고 명나라 장군 진우충이 싸우지 않은 채 달아나다. 이순신이 진도로 들어가다. 9월, 고니시 유키나가가 순천의 예교에 성을 쌓다. 명나라 장수 해생 등이 직산에서 선전했으나 패하다. 이순신이 명량 해전에서 왜의 수군을 크게 격파하다. 10월, 가토 기요마사가 경주를 거쳐 울산으로 철퇴하다. 이순신이 우수영으로 돌아오다. 12월, 명나라 장수 양호와 마귀 등이 울산의 왜구를 포위하다.
선조 31	1598	57	북인들의 탄압으로 여러 차례 사직소를 올렸으나 윤허받지 못하다.	1월, 명나라 군대가 울산성을 총공격했으나 승전하지 못하다. 2월, 이순신이 고금도로 진영을 옮기다. 명나라 도독 진린이 수군을 거느리고 구원하러 오다.

왕력	서기	연령	류성룡	임진왜란 · 징비록
선조 31	1598	57	9월, 정응태의 무고문 내용에 대한 조선의 입장을 전하기 위해 류성룡을 진주사로 임명하고 명나라로 보내려고 했으나, 고사하자 탄핵을 받다. 10월, 진주사와 영의정에서 체직되다. 11월 19일, 파직되다. (같은 날, 이순신이 전사하다) 12월, 삭탈 관직되다.	6월, 경리 양호가 본국으로 돌아가고, 그를 대신하여 만세덕이 오다. 7월, 이순신이 고금도 근해에서 왜의 수군을 크게 격파하다. 8월, 도요토미 히데요시가 죽다. 조선에 출병한 병력의 철수를 유언으로 남기다. 이광악이 금산과 함양의 왜군을 공격하여 승리하다. 9월, 명나라 장수 유정이 순천에 있는 고니시 유키나가를 공격하다. 명나라 장수 동일원이 사천성을 공격했으나 패전하고 달아나다. 11월, 울산, 사천, 순천의 왜군이 본국으로 철수하다. 이순신이 명나라 수군과 협동하여 순천에 있던 고니시 유키나가의 퇴로를 차단하다. 이순신이 노량 해전에서 왜의 수군을 크게 격파하고 전사하다. 모든 왜군이 본국으로 철수하여 왜란이 끝나다.
선조 32	1599	58	2월, 하회로 돌아오다.	
선조 33	1600	59	11월, 삭탈당한 직첩(임명장)을 돌려받다.	
선조 34	1601	60	8월, 모친상을 당하다.	
선조 35	1602	61	4월, 청백리에 선발되다.	
선조 37	1604	63	3월, 복직되어 풍원부원군에 제수되었으나 상소하여 사직하고 벼슬에서 물러나다. 7월, 초본 《징비록》의 집필을 마치다.	승장 유정을 쓰시마 섬으로 보내 쓰시마 도민의 부산포 교역을 허락하고, 왜국의 사정을 정탐하도록 하다.
선조 39	1606	65	12월, 병이 깊어지다.	
선조 40	1607	66	3월, 임금이 내의를 보내 병을 간호하게 하다. 5월 6일, 사망하다. 임금이 승지를 보내 조문하다. 7월, 풍산현 수동리에 장사 지내다.	
광해군 6	1614	–	4월, 병산서원(屏山書院)에 위판(位版)을 봉안하고 석채례(釋菜禮)를 행하다. 이후 여강서원(廬江書院), 남계서원(南溪書院), 도남서원(道南書院), 삼강서원(三江書院), 빙산서원(氷山書院) 등에도 위판이 봉안되다.	
인조 7	1629	–	2월, '문충(文忠)'이라는 시호를 받다.	

《징비록》등장인물 관계도

조선 인물

통신사 수행원(세종 대)	신숙주(申叔舟 1417~1475)	통신사 서장관
통신사 수행원(성종 대)	이형원(李亨元 ?~1479)	홍문관 부제학
통신사 수행원(성종 대)	김흔(金訢 1448~1492)	통신사 서장관
야스히로 접대	송응형(宋應泂 1539~1592)	상주 목사
통신사 파견 과정	변협(邊協 1528~1590)	지사
선조 호종	이산해(李山海 1539~1609)	영의정
용인성 전투	김수(金睟 1547~1615)	경상도 관찰사
용인성 전투	이광(李洸 1541~1607)	전라도 순찰사
용인성 전투	윤선각(尹先覺 1543~1611)	충청도 순찰사
한산도, 명량, 노량 해전	이순신(李舜臣 1545~1598)	무신
노량 해전	이완(李莞 1579~1627)	무신, 이순신의 조카
탄금대 전투	신립(申砬 1546~1592)	삼도 순변사
상주 전투	이일(李鎰 1538~1601)	경상도 순변사
조정대신	홍여순(洪汝諄 1547~1609)	병조판서
도망간 수군	박홍(朴泓 1534~1593)	경상 좌수사
제승방략	김수문(金秀文 ?~1568)	전라도 관찰사
부산진 전투	정발(鄭撥 1553~1592)	부산진 첨사
동래성 전투	이각(李珏 ?~?)	경상 좌도 병마절도사
동래성 전투	송상현(宋象賢 1551~1592)	동래 부사
경주성 전투	박진(朴晉 ?~1597)	밀양 부사
용궁 학살	우복룡(禹伏龍 1547~1613)	용궁 현감
개전 초기 파견 장수	성응길(成應吉 ?~?)	좌방어사
개전 초기 파견 장수	조경(趙儆 1541~1609)	우방어사

개전 초기 파견 장수	변기(邊璣 ?~?)	조방장
개전 초기 파견 장수	유극량(劉克良 ?~1592)	조방장
개전 초기 파견 장수	변응성(邊應星 ?~?)	경주 부윤(전 강계 부사)
개전 초기	유옥(兪沃 ?~?)	별장
탄금대 전투	김여물(金汝岉 1548~1592)	전 의주 목사
상주 전투	김해(金澥 1534~1593)	상주 목사
상주 전투	윤섬(尹暹 1561~1592)	종사관
상주 전투	권길(權吉 1550~1592)	판관
상주 전투	박지 (朴箎 1567~1592 박호[朴箎])	종사관
상주 전투	김종무(金宗武 1548~1592)	사근도 찰방
도성 수비	김명원(金命元 1534~1602)	도원수
도성 수비	이양원(李陽元 1526~1592)	수성대장, 우의정, 유도대장
도성 수비	이전(李戩 1517~?)	경성 좌위장
도성 수비	변언수(邊彦琇 1544~1592)	경성 우위장
도성 수비	박충간(朴忠侃 ?~1601)	경성 순검사
호종 대신	이항복(李恒福 1556~1618)	도승지, 병조판서
호종 대신	김귀영(金貴榮 1520~1593)	영중추부사
호종 대신	이덕형(李德馨 1561~1613)	동지중추부사
호종 대신	이원익(李元翼 1547~1634)	이조판서, 평안도 관찰사 겸 순찰사(1592), 우의정 겸사도 체찰사(1595), 영의정(1598)
칠천량 해전	원균(元均 1540~1597)	경상 우수사, 삼도 수군통제사
왕실	하원군(河源君 1545~1597)	종친
왕실	하릉군(河陵君 1546~1592)	종친
왕실	임해군(臨海君 1574~1609)	종친
왕실	순화군(順和君 1580~1607)	종친
왕실	광해군(光海君 1575~1641)	세자
몽진 반대	권협(權悏 1553~1618)	문신, 사헌부 장령
임해군 호위	윤탁연(尹卓然, 1538~1594)	칠계군
순화군 호위	황정욱(黃廷彧 1532~1607)	장계군
순화군 호위	황혁(黃赫 1551~1612)	호군

순화군 호위	이기(李墍 ?~?)	동지
선조 호종 지방관	권징(權徵 1538~1598)	경기도 관찰사
선조 호종 지방관	허진(許晉 1536~1616)	파주 목사
선조 호종 지방관	구효연(具孝淵 1526~?)	장단 부사
선조 호종 지방관	조인득(趙仁得 ?~1598)	황해도 관찰사
선조 호종 지방관	남억(南嶷 ?~?)	서흥 부사
호종 대신	최흥원(崔興源, 1529~1603)	황해도 순찰사, 좌의정
임진강 방어	신할(申硈 1555~1592)	함경북도 병마절도사, 신립의 동생
호종 대신	정철(鄭澈 1536~1593)	전 좌의정
호종 대신	유홍(兪泓 1524~1594)	우의정
호종 대신	신잡(申磼 1541~1609)	지사
제천정 전투	심우정(沈友正 1546~1599)	종사관
여주 전투	원호(元豪 1533~1592)	강원도 조방장, 원주 목사
용인 전투	이광(李洸 1541~1607)	전라도 순찰사
용인 전투	윤국형(尹國馨 1543~1611)	충청도 순찰사
용인 전투	백광언(白光彦 ?~1592)	군관(선봉대)
용인 전투	이지시(李之詩 ?~1592)	군관(선봉대)
용인 전투	이지례(李之禮 ?~1592)	군관(선봉대)
양주 전투	신각(申恪 ?~1592)	부원수(참수당함)
양주 전투	이혼(李渾 1543~1592)	함경남도 병마절도사
연안성 수성	이정암(李廷馣 1541~1600)	황해도 초토사
임진강 전투	한응인(韓應寅 1554~1614)	지사
임진강 전투	유극량(劉克良 ?~1592)	별장
임진강 전투	박충간(朴忠侃 ?~1601)	상산군
포로 사건(가토 기요마사)	유영립(柳永立 1537~1599)	함경도 관찰사
포로 사건(가토 기요마사)	한극함(韓克諴 ?~1593)	함경북도 병마절도사
포로 사건(가토 기요마사)	함정호(咸廷虎 ?~?)	왜학통사
포로 사건(가토 기요마사)	국경인(鞠景仁 ?~1592)	함경도 회령의 관리, 반란 주모자
평양 대동성 수성	송언신(宋言愼 1542~1612)	평안도 관찰사
호종 대신	이희득(李希得 1525~1604)	함경도 순검사
호종 대신	김의원(金義元 1558~?)	종사관

호종 대신	한준(韓準 1542~1601)	지사
대동강 전투	김생려(金生麗 ?~?)	화포장
대동강 전투	강사익(姜士益 ?~?)	군관
대동강 전투	이윤덕(李潤德 ?~?)	평안도 병마절도사
대동강 전투	윤유후(尹裕後 1541~?)	자산 군수
대동강 전투	이유징(李幼澄 1562~1593)	병조정랑
호종 수령	정구(鄭逑 1543~1620)	통천 군수
대동강 전투	김신원(金信元 1553~?)	종사관
대동강 전투	이호민(李好閔 1553~1634)	종사관
류성룡 수하	홍종록(洪宗祿 1546~1593)	종사관
류성룡 수하	신경진(辛慶晉 1554~1619)	종사관
류성룡 수하	김제(金霽 ?~?)	군관
류성룡 수하	성남(成男 ?~?)	군관
류성룡 수하	한사립(韓士立 ?~?)	금군
구원군 요청	신점(申點 1530~?)	중국 사신
구원군 요청	정곤수(鄭崑壽 1538~1602)	중국 사신(고급사)
부교 건설	장우성(張佑成 ?~?)	선사포 첨사
부교 건설	민계중(閔繼中 1538~?)	노강 첨사
이순신 전투	이억기(李億祺 1561~1597)	전라 우수사
이순신 전투	이영남(李英男 1563~1598)	비장(원균 수하)
이순신 전투	이운용(李雲龍 1562~1610)	비장(원균 수하)
강동 전투	조호익(曺好益 1545~1609)	전 의금부 도사, 의병장
웅령 전투	정담(鄭湛 ?~1592)	김제 군수
웅령 전투	변응정(邊應井 1557~1592)	해남 현감
전주성 전투	이정란(李廷鸞 1529~1600)	전 전적, 의병장
평양성 수복 전투	김응서(金應瑞 ?~?)	별장
평양성 수복 전투	김억추(金億秋 ?~?)	수군절도사
삭녕 전투	심대(沈岱 1546~1592)	경기도 관찰사
삭녕 전투	고언백(高彦伯 ?~1609)	양주 목사
영천 전투	권응수(權應銖 1546~1608)	훈련원 부봉사, 의병장
영천 전투	정대임(鄭大任 1553~1594)	의병장

비격진천뢰 제작	이장손(李長孫 ?~?)	화포장
전라도 의병	김천일(金千鎰 1537~1593)	의병장, 전 판결사
전라도 의병	고경명(高敬命 1533~1592)	의병장, 첨지
전라도 의병	최경회(崔慶會 1532~1593)	의병장, 전 영해 부사
2차 진주성 전투	고종후(高從厚 1554~1593)	의병장
경상도 의병	곽재우(郭再祐 1552~1617)	의병장
경상도 의병	김면(金沔 1541~1593)	의병장, 전 좌랑
경상도 의병	정인홍(鄭仁弘 1535~1623)	의병장, 전 장령
경상도 의병	김해(金垓 1555~1593)	의병장, 전 한림
경상도 의병	유종개(柳宗介 1558~1592)	의병장, 교서정자
경상도 의병	이대기(李大期 1551~1628)	의병장
경상도 의병	장사진(張士珍 ?~1592)	의병장, 군위 교생
충청도 의병	영규(靈圭 ?~1592)	승려, 의병장
충청도 의병	조헌(趙憲 1544~1592)	의병장, 전 제독관
충청도 의병	김응수(金應壽 ?~1592)	사복시 관리
충청도 의병	김홍민(金弘敏 1540~1594)	의병장, 전 청주 목사
충청도 의병	이산겸(李山謙 ?~?)	의병장
충청도 의병	박춘무(朴春茂 1568~1646)	의병장, 사인
충청도 의병	조덕공(趙德恭 1547~?)	의병장
충청도 의병	조웅(趙雄 ?~?)	의병장, 내금위
충청도 의병	이봉(李逢 ?~?)	의병장
경기도 의병	우성전(禹性傳 1542~1593)	의병장, 전 사간
경기도 의병	정숙하(鄭淑夏 1541~1599)	의병장, 전 정랑
경기도 의병	최흘(崔屹 ?~?)	의병장
경기도 의병	이산휘(李山輝 1644~1698)	의병장
경기도 의병	남언경(南彦經 ?~?)	의병장, 전 목사
경기도 의병	김탁(金琢 ?~?)	의병장
경기도 의병	유대진(兪大進 1554~1599)	의병장, 전 정랑
경기도 의병	이일(李軼 ?~?)	의병장, 충의위
경기도 의병	홍계남(洪季南 ?~?)	의병장
경기도 의병	왕옥(王玉 1547~?)	의병장, 사인

금강산 표훈사 의병	유정(惟政 1544~1610 사명대사)	승려 의병장
함경도 의병장	정문부(鄭文孚 1565~1624)	의병장, 평사
함경도 의병장	고경민(高敬民 1559~?)	의병장, 훈융 첨사
임원평 주둔	고충경(高忠卿 ?~?)	의병장
첩자	김순량(金順良 ?~?)	
첩자	서한룡(徐漢龍 ?~?)	
평양성 매복군	이시언(李時言 ?~1624)	황해도 방어사
평양성 매복군	김경로(金敬老 ?~1597)	황해도 방어사
호종 대신	유영경(柳永慶 1550~1608)	황해도 순찰사
평양성 수복 후 추격대	박유인(朴惟仁 1545~?)	의병장
평양성 수복 후 추격대	윤광정(尹光正 ?~?)	의병장
평양성 수복 후 추격대	정걸(丁傑 ?~?)	충청도 수군절도사
평양성 수복 후 추격대	허욱(許頊 1548~1618)	충청도 순찰사
평양성 수복 후 추격대	이여양(李汝讓 ?~?)	양근 군수
곡식 운송	안민학(安敏學 1542~1601)	전라도 소모관
곡식 운송	남궁제(南宮悌 1543~?)	감진관
곡식 운송	최철견(崔鐵堅 1548~1618)	전라 도사
곡식 운송	김찬(金瓚 1543~1599)	체찰부사
한양 정탐	이신충(李藎忠 ?~?)	김천일 수하
군송 문제로 추궁	이성중(李誠中 1539~1593)	호조판서
군송 문제로 추궁	이정형(李廷馨 1549~1607)	경기 좌도 관찰사
군량 수송	심예겸(沈禮謙 1537~?)	개성 경력
행주산성 전투	권율(權慄 1537~1599)	전라도 순찰사, 도원수
해유령 저지	정희현(鄭希玄 1555~?)	조방장
1차 진주성 전투	김시민(金時敏 1554~1592)	진주 목사
2차 진주성 전투	성수경(成守璟 ?~1592)	판관
2차 진주성 전투	황진(黃進 1550~1593)	충청도 병마절도사
2차 진주성 전투	서예원(徐禮元 ?~1593)	김해 부사
강화 협상	황신(黃愼 1560~1617)	심유경의 접반사, 강화 회담 시 조선 측 통신 정사
조정 대신	윤두수(尹斗壽 1533~1601)	좌의정, 도체찰사(1594)

조정 대신	윤근수(尹根壽 1537~1616)	해평군, 윤두수의 동생
이순신 옹호	정탁(鄭琢 1526~1605)	판중추부사
칠천량 해전	배설(裵楔 1551~1599)	경상 우수사
황석산성 전투	곽준(郭䞭 1551~1597)	안음 현감
황석산성 전투	조종도(趙宗道 1537~1597)	의병장(전 함양 군수)
황석산성 전투	백사림(白士霖 ?~?)	김해 부사
황석산성 전투	곽이상(郭履常 ?~1597)	의병, 곽준의 아들
황석산성 전투	곽이후(郭履厚 ?~1597)	의병, 곽준의 아들
남원성 전투	이복남(李福男 ?~1597)	전라도 병마절도사
남원성 전투	임현(任鉉 1549~1597)	남원 부사
남원성 전투	이춘원(李春元 1571~1634)	광양 현감
남원성 전투	정기원(鄭期遠 1559~1597)	접반사
남원성 전투	김효의(金孝義 ?~?)	군기시 관원
	이태원(李太源 ?~?)	변장
	사을배동(沙乙背同)	변방 지역의 배반한 조선 백성
	김응남(金應南 1546~1598)	병조판서
	심충겸(沈忠謙, 1545~1594)	병조참판
	이로(李魯 1544~1598)	전 성균관 전적, 문신
	정언신(鄭彦信 1527~1591)	함경도 순찰사
	조대곤(曺大坤 ?~?)	경상 우도 병마절도사(임진왜란 이전)
	윤흥신(尹興信 ?~1592)	다대포 첨사
	유숭인(柳崇仁 ?~1592)	경상 우도 병마절도사
	이종인(李宗仁 ?~1593)	군관
	유영길(柳永吉 1538~1601)	강원도 순찰사
	김영일(金榮一 ?~?)	정주 판관
	이빈(李薲 1537~1603)	평안도 병마절도사, 순변사
	박명현(朴名賢 ?~1608)	이일 군대 대신 지휘
	이순일(李純一 ?~?)	선전관

	도요토미 히데요시	관백
	[豊臣秀吉 1537~1598]	
쓰시마 섬	다치바나 야스히로	쓰시마 도주, 소 요시시게의 가신
	[橘康廣 ?~?]	
쓰시마 섬	소 요시토시	쓰시마 도주
	[宗義智:平義智 1568~1615]	
쓰시마 섬	소 모리나가	쓰시마 도주
	[宗盛長 1501~1526]	
쓰시마 섬	야나가와 시게노부	쓰시마 도주, 소 요시토시의 가신
	[柳川調信:平調信 ?~?]	
임진왜란 왜 육군	고니시 유키나가	1군 사령관
	[小西行長:平行長 1555~1600]	
임진왜란 왜 육군	가토 기요마사	2군 사령관
	[加藤淸正 1562~1611]	
임진왜란 왜 육군	구로다 나가마사	3군 사령관
	[黑田長政 1568~1623]	
임진왜란 왜 육군	시마즈 요시히로	4군 사령관, 정유재란 5군 사령관
	[島津義弘:沈安頓吳 1535~1619]	
임진왜란 왜 육군	우키타 히데이에	8군 사령관
	[宇喜多秀家:平秀嘉 1573~1655]	
임진왜란 왜 육군	겐소[玄蘇 1537~1611]	외교승
	다케우치 기치베	고니시 유키나가의 부하 장수
	[竹內吉兵衛:平好官 ?~?]	
	나이토 조안	고니시 유키나가의 가신
	[內藤如安:小西飛 1550?~1626]	
고니시 유키나가 휘하	요시라(要時羅 ?~1598)	통역관
정유재란 왜 수군	마다시(馬多時 ?~?)	장수

명나라 인물

	허의후(許儀後 ?~?)	의사, 당시 일본 사쓰마 번에 체류
	진신(陳申 ?~?)	상인, 당시 일본 사쓰마 번에 체류
	허국(許國 1527~1596)	재상
	임세록(林世祿 ?~?)	요동 진무
	문천상(文天祥 1236~1282)	중국 남송 대 정치가 겸 장군
	석성(石星 1537~1599)	병부상서
1592년 12월 원군	이여송(李如松 1549~1598)	제독 군무(사실상 총사령관)
1592년 7월 원군	대조변(戴朝弁 ?~?)	참장
1592년 7월 원군	사유(史儒 ?~1592)	유격장군
1592년 7월 원군	조승훈(祖承訓 ?~?)	부총병
강화 회담	심유경(沈惟敬 ?~1597)	유격장군
1592년 12월 원군	송응창(宋應昌 1536~1606)	격량방해비왜군무, 병무 우시랑
1592년 12월 원군	유황상(劉黃裳 ?~?)	찬획
1592년 12월 원군	원황(袁黃 ?~?)	찬획 군무
1592년 12월 원군	이여백(李如柏 1553~1620)	중협대장 부총병(이여송의 동생)
1592년 12월 원군	장세작(張世爵 ?~?)	우협대장 부총병
1592년 12월 원군	양원(楊元 ?~?)	좌협대장 부총병(1592), 정유재란 참전
1592년 12월 원군	낙상지(駱尙志 ?~?)	참장
1592년 12월 원군	오유충(嗚惟忠 ?~?)	유격장군
1592년 12월 원군	왕필적(王必迪 ?~?)	유격장군
1592년 12월 원군	사대수(査大受 ?~?)	부총병
1592년 12월 원군	관승선(毌承宣 ?~?)	유격장군
1592년 12월 원군	척금(戚金 ?~?)	유격장군
1592년 12월 원군	전세정(錢世禎 ?~?)	유격장군
1592년 12월 원군	유정(劉綎 1560~1619)	사천 총병, 정유재란 참전
1592년 12월 원군	이영(李寧 ?~?)	참장
강화 회담	서일관(徐一貫 ?~?)	송응창의 휘하 부하 가짜 명 사신
강화 회담	사용재(謝用梓 ?~?)	송응창의 휘하 부하 가짜 명 사신
강화 회담	이종성(李宗城 ?~?)	명나라 책봉 사절 상사

강화 회담	양방형(楊方亨 1574~1615)	명나라 책봉 사절 부사
1597년 원군	형개(邢? ?~?)	총독 군문
1597년 원군	양호(楊鎬 ?~1629)	경리조선군무
1597년 원군	마귀(麻貴 ?~?)	제독비왜총병관
1597년 원군	동일원(董一元 ?~?)	중로 제독
1597년 원군	진우충(陳愚衷 ?~?)	유격장군
1597년 원군	진린(陳璘 1543~1607)	수군 도독
1598년 원군	만세덕(萬世德 ?~?)	경리조선군무, 양호 후임
	고양겸(顧養謙 1537~1604)	경략방해비왜군무, 송응창 후임
	호택(胡澤 ?~?)	참장, 고양겸 부하
	손광(孫鑛 1543~1613)	경략방해비왜군무, 호택 후임
	정응태(丁應泰 ?~?)	경략 찬획
	척계광(戚繼光 1528~1588)	《기효신서》의 저자, 명나라 후기 무신
	장육삼(張六三 ?~?)	낙상지 휘하 장졸
	이문충(李文忠 ?~?)	명나라 개국공신

류큐 국 인물

| 쇼네이(尚寧 재위 1589~1620) | 류큐 왕국의 왕세자 |

임진왜란 · 정유재란 전투 일지

1592년

⊙

【4월 13일】 부산진 전투(정발 전사), 경상 좌우수사 원균, 박홍 도주.

【4월 15일】 동래성 전투(송상현 전사).

【4월 16일】 김해성 전투(서예원 패주), 경상도 관찰사 김수 도주, 밀양 부사
　　　　　박진, 이각 도주.

【4월 25일】 상주성 전투(이일 한양에서 남하, 충주로 패주).

【4월 27일~28일】 탄금대 전투(신립 자결, 김여물 전사).

【4월 28일】 충주성 입성(고니시 유키나가의 1군).

【4월 30일】 선조 개성 몽진.

【5월 1일】 여강 전투 승리(강원도 조방장 원호)

【5월 1일】 양주 전투 승리(첫 승전, 부원수 신각 억울한 참수).

【5월 3일】 왜군의 한양 입성(고니시 유키나가의 1군), 김명원, 이양원 한양
　　　　　포기, 도주.

【5월 4일】 선조의 평양 몽진, 5월 7일 평양 도착.

【5월 6일】 옥포 해전 승리(이순신 첫 승전).

【5월 17일】 임진강 방어 실패(김명원, 한응인 퇴각).

【6월 1일】 용인성 전투(삼도 감사 연합군 패배, 이지시, 이지례 등 궤멸, 퇴각).

【6월 2일】 당포 해전 승리.

【6월 5일】 당항포 해전 승리.

【6월 11일】 선조 의주 몽진.

【6월 14일】 평양 왕성탄 전투 패배(김명원의 기습 공격, 왜군의 반격으로 패주), 평양성 포위.

【6월 15일】 평양성 함락, 평양성 왜군 입성.

【6월 17일】 왜군 대동강 도하.

【6월 22일】 선조 의주 도착.

【7월 6일】 한산도 해전 대승.

【7월 10일】 안골포 해전 승리.

【7월 10일】 웅령 전투 패배, 전주 전투 승리(이정란, 이광 등).

【7월 19일】 명나라 총관 조승훈 평양성 전투 패배(유격장군 사유 전사, 패퇴).

【7월 27일】 영천성 수복(권응수, 정대임 등 활약).

【8월 1일】 조헌의 청주성 수복.

【8월 17일】 금산 전투(조헌, 영규 등 전사), 700의총을 세움.

【8월 29일】 명의 유격장군 심유경 평양 강화 회담 개시.

【9월 1일】 부산진 해전 승리.

【9월 1일】 경주성 수복(박진).

【9월 16일】 함경도 경성鏡城 수복(의병장 정문부).

【10월 4일~6일】 진주성 전투 승리(김시민, 진주 대첩).

【12월 23일】 이여송 압록강 도하.

1593년

⊙

【1월 6일~7일】 조명 연합군 평양성 공격, 수복(이여송).

【1월 27일】 벽제관 전투 패배(이여송 부상).

【2월 11일】 행주 대첩 대승(권율).

【2월 29일】 왜군 한양으로 후퇴.

【4월 8일】 심유경과 고니시 유키나가의 회담 후 왜군 한양에서 후퇴 약속.

【4월 20일】 한양 수복.

【6월 22일~29일】 2차 진주성 전투 패배(서예원, 김천일 등 전사).

1597년
⊙

【1월 28일】 이순신 통제사 해임, 원균 통제사 임명.

【7월 15일】 칠천량 해전 참패(원균 전사, 수군 대패).

【8월 13일~15일】 남원성 함락(명 장수 양원 대패, 왜군 호남 진격 본격화).

【9월 17일】 명량 해전 승리

【12월 29일】 조명 연합군 울산성 포위 실패(13일 간의 포위 실패, 퇴각).

1598년
⊙

【9월 20일~11월 19일】 순천 예교성 전투(사로병진 작전 중 서로군 사령관 유
　　　　　정의 주도 하에 권율, 진린, 이순신이 수행).

【11월 18일~19일】 노량 해전(마지막 전투), 이순신 전사.

9쪽 징비록 필사본, 유영하 소장, 문화재청 제공

13쪽 류성룡 초상, 출처 미상

33쪽 주라쿠다이, 미쓰이 기념 미술관(三井記念美術館) 제공

44쪽 수책거적도, 북관유적도첩, 고려대학교 박물관 소장

120쪽 연광정, 성 베네딕도회 왜관 수도원 제공

141쪽 천조장사전별도, 세진서화첩, 한국국학진흥원 제공

149쪽 이순신 무과 급제 교지, 현충사관리소 소장, 문화재청 제공

150쪽 장양공정토시전부호도, 서울특별시 소장, 문화재청 제공

154쪽 학익진 도설, 한국콘텐츠진흥원 문화콘텐츠닷컴 제공

171쪽 권응수 영정, 출처 미상

175쪽 완구, 국립진주박물관 소장, 문화재청 제공

175쪽 비격진천뢰, 국립고궁박물관 소장, 문화재청 제공

185쪽 당장시화첩, 유영하 소장, 문화재청 제공

191쪽 이여송 초상, 덴리 대학(天理大學) 제공

192쪽 불랑기포, 육군사관학교 소장, 이뮤지엄 제공

231쪽 일본군 진영을 방문하는 심유경, 에혼타이코키(繪本太閤記), 국립중앙도서관 제공

234쪽 도요토미 히데요시 초상, http://www.samurai-archives.com/image/hideyo1.jpg

235쪽 순천 왜성, 문화재청 제공

257쪽 칠천량해전도, 에혼타이코키(繪本太閤記), 국립중앙도서관 제공

259쪽 명량해전도, 출처 미상

285쪽 이순신 영정, 문화재청 현충사관리소 소장

304쪽 경명충렬, 동국신속삼강행실도, 서울대학교 규장각한국학연구원 제공

304쪽 최금타적, 동국신속삼강행실도, 서울대학교 규장각한국학연구원 제공

331쪽 선무공신첩, 문화재청 현충사관리소 소장, 문화재청 제공

* 일부 '출처 미상' 이미지는 저작권이 확인되는 대로 절차에 따라 진행하겠습니다.

■ 참고문헌

원문

《조선징비록》,《재조번방지》,《당의통략》,《선조실록》,《선조수정실록》,《광해군일기》,
《서애집》,《운암잡록》,《백사집》,《이충무공전서》,《기축록》,《난중잡록》,《여유당전서》,
《백호전서》,《민보의》,《우계집》,《율곡전서》

징비록 번역서

구지현 역,《징비록》, 중앙books, 2008

김시덕 역,《교감해설 징비록》, 아카넷, 2014

김철수 역, 「징비록」,《실학총서》제1집, 탐구당, 1974

김홍식 역,《징비록》, 서해문집, 2003

남윤수 역,《징비록》, 하서, 1999

서준교 역,《징비록》, 형설출판사, 2014

이동환 역,《징비록》, 현암사, 2007

이재호 역,《국역정본 징비록》, 위즈덤하우스 역사의아침, 2007

단행본

국립진주박물관,《새롭게 다시 보는 임진왜란》, 삼화, 1999

국사편찬위원회 편,《한국사》22, 29, 탐구당 문화사, 1995

경염,《임진왜란 종군기》, 경서원, 1997

기타지마 만지 저, 김유성 · 이민웅 역,《도요토미 히데요시의 조선 침략》, 해군사관학교, 2008

《역사와 이야기가 있는 답사 기행 : 경상 우도 편》, 건국대학교, 2010

《류성룡과 임진왜란》, 태학사, 2008

방기철,《한국 역사 속의 전쟁》, 새문사, 2014

이민웅,《임진왜란 해전사 : 7년 전쟁, 바다에서 거둔 승리의 기록》, 청어람미디어, 2004

《이순신과 임진왜란》, 이순신역사연구회, 比峰, 2005

《임진왜란》, 전쟁기념관, 2013

《세전서화첩》, 김미영 · 박정혜 엮음, 민속원, 2012

송복,《위대한 만남 : 서애 류성룡》, 지식마당, 2007

신병주,《조선을 움직인 사건들》, 새문사, 2009

윤인식,《역사 추적 임진왜란》, BookLab, 2013

이덕일,《유성룡》, 역사의 아침, 2007

이성무,《류성룡의 학술과 경륜》, 태학사, 2008

이정철,《대동법 : 조선 최고의 개혁 : 백성은 먹는 것을 하늘로 삼는다》, 역사비평사, 2010

이성무,《조선시대 당쟁사》, 아름다운날, 2007

정두희, 이경순 엮음,《임진왜란 : 동아시아 삼국전쟁》, 서강대학교, 2007

○

저자

류성룡(柳成龍) | 조선 중기의 정치가 · 학자. 1542~1607. 자는 이현(而見), 호는 서애(西厓). 16세에 향시에 급제했고 21세에는 퇴계 문하에서 김성일과 함께 공부했다. 25세에 문과 급제 후 중앙과 지방의 여러 관직을 역임했다. 임진왜란 발발 후 도체찰사에 임명되어 당쟁과 전란 속의 군무를 총괄했으며 이순신과 권율을 천거했다. 국방 안보 체제 확립을 위해 훈련도감을 설치해 군비를 강화하고 인재를 양성하는 데 힘썼다. 정유재란 이듬해인 1598년에 삭탈 관직되어 낙향했으나 2년 후에 복관되었고, 이후 조정에서 여러 번 불렀으나 일체 응하지 않고 저술에 몰두했다. 사후에 위패가 병산서원(屛山書院)을 비롯한 여러 서원에 모셔졌다. 《징비록》, 《서애집(西厓集)》, 《영모록(永慕錄)》, 《운암잡록(雲巖雜錄)》 등의 저서를 남겼다.

역해자

오세진 | 연세대학교 철학과 졸업, 연세대학교 철학과 대학원 석사 졸업, 전 다산학사전팀 보조연구원, 한국고등교육재단 한학 연수 과정 수료

신재훈 | 건국대학교 사학과 한국사 전공 박사 수료, 전 다산학사전팀 연구원, 현 국립문화재연구소 연구원, 건국대학교 강사

박희정 | 성신여자대학교 한문교육과 졸업, 성균관대학교 한문고전번역 협동 과정 석박사 통합 과정 수료, 한국고전번역원 고전번역교육원 연수 과정 졸업, 한국고등교육재단 한학 연수 과정 수료

징비록

초판 33쇄 발행일　　2020년 06월 10일
신개정판 3쇄 발행일　2021년 09월 10일

저자	류성룡
역해자	오세진 신재훈 박희정
발행인	이지연
주간	이미숙
책임편집	정윤정
책임디자인	이경진　권지은
책임마케팅	이운섭
경영지원	이지연

발행처	㈜홍익출판미디어그룹
출판등록번호	제 2020-000332 호
출판등록	2020년 12월 07일
주소	서울시 마포구 독막로18길 12, 2층(상수동)
대표전화	02-323-0421
팩스	02-337-0569
메일	editor@hongikbooks.com

제작처	갑우문화사

ISBN　　　979-11-9722-470-6 (03900)